# 臺灣歷史與文化 研究輯刊

三 編

第 11 冊

## 戰後臺灣登山活動之研究

羅時成 著

花木蘭文化出版社

國家圖書館出版品預行編目資料

戰後臺灣登山活動之研究／羅時成 著─初版─新北市：花
木蘭文化出版社，2013〔民102〕
目 4+174 面；19×26 公分
（臺灣歷史與文化研究輯刊 三編：第 11 冊）
ISBN：978-986-322-473-0（精裝）
1. 登山　2. 歷史　3. 臺灣
733.08                                                        102017308

ISBN-978-986-322-473-0

臺灣歷史與文化研究輯刊
三　編　第十一冊                    ISBN：978-986-322-473-0

## 戰後臺灣登山活動之研究

| | | |
|---|---|---|
| 作　　　者 | 羅時成 | |
| 總 編 輯 | 杜潔祥 | |
| 出　　　版 | 花木蘭文化出版社 | |
| 發 行 所 | 花木蘭文化出版社 | |
| 發 行 人 | 高小娟 | |
| 聯絡地址 | 235 新北市中和區中安街七二號十三樓 | |
| | 電話：02-2923-1455／傳眞：02-2923-1452 | |
| 網　　　址 | http://www.huamulan.tw 信箱 sut81518@gmail.com | |
| 印　　　刷 | 普羅文化出版廣告事業 | |
| 初　　　版 | 2013 年 9 月 | |
| 定　　　價 | 三編　18 冊（精裝）新臺幣 40,000 元 | |

# 戰後臺灣登山活動之研究

羅時成　著

## 作者簡介

羅時成，民國七十三年出生於新北市中和區，畢業於私立淡江大學歷史系，國立中央大學歷史研究所。其人雖以注重「舊事物」的歷史研究作為學問之追求，但個性甚喜嘗鮮，勇於挑戰新事物。

此作《戰後臺灣登山活動之研究》即以歷史研究之方法為研究工具，探討當時在歷史學界尚未開發的新鮮研究地帶──「登山史」之作，就如同登山者開闢一條嶄新攻頂之路。雖最終只開出一徑蹣跚小路，不足甚多，卻為臺灣歷史研究增添不同以往的嶄新色彩。

## 提　　要

本文主要是探討戰後臺灣登山活動之發展。據本文之研究，從荷西、明鄭、清到日治初期，登山活動的型態是以政經考量以及觀賞山景為其主要目的；到 1926 年「臺灣山岳會」成立後，雖然休閒登山逐漸興盛，但隨後因二次世界大戰爆發，臺灣登山活動又轉趨沒落。

至戰後初期 雖然政府所頒佈的各類「山地管制」法規的限制 對戰後臺灣登山活動造成阻礙，但隨著時間的演變，政府為發展林業、道路建設以及推動觀光業和設立山岳型國家公園等措施，卻間接輔助了戰後登山活動的發展，在這些外在環境的輔助推動下，終使得戰後臺灣登山活動逐漸活絡。

除外在因素的輔助推動外，岳界自身也積極推動登山活動：戰後三大山脈的首登，除再次開啟臺灣高山地帶之攀登外，其足跡幾乎踏遍全臺高山；其次，戰後臺灣兩大山岳組織所發行之會刊中，舉凡對登山活動之推廣、登山安全之注重、登山知識之累積，更加充實戰後登山的安全性；最後在岳界主要人物的貢獻下，戰後登山活動之內涵遂得以更加充實。

經外在環境轉變之影響及岳界的大力推動和充實，使得戰後臺灣登山活動由初期的停滯，轉而逐漸興盛的過程，以及在這過程中所產生的特點和可繼續發展之研究，則是經由本文研究所得之成果。

# 謝　辭

　　本論文得以順利完成，要感謝鄭政誠老師肯接受我這題目，而在與鄭老師討論時，他提出的觀點以及對這篇論文的仔細批閱，使得這篇論文更加完善；而中華民國山岳協會對本論文提供資料，更是一大幫助，在此一定要鄭重感謝，當然父母的叮嚀與經濟支持還有兄長的教誨，也是本論文可以順利完成的原因，郁惠幫我檢查英文在此感謝，和我從大學時代就有同窗之誼的柯偉明，也在我苦悶時幫我解惑，還有大學時代田野調查團隊的夥伴，一同騎車的教練、海狗、小丸子，登山社夥伴，大學同學夢陽、躬誠、馬姐、家瑋、德烜、瀚文、鎧揚也讓我有繼續的動力，而中央熱舞社的夥伴們更是讓我擁完成論文的活力，最後，這本論文得以存在，我一定要說：「謝謝你，紹威，我一輩子的好友」。

# 目

# 次

## 表 次

## 圖 次

# 緒　論

## 一、研究動機與目的

　　臺灣為高山島嶼，山脈地形為全島組成的四分之三，了解這座島嶼的歷史除了在這個島上的群眾外，尚有構成全島脊幹的「土地主體」──山，臺灣歷史舞臺以平原、丘陵、盆地為主，但對於「山」的認識的歷史歷程，似乎著墨不多，人類學者對於居住在山中之原住民有不少文章呈現，但對後來移民入臺的漢人與山的互動關注甚少；而歷史學較關著的是漢人生活在平原、丘陵、盆地形成臺灣的政治、社會、經濟以及文化脈絡，對於「山」也大多從政治、經濟、社會三方面來進行研究，對於與「山」有密切接觸的「登山活動」著墨不多，而本文則是從歷史研究觀點對戰後「登山活動」來進行探討。

　　清治以前，漢人尚未與「山」有密切接觸，進入清代，可從地方志的文字敘述了解當時對臺灣「山」的意像；晚清時期，清政府開始注重「山」的開發使得人與山開始有更密切的接觸。日治時期為有效統治，臺灣總督府進行許多學術、探勘調查，之後又成立「臺灣山岳會」，可看出對在日至時期，對山的接觸更加頻繁且了解逐漸加深，而在「山」中的活動，逐由「探險、開發調查活動」變成休閒之「登山活動」。而人類進入山中的活動透過《臺灣山岳》及各類山野林地調查報告、中高等學校刊物所留之圖片與文字紀錄，使當時臺灣山脈之樣貌以及人如何在山中活動得以流傳下來。

　　戰後政府接受日產，臺灣山岳會之運作轉由周延壽、周百鍊、蔡禮樂、

黃春生、謝永河、雷樹水等人繼續推動登山活動，〔註1〕從 1952 年首登玉山開始，戰後臺灣登山活動再度興起，至今二十一世紀，逐漸形成一種大眾化的休閒活動，登山人口更是與日俱增，〔註2〕而政府、民間、學校皆有登山社團成立並進行登山活動。

有關日治時期的臺灣登山活動研究，學界已有林玫君的專著——《從探險到休閒——日治時期臺灣登山活動之歷史圖像》做出系統整理及論述。〔註3〕但此優良著作及有關戰後登山活動的學術論文〈光復後臺灣地區登山運動發展過程之研究——以中華民國山岳協會為中心〉〔註4〕，這兩份著作皆富有歷史意函，但非出於歷史學界，似乎歷史學界較忽視此「主題」。然而戰後除有報章雜誌對登山活動的文獻資料外，近年旅遊性電視節目，如「臺灣全記錄」、「MIT 臺灣志」也針對臺灣山岳做出影像攝實，是以戰後登山不論在時間、文字或影像紀錄都有一定程度之保存，歷史研究者也應對戰後登山活動做系統性之整理分析。

為此，本文欲運用政府公報、山岳組織會刊、報刊雜誌、已出版的團體或個人登山活動紀錄來對登山活動做史學性的論述分析，探討研究戰後臺灣登山活動之發展，並用文獻資料來建構之戰後臺灣登山活動發展之歷史，更藉由不同性質的登山文獻紀錄探討登山人士及團體如何幫助戰後登山活動的發展，及所作之貢獻。此外，希冀借由此文期盼生活在臺灣之居民除有了解人類行為之歷史外，更可接觸這臺灣「土地主體」，並對其加以了解、熟悉、關心、愛護與敬重。

## 二、研究回顧

本文所要探討的登山活動是在臺灣進入近代化時期設置下所進行活動，歷來有關臺灣近代化空間場域論述可以呂紹理的《水螺響起——日治時期臺

---

〔註1〕 李希聖，《臺灣登山史》（臺北：作者自印，2005 年），頁 8；林玫君，《臺灣登山一百年》（臺北：玉山社，2008 年），頁 88。

〔註2〕 李希聖，《臺灣登山史》，頁 5。

〔註3〕 林玫君，《從探險到休閒——日治時期臺灣登山活動之歷史圖像》（臺北：博揚文化，2006 年）。

〔註4〕 譚靜梅〈光復後臺灣地區登山活動發展過程之研究——以中華民國山岳協會為中心〉，桃園：國立體育學院體育研究所碩士論文，1997 年 6 月。

灣的生活作息》以及《展示臺灣——權力、空間與殖民地的形象》爲代表。〔註
5〕作者於前一部作品中，論述日本殖民統治者如何把依照「格林威治標準時
間」（Greenwich Mean Time）的現代化生活作息帶入臺灣，並且也將此制式化
時間作息中的休閒生活加以描述，認爲「人必須在每日當中尋得一點休閒，
補充體力培養精神，已備隔日工作之所需。」〔註6〕然而書中主要內容是描述，
日本政府實行觀光政策是要透過觀光展現殖民臺灣的成果，並且達到「親善
國際」拓展在臺企業的市場銷路與市場形象，內容偏向觀光政策之國際與經
濟之目標。

　　至於《展示臺灣——權力、空間與殖民地的形象》一書則是論述日本如
何透過參加各地博覽會，設立臺灣主題館來宣揚其殖民臺灣的政績；此後又
在臺灣本島設立「農產品評會」、「共進會」和「始政四十年博覽會」來擴大
展示日本殖民臺灣的效力。書中雖然描寫了1930年霧社事件後，日本對於山
區的控制力大爲加強，在1932年分別成立了「阿里山國立公園協會」、「臺灣
國立公園協會」、「大屯山國立公園協會」、「臺灣國立公園臺中協會」、「太魯
閣國立公園協會」等組織，〔註7〕以及有關登山旅遊路線的描述，然而篇幅稀
微，對文本的助益不大。

　　至於有關日治時期登山活動的研究則有林玫君《從探險到休閒——日治
時期臺灣登山活動之歷史圖像》一書較具代表。該書論述登山活動可分成兩
階段；第一階段爲非休閒目的之登山活動，可分成三部份，首先爲日本殖民
政府進入臺灣爲進行殖民統治所進行的深山林野調查活動。其次，在調查結
束後，爲照顧來臺日人之健康，故提倡登山健身運動。最後爲教育人民了解
臺灣之地理、生物知識，而提倡學校登山活動。第二階段則轉變爲近代休閒
登山，可分爲兩部份：其一由「臺灣山岳會」成立後所帶起之登山活動；其
二是爲配合臺灣總督府觀光政策所帶起的登山活動。此二階段說明了日治時
期臺灣登山活動重要的轉變過程。

　　之後「臺灣山岳會」開始在臺展開活動，該組織形成的登山路線，也成

〔註5〕呂紹理，《水螺響起——日治時期臺灣的生活作息》（臺北：遠流出版社，1998
　　　年）；《展示臺灣——權力、空間與殖民地的形象》（臺北：麥田出版社，2005
　　　年）。
〔註6〕呂紹理，《水螺響起——日治時期臺灣的生活作息》，頁149。
〔註7〕呂紹理，《展示臺灣——權力、空間與殖民地的形象》，頁351。

為日後登山愛好者繼起或再度追尋之路跡，更是戰後登山活動重要的基石。不過筆者就文內所蒐集之史料經整理發現，這一時期的登山者多為日本官員、學術研究者、登山愛好者，一般平民百姓在文中出現的比率過少，臺人與高山接觸之情況並未被描繪，這或許是日本殖民時期登山活動的特殊現象。

前文提及日治時期的登山活動已由探險轉入休閒活動，而戰後登山活動以大眾角度來看，大多是以休閒為主要目的，譚靜梅的碩士論文〈光復後臺灣地區登山運動發展過程之研究——以中華民國山岳協會為中心〉〔註8〕，以「中華民國山岳協會」為主軸，探討其各階段的演變，從1945年「臺灣山岳會」〔註9〕重新組織為以臺人為主要幹部的「臺灣山岳會」，後又編入「臺灣省體育協會」下成為「臺灣省體育會山岳協會」。之後改組為「中華全國山岳委員會」到「中華山岳協會」各階段之組織任務及角色，描述了臺灣登山活動在這一組織帶領下的發展。此文雖詳盡描繪組織的演變以及活動的舉辦，但對於登山活動的進行幾乎未做描述，且內容連一般郊遊、健行活動之業務也一併討論，但描述過於簡略，且並未探討一般郊遊、健行活動的業務與戰後登山活動之間的關聯性，此外，文章也未對中華民國山岳協會對臺灣登山活動之影響作論述，較屬可惜。

有系統運用登山紀錄以及資料撰寫戰後臺灣登山史為李希聖〔註10〕的著作，其《臺灣登山史——一個奮鬥上進的過程》一書，詳細記錄了從1946年到1995年的臺灣登山活動，並分成三個階段，分別為開創時期（1946～1971）、發展時期（民1972～1981）、海內外多元活動時期（1982～1995年），內容用了非常多的登山紀錄，以流暢的筆法將各個紀錄貫穿於全書。〔註11〕此外，書中也詳談了各時期的山難事件，並檢討了山難發生之因，最難能可貴的是，作者所學非文史而是工程，但其文筆以及統整能力卻不輸受過文史訓練者。儘管如此，由於本書並非學術性著作，注釋稍嫌不足，此外分期的原因也並

〔註8〕 譚靜梅，〈光復後臺灣地區登山活動發展過程之研究——以中華民國山岳協會為中心〉，桃園：國立體育學院體育研究所碩士論文，1997年6月。

〔註9〕 為日治時期所組成的民間登山組織，有關其成立過程及組職架構林玫君所著《從探險到休閒——日治時期臺灣登山活動之歷史圖像》中〈傳遞運動——西方模式趨向的山岳組織〉一章有詳細的介紹。

〔註10〕 筆名李剛、楚人，為湖北安徽人，1926年生，臺灣省立臺北專科學校畢業，曾任臺灣電信局計處副工程師、電信總局技術處組長，業餘兼任《野外》雜誌編輯、《山水》雜誌顧問編輯、電信登山社社長。

〔註11〕 李希聖，《臺灣登山史》。

未清楚說明，書中討論「百岳」以及「百二十岳」都力有未逮，最重要的是對日治時期的登山活動幾乎連簡介都沒有，可謂缺憾。

　　近期林玫君又撰寫了非學術之登山史著作《臺灣登山一百年》，此書大致分爲日治時期與戰後兩大部分，日治部份是由《從探險到休閒──日治時期臺灣登山活動之歷史圖像》一書改寫而成，內容精簡不失大意，至於與本文有相關的戰後登山活動部份，作者以重點式描繪了戰後登山活動之情形，包括臺灣山岳會之轉變、救國團對登山活動的影響，還有從登山技能衍生出的攀岩活動以及溯溪活動之發展也有介紹，此外還論述企業登山教育以及登山對學子身心之影響作介紹，這些都是本文重要的參考依據，然而由於此書所作之論述稍簡略，還有許多內容可供深入探討之處。〔註12〕

　　此外，由日本登山家梅棹忠夫〔註13〕、山本紀夫〔註14〕所編之《山的世界》，則從日本及世界登山角度探討山的形成、環境以及登山歷史文化，內容非常豐富，可增進對「山」的認識，〔註15〕雖說書內對於臺灣登山之情況未多做描述，但是提到有關登山活動的深思層面，可以作爲本文的思路參考。

　　以上有關臺灣登山活動的著作：《從探險到休閒──日治時期臺灣登山活動之歷史圖像》、〈光復後臺灣地區登山運動發展過程之研究──以中華民國山岳協會爲中心〉、《臺灣登山史》、《臺灣登山一百年》等書之作者大多因自身興趣和參與，而對登山活動產生興趣並進做有系統、論點之研究，不過，這類有系統的研究對於在臺灣已發展一百年的登山活動來說，似乎過爲稀少。此外，可被歸類爲歷史性之學術著作，更只有《從探險到休閒──日治時期臺灣登山活動之歷史圖像》、〈光復後臺灣地區登山運動發展過程之研究──以中華民國山岳協會爲中心〉這兩本著作而已，至於有關戰後臺灣登山

---

〔註12〕林玫君，《臺灣登山一百年》。

〔註13〕梅棹忠夫，1920 年出生於京都市。京都帝國大學理學博士，主修民族學、比較文明學，爲日本國立民族學博物館顧問、京都大學榮譽教授、日本登山協會榮譽會員、京都大學學生登山協會（AACK）榮譽會員。

〔註14〕山本紀夫，1943 年出生於大阪。京都大學農學博士，主修過民族學、民族植物學。1968～1969 在京大探險社組成了一支安地斯學術調查團，1970 年加入安地斯登山隊，其以安地斯、喜馬拉雅西藏等山岳地帶爲主，從事農耕的文化調查。爲日本國立民族學博物館教授、日本綜合研究所大學兼任教授、京都大學校友登山協會會員、日本登山協會會員。

〔註15〕梅棹忠夫、山本紀夫編，賴惠鈴譯，《山的世界》（臺北：商務出版社，2007年）。

活動的學術性研究更只有〈光復後臺灣地區登山運動發展過程之研究——以
中華民國山岳協會爲中心〉這篇學位論文。

由此可知，本文能參考運用的歷史性學術研究是相當稀少的，因此《臺
灣登山史》、《臺灣登山一百年》這兩本雖非學術之作，但爲文嚴謹、論據有
證，實可爲本文不可或缺之重要參考著作跟指引。此外，此著作又富有濃厚
的歷史縱深，這也反應出戰後臺灣登山活動應是歷史學界可開發的研究地帶。

## 三、研究方法及內容範圍

### （一）研究方法

本文主要的研究方法爲歷史研究法，採歸納、分析等方法，以戰後登山
活動之發展爲主體，運用已出版或刊登在各雜誌上之登山紀錄爲史料以及各
類有關登山活動之文章結合分析，並運用各記錄登山路線圖，從文字及圖像
來展現臺灣登山活動之歷程，此外，並結合影響登山運動之政府相關政策以
及時代環境之特點，藉此豐富文章之內容。

除上述爲有形之研究方法自身有關登山之訓練，如體能、器具、繩索、
地圖判別以及參與過的登山行程等，雖說不多，但都記憶深刻，而這些則形
成無形的研究工具，可增加文章書寫時的歷史想像與歷史情境結合，有助於
文章之展現。

### （二）內容範圍

本文所要探討之登山活動包括了近代登山之前的登山行爲，以及進入近
代登山之活動，而內容是以政府法令、道路建設以及與登山活動相關之團體
與人物爲論述主體來描繪登山活動在臺灣的發展。在描述內容上包括攀登高
山之過程，至於普通郊區小山也會包含在內，是整體的論述，至於由登山技
能衍生出的攀岩以及溯溪活動則因其另有發展之系統，故於此文中不多贅述。

此外在世界登山史上，以攀登上 K1 即世界最高峰埃佛勒斯峰（Everest），
又名珠穆朗瑪峰、聖母峰，爲最榮耀之事項，然而登山到了海拔 4,000 公尺以
上又是完全不同的面貌，除了技巧不同外，雪攀又是另一種登山訓練的方式；
臺灣雖有派登山隊到國外攀登過，但是與臺灣本身歷史脈絡關聯性較微弱，
所以對海外登山只好割愛，又海外登山其實又可另開新文，期盼日後能有有
志者可對臺灣海外登山做一探討；不過海外登山之文章紀錄也可提供登山觀
念之補強，亦不可忽視。

## 四、史料介紹

　　史料爲歷史研究者最重要的部份，杜維運在其《史學方法論》一書曾論述道：

> 史料的價值，隨時代而變，亦隨史學家而轉變。史學家能擅用史料，則史料的價值即出。〔註16〕

又鄭樑生於其《史學方法》一書中亦寫道：

> ……所以我們不能單純的將史料分等，此乃由於僅是它在陳述某一件事時有價值上的差異，我們不能據此對某一史料之本身與以固定的等級。〔註17〕

故對於下文中所介紹不論是單獨出版成冊或刊載在報章雜誌上之紀錄文章皆爲本文有價值之史料文獻，不再贅述其史料價值。

### （一）日治以前

　　有關日治之前有關山與人之間關係的文獻史料，在荷蘭時期，以程紹剛譯註的《荷蘭人在福爾摩莎》此書爲主，〔註18〕此書翻譯了荷蘭總督在臺時期的經濟貿易史料，對於當時荷蘭在臺情況的描述，極爲生動，且也爲不懂荷蘭文但想參考研究荷蘭時期的歷史研究者，提供相當大的幫助。而在鄭氏王朝時期與清代，則運用了《臺灣文獻叢刊》、《臺灣叢書》、《全臺文》三套史料文獻彙編叢書，包括了沈雲的《臺灣鄭氏始末》〔註19〕、連橫的《臺灣通史》〔註20〕、江日昇的《臺灣外記》〔註21〕、高拱乾的《臺灣府志》〔註22〕、周鍾瑄的《諸羅縣志》〔註23〕、吳子光的《一肚皮集》〔註24〕等文獻中，有

---

〔註16〕杜維運，《史學方法論》（臺北：三民書局，2003 年），頁 163。

〔註17〕鄭樑生，《史學方法》（臺北：五南書局，2002 年），頁 120。

〔註18〕程紹剛譯註，《荷蘭人在福爾摩莎》（臺北：聯經出版社，2000 年）。

〔註19〕沈雲，《臺灣鄭氏始末》收入於《臺灣文獻叢刊》第 15 種（南投市：臺灣省文委員會，1995 年）。

〔註20〕連橫，《臺灣通史》收入於《臺灣文獻叢刊》，第 128 種（南投市：臺灣省文委員會，1992 年）。

〔註21〕江日昇，《臺灣外記》收入於《臺灣文獻叢刊》第 60 種（臺中：臺灣省文獻委員會，1995 年）。

〔註22〕高拱乾，《臺灣府志》收入於張其昀監修、方豪主編《臺灣叢書》第一輯，第一冊（臺北：國防研究院、中華學術院合作出版，1968 年）。

〔註23〕周鍾瑄，《諸羅縣志》收入於張其昀監修、方豪主編《臺灣叢書》第一輯，第十一冊（臺北：國防研究院、中華學術院合作出版，1968 年）。

關政府對山地的經濟、政治政策，文人對山的觀感以及自身遊記，來形塑出當時「人」與「山」之間的輪廓，建構當時人對山的意象。

## （二）日治時期

本文雖以戰後時期爲研究重心，但日治時期的登山活動爲重要奠基期，故對該時期之史料仍有重要之參考依據。以下分別介紹：

1、沼井鐵太郎的《臺灣登山小史》以編年方式記載了當時的登山活動，並分成四個時期：（1）史前期及初次探險時代（日本統治之前）、（2）開拓探險時代（明治二十九年到大正二年，即 1897～1913）、（3）探險登山時代（大正二年到大正十五年，即 1913～1926）、（4）近代登山時代（大正十五年到昭和十五年，即 1926～1940）。文中所整理部份以第四時期爲重，簡要的描繪了臺灣登山紀事，對日治時期登山活動可以做一明確之時間標的，爲本文對日治時期描繪與了解的重要參考依據。〔註 25〕

2、臺灣古道專家楊南郡所譯之日本學者鳥居龍藏（1870～1953）〔註 26〕、伊能嘉矩（1867～1925）〔註 27〕、森丑之助（1877～1926）〔註 28〕等學者之作，對日治時期登山活動的了解也有相當助益。鳥居龍藏和森丑之助奉當時日本帝國政府之令，來臺對當地原住民做人類學研究，此二學者之探險紀錄由楊南郡先生選譯、整理、編註爲《生番行腳》〔註 29〕及《探險臺灣》〔註 30〕

---

〔註 24〕 吳子光，《一肚皮集》，收入於黃永哲、吳福助主編，《全臺文》第 11 冊（臺中：文听閣圖書，2007 年）。

〔註 25〕 沼井鐵太郎著，吳永華譯，《臺灣登山小史》（臺中：晨星出版社，1997 年）。

〔註 26〕 鳥居龍藏，日本四國德島市人，早年師事日本人類學之父坪井正五郎博士，1896 年至 1900 年間，攜帶攝影及相關器材，來台灣連續進行四次學術調查之旅；1975 年～1977 年，日本朝日新聞社整理其一生作品彙集成《鳥居龍藏》全集，共計十二卷，外加別卷一冊。

〔註 27〕 伊能嘉矩，日本岩手縣遠野市人，早年就讀岩手縣師範學校，因抗爭風波遭退學，後勤勉自學，1895 年來臺，1897 年 5 月開始一百九十二天的全島視察旅行，其後又多次進行局部的調查旅行。其一生著作等身，與臺灣相關者有《臺灣文化志》、《臺灣蕃政志》、《臺灣蕃人事情復命書》、《臺灣年表》、《領臺十年史》等十餘種，尚有七百餘篇論著散於當時報刊、雜誌中。

〔註 28〕 森丑之助，日本京都市五條室町人，年少就讀於長崎市商業學校，學習中國南方官話，1895 年隨陸軍來臺巡查各番社，1896 年結識鳥居龍藏成爲其研究助手，其著作有《臺灣蕃族志》、《臺灣蕃族圖譜》以及發表於臺、日各報章雜誌中。

〔註 29〕 森丑之助著，楊南郡譯註，《生番行腳——森丑之助的臺灣探險》（臺北：遠流出版社，2004 年，二版）。

二書，其中在《探險臺灣》第五篇包括〈臺灣通信〉、〈臺灣蕃地探險談〉、〈臺灣中央山脈之橫斷〉等文章。對其第四次調查臺灣之紀錄及講演，以及《生番行腳》之〈北蕃行〉、〈鹿場大山探險談〉、〈南中央山脈探險〉、〈中央山脈橫斷探險報文〉等文，〔註31〕呈現了鳥居和森氏於臺灣高山上之探行過程，並有路線圖之呈現〔註32〕，可清晰了解當時攀登之情況。

另伊能嘉矩詳細紀錄臺灣番族及所經漢人城鎮之文化、風俗習慣的《臺灣踏查日記》一書，在該書搜羅的〈巡臺日乘〉一文中，也有 1897 年 8、9 月探入臺灣深山地區的紀錄。〔註33〕出於伊能嘉矩之手的紀錄，充滿濃厚的歷史氣息。至於鹿野忠雄則以其細膩的文筆描述了在玉山山脈、秀姑巒山、東郡大山、卓社大山等山群的登走過程紀錄，全篇匯在《山、雲與蕃人》一書中，〔註34〕內容包括了山林氣候、植披等，與戰後登山紀錄之描述有相當程度的相似性，可算是近代登山文學之佳作，也是本文所欲利用參考者。

## （三）戰後時期

### 1、山岳組織會刊

#### （1）《臺灣山岳》

此為臺灣省體育會山岳協會的會刊，從 1952 年刊印至 1971 年，由月刊轉變為雙月刊，戰後初期登山之文獻紀錄，幾乎都包含在此會刊的文章之中，此外此刊物也介紹了臺灣省體育會山岳協會的各項會議，以及各項活動，可了解臺灣省體育會山岳協會這組織的運作發展。

#### （2）《中華山岳》

《中華山岳》為中華民國登山協會之會刊，1972 年以雙月刊形式刊印，發行至 2009 年 5 月已有 210 期。其內容除了協會會務外，另有該會所辦之登山活動，不論是大山或郊山，且多有交通資訊提供，而裡面最重要為登山活動之紀錄，包括海外登山、島內登山以及山難報告等，此外，也刊登岳界重要人士之訊息，這些皆為本文寫作之重要憑證基礎。

---

〔註30〕　鳥居龍藏著，楊南郡譯註，《探險臺灣──鳥居龍藏的臺灣人類學之旅》（臺北：遠流出版社，1996 年）。

〔註31〕　森丑之助著，楊南郡譯，《生番行腳──森丑之助的臺灣探險》，頁 290～407。

〔註32〕　由楊南郡考察後所繪。

〔註33〕　伊能嘉矩著，楊南郡譯註，《臺灣踏查日記》（臺北：遠流出版社，1996 年），頁 157～249。

〔註34〕　鹿野忠雄著、楊南郡譯註，《山、雲與蕃人》（臺北：玉山社，2000 年）。

（3）《中華登山》

《中華登山》是中華民國健行登山會會刊，1971 年發行到 2009 年已有 147 期，其內容雖說與《中華山岳》大同小異，不過書中對於臺灣登山界社團組織發展的轉變有深刻描寫，對於了解臺灣登山社團演變之史有所助益，此外會刊內的「長篇三角點」專欄，更是對臺灣登山活動知識的一大貢獻。

以上三份刊物所代表的，是臺灣戰後登山活動的文字見證，透過瞭解這三份刊物的文獻，將可建構出戰後臺灣登山史的大體脈絡。

2、期刊雜誌

（1）《臺灣山岳》

1995 年創刊的《臺灣山岳》為至今最大的登山活動雜誌，由季刊轉為雙月刊，迄今已發行 83 期，內容非常豐富，有山野知識的報導（如三角點之認識、登山飲食之注意、登山背包之挑選），特別企劃（沼井鐵太郎臺灣登山史選譯、原住民部落沿革等、登山人物介紹等），最重要的是其對登山知識之完備，且有附行程圖，對本文書寫有相當大之助益。而此雜誌更是補充上述三份山越組織會勘有關戰後臺灣登山活動的完整性，也證實戰後臺灣登山活動的活耀。

（2）政府公報、政府研究計畫書

政府公報以《臺灣省政府公報》為主軸，此公報記載相當詳細，內容包含了電報、公文以及政令宣傳，可從上述檔案去建構戰後登山活動發展的外在環境發展狀況，可補充會刊之不足，而政府研究計畫書則是以古道探查、國家公園計畫、觀光遊憩計畫的計畫報告書為主，此報告書由於有實際踏查經驗，可視為一手史料等級的文獻，且也是較少歷史研究者會注意之部分。

## 五、章節安排

本文除序論跟論外，共分四章，第一章為「近代臺灣山區認識」共分成三小節，第一節為「日治時期展開前之山地接觸」說明在日治之前，人與山之互動，以文獻中對於山之描述，來做分析，之後再以開港前後作區隔，討論清朝對臺灣的統制態度由放任到積極，對於「人」與「山」之間互動關係的轉變；第二節為「日治前期山地調查」，此節開始，開始進入日治時期，此節以踏察實地之況，來築構日治初期「人」與「山」之間關係的互動。第三

節爲「休閒登山之開啓」，本節將探討「人」和「山」的接觸開始由「探險開拓」轉變爲近代休閒登山，以及其對臺灣登山活動之影響。

第二章爲「戰後登山環境轉變」，此篇是以外部環境角度切入戰後臺灣登山活動如何演進來做討論。第一節爲「登山管制的形成」，以探討登山管制相關法令之演變，來說明臺灣戰後初期會受限制之原因；第二節是「政府產業開發與登山活動」，探討在法令限制下，爲何戰後登山活動又逐漸復甦蓬勃，此節以政府的產業發展轉型，以及道路開發對登山活動之影響，第三節則是「國家公園的設立」，探討登山活動進入國家政策之標之中，不但安全性提高，也增加登山的多元性。

第三章則是「戰後登山活動的表現與推進」，從第一節「戰後首登」、第二節「山岳協會的成立與貢獻」、第三節「救國團系統山岳組織之轉變」三部份來探討登山界本身對戰後登山活動的推進。首登代表著戰後登山活動的起步，具有一定程度指標與重要性；第二節、第三節則是從推動登山活動的山岳組織著手，來探討臺灣戰後登山活動的規劃與登山安全甚至與國際接軌事務，藉此看出戰後登山活動逐漸活絡的過程。

第四章也以三小節做論述，分別爲第一節「初期的傳承與推廣者」，第二節「岳界四天王」、第三節「登山書寫的傳承與創新」。本章主要以人物爲論述主體，包括擁有政治影響力人物、登山傳承重要人物、岳界四大天王等，探討這些重要人士戰後登山活動的影響。

由第一章到第四章的描述，爲從外而內的逐步了解，希望藉此可讓觀看戰後臺灣登山活動之發展爲何。而結論除總結各章精華外，將會提出自身對於戰後登山活動的論點，以及未來還有何種發展性之說明。

## 六、研究限制

戰後登山史在史學界爲一新興之議題，由於相關先行研究與文獻甚少，且在歷史學界也未有研究之先例可供參考，因此本文書寫可說是一大挑戰，因此有下列幾項限制。

首先是登山經驗問題，大多數登山紀錄之作者其山旅經驗都相當豐富，雖筆者登山經驗並不多，但在訓練及實際行程之記憶都相當深刻，而擁有豐富的登山經驗在歷史想像上或許更可增加臨場感之作用。其次爲體例問題，在傳統政治、經濟、社會、文化的歷史研究上，都有可參考之撰述典範，可

供寫作之參考，但本文撰述的方式，並未有可參考之典範，爲參考及少相關
研究論助之撰寫方整合之嘗試，因此可能面臨爲何要要以本文章節架構方式
撰寫的問題。此外由於本文主軸爲戰後「登山活動」之發展，所以對戰前之
論述，並不會著墨太多，而以戰後的時間脈絡爲論述的主軸，且有關「登山
活動」有交集的政治觀感、經濟發展、交通建設等諸多問題，雖會提及其與
登山活動之間的關聯性，因與本文主軸偏離，故不會對這些問題延伸探討。

　　最後是與登山相關學識之運用，將登山活動相關的知識結合，可行成綜
合性之「登山學」學門，但臺灣各大專院校並未發展此專業學門，因此文章
所運用之登山學也未有專門學術性文章或專書之呈現，因此，登山學知識的
偶或出現，對閱讀者也是一大困擾；故本文嘗試以前人有關登山活動之專著
中對於登山活動之描述之分期、分類爲主要架構，結合各架構之優良部份，
再以文獻爬梳做爲論證依據，緊密結合架構與論證，之後輔以登山專業知識
以及相關概念，使戰後登山史可有一完整的呈現，而相關政治、經濟等脈絡
的發展則運用在環境背景上，並且探討政治、經濟等面向對於戰後登山活動
發展之關係，雖然這些面向都有各自的重要內涵，不過爲使本文論旨主軸更
加明確，故文章論述將著重在其輔助戰後臺灣登山活動之特色上。

# 第一章　近代臺灣山區的認識

　　臺灣位於環太平洋火山帶上，以中央山脈為臺灣山系的主軸縱貫全島，〔註1〕地形狹長，南北最長 380 公里（自富貴角至鵝鑾鼻），東西最寬 140 公里，面積 35,834.35 平方公里。〔註2〕山脈與本島走向完全一致，經過強烈的摺曲作用形成，山勢陡峭高峻，全島主要有五大山脈，分別為中央山脈、雪山山脈、玉山山脈、海岸山脈和阿里山山脈。

　　中央山脈北起蘇澳南方的烏岩角，南止於恆春半島北部，全長為三百公里，地勢高峻，〔註3〕西以匹亞南構造線沿宜蘭溪、大甲溪、北港溪、濁水溪、荖農溪與雪山山脈、玉山山脈為界，東依東臺片岩山地並以花東縱谷與海岸山脈分開。〔註4〕此山脈上，標高超過 3,000 公尺的高峰數十座，中央山脈西側隔著本島中央構造線：蘭陽——荖農縱谷線〔註5〕與雪山山脈和玉山山脈為界。雪山山脈北起三貂角，南至尖山與中央山脈相合，〔註6〕東南坡較陡而狹，西北較緩而廣，〔註7〕玉山山脈其東是以匹亞南構造線的郡大溪、荖農溪為界，通過八通關與中央山脈為鄰；北則依濁水溪與雪山山脈相望；其南則在逐漸沒入嘉南丘陵之中；其西則隔沙裏仙溪、楠梓溪在塔塔加鞍部與阿里山山脈相接。〔註8〕海岸山脈是位於臺灣最東端的山脈，位於花東地區東側的海

〔註1〕　陳培源，《臺灣地質》（臺北：臺灣省應用地質技師公會，2006 年），頁 2～2。
〔註2〕　邢天正，《邢天正登山講座》（臺北：戶外生活圖書股份有限公司，1988 年），頁 22。
〔註3〕　陳培源，《臺灣地質》，頁 2～2。
〔註4〕　李希聖，《臺灣登山史》（臺北：作者自印，2005 年），頁 32。
〔註5〕　陳培源，《臺灣地質》，頁 2～4。
〔註6〕　邢天正，《邢天正登山講座》，頁 23。
〔註7〕　陳培源，《臺灣地質》，頁 2～4。
〔註8〕　李希聖，《臺灣登山史》，頁 6。

岸山脈，北起花蓮市南方花蓮溪口的嶺頂，海岸山脈的山勢高度來看，以中段的山勢最高，高峰多在 1,300 公尺以上。〔註9〕

　　阿里山山脈北起濁水溪南段、南接玉井，山勢低矮多不相連，其東南兩側都有斷層切割，河流經過阿里山東麓者多形成縱谷，西坡逐漸降低連接丘陵地，更下與嘉南平原相接。海岸山脈北起花蓮溪口，南止於臺東平原之北，長近 150 公里，寬約 16 公里，其西有寬度不到 7 公里的花東縱谷，越此即是中央山脈。而在北部的大屯火山群則是由近二十座大小火山組成，著名有竹子山、小觀音山、大屯山、面天山、七星山。〔註 10〕這些山脈構成了臺灣土地的主體，而生活在此土地上的人們也與此主體開始有了互動甚至是利用此一主體達到不同的目的。

**圖 1－1　2006 年臺灣地形分區圖**

資料來源：陳培源，《臺灣地質》，附圖。

---

〔註 9〕 請參閱：http://csm00.csu.edu.tw/0150/49002134/index-7.htm，登入時間
　　　　 2009／5／26。

〔註10〕 陳培源，《臺灣地質》，頁 2～5。

# 第一節 日治時期以前

在臺灣的歷史分期上可分作荷蘭（西班牙）殖民時代（1624～1662），明鄭時期（1662～1683），清朝時期（1683～1895），日本殖民時期（1895～1945），中華民國時期（1945 迄今）。在 1624 年前之文獻中雖有關於臺灣島上人群活動的記載，但卻未有完整文獻檔案留下，〔註11〕直到荷蘭時期因有政經活動之開展，才開始有較完整的文字記載及文書留下；故本節先從荷西到清朝政府統領時期來探討此段時期非原住民之臺灣住民（包括統治者）是否有進入「山」之活動。

## 一、清領以前的人山互動

荷蘭在 1602 年成立「東印度公司」〔註12〕，其擁有武裝力量和設置法官、可以代表政府與東方君主宣戰、媾和、訂約以及佔領土地、建立堡壘等特權。〔註13〕而在東方為了開拓與中國的貿易，決定佔據中國沿海之一處所。原理想據點為澳門，不果；其曾短暫領有澎湖，不久又因明政府介入而退出，最後轉駐臺灣殖民統治（1624）。〔註14〕而荷蘭殖民臺灣最主要是取得與中國和日本貿易之據點，未作多餘開發，對山區的接觸幾近為零，雖曾為了取得貿易商品「鹿皮」與近山邊區平埔居民有所接觸，但也只靠漢人與其交易，〔註15〕並無開拓道路等措施；其次是探索金礦，但未因此對山區部分有積極作為，

---

〔註11〕 如《三國志·吳書·孫權傳》、朱清英，《海東劄記》、陳懋仁，《泉英雜誌》卷上，引《泉郡志》。

〔註12〕 荷蘭殖民者於 16 世紀末來到東方，以後荷蘭國對東印度貿易的公司紛紛成立，1602 年 3 月，各公司為增加其競爭實力，在阿姆斯特丹成立東印度公司（Verenigde Qost Indische Compagnie 簡稱 V.O.C），其最高領導機構為 V.O.C 六個商部之代表所組成的十七董事會。詳見楊彥杰，《荷據時代臺灣史》（臺北：聯經出版社，2000 年），頁 7；程紹剛譯註，《荷蘭人在福爾摩莎》（臺北：聯經出版社，2000 年），頁 xii。

〔註13〕 楊彥傑，《荷據時代臺灣史》，頁 7。

〔註14〕 荷蘭駐東印度總督庫恩（J.P.Coen）曾在 1621 年 7 月 9 日的《東印度事務報告》中提及對中國通商貿易的三種方式（1.在中國沿海以一地做據點、2.把中國商人招引至雅加達、3.派船前往漳州）但未做決定，而在 1622 年 9 月 6 日決定派艦隊前往中國沿海，後欲攻佔澳門，未果，而將目標轉向澎湖，但又據 1624 年 3 月 4 日《東印度事務報告》的報告在短暫距澎湖後，因廈門之役失敗，不敵中國大軍，後於咨皋前訂協議從澎湖撤出轉往臺灣。詳見《荷據時代臺灣史》，頁 21～32；程紹剛譯註，《荷蘭人在福爾摩莎》，頁 2～69。

〔註15〕 見楊彥杰，《荷據時代臺灣史》，頁 205～217。

〔註16〕不難見從這一時期之政府之對臺規劃，並未注重臺灣之山區。

　　荷蘭進入臺灣殖民初期時，勢力尚未延展到北部，1626 年 5 月，西班牙為了維護呂宋島及中國之間的貿易，於呂宋派兵佔領的臺灣北部。〔註17〕西人於臺灣主要活動以北部沿岸邊傳教為主，山區較無觸及，1641 年 9 月荷蘭攻據基隆港，使割據北部臺灣 16 年之西班牙人，完全退出臺灣。〔註18〕總之荷蘭與西班牙並未與「山」產生互動，雖有與當時原住民接觸，但還是未觸及臺灣主要山區地帶。

　　時至南明，於廈門反清失利之鄭成功（1624～1662）議取臺灣，臺灣「甲螺」何斌持地圖來獻，征臺之議，乃決議實施。〔註19〕鄭成功與荷人交戰，於 1662 年，圍荷人與熱蘭遮城，久不獲下，乃先理庶政，〔註20〕夏五月，改赤嵌城為承天府，楊朝棟為府尹；置天興、萬年二縣，以祝敬、莊文烈為知縣。黃安、顏望忠等率師繼進，授安為右虎衛，招沿海居民之不願內徙者數十萬人東渡，以實臺地。〔註21〕隔年成功因內外心力交瘁病逝，其子鄭經（1642～1681）即位，夏四月，經改東都為東寧，升天興、萬年縣為州，設澎湖及南北路安撫使，諸將分守土地。庶事悉委陳永華（1634～1680），崇尚儒雅，與民休息，而兩島遠近棄兵民眾凡四五十萬。〔註22〕後經傳子鄭克塽（1670～1717），失臺於施琅（1621～1696），臺灣納入清朝之版圖。

　　鄭氏在臺三代，主要目的仍以反清為志，對於臺地山區所識不多，鄭成功在臺不久即亡，於臺重要建設，多賴其子鄭經及其部將陳永華。與山區較有關之事跡，為 1665 年，諮議參軍陳永華請申屯田之制，以拓番地。使南至琅嶠，北及雞籠，皆有漢人足跡，番不能抗，漸竄入山，乃築土牛以界之。〔註23〕此土牛即後世所謂土牛番線，分隔「人」、「番」之始，也是將平地與山區

---

〔註16〕大多採水路繞行至東部，並未有橫貫山區的情形出現，見楊彥杰，《荷據時代臺灣史》，頁 218～226。

〔註17〕見伊能嘉矩，《臺灣蕃政志》（臺北：群生出版社，1973 年），頁 51。

〔註18〕臺灣省文獻委員會編譯、伊能嘉矩著，《臺灣文化志》（臺中：臺灣省文獻委員會，1995 年），頁 64。

〔註19〕臺灣省文獻委員會編，《臺灣史》（臺北：眾文圖書公司，1996 年），頁 140。

〔註20〕臺灣省文獻委員會編，《臺灣史》，頁 154。

〔註21〕沈雲，《臺灣鄭氏始末》收錄於《臺灣文獻叢刊》第 15 種（南投市：臺灣省文委員會，1995 年），頁 52。

〔註22〕沈雲，《臺灣鄭氏始末》收錄於《臺灣文獻叢刊》第 15 種，頁 60。

〔註23〕連橫，《臺灣通史》收錄於《臺灣文獻叢刊》，第 128 種（南投市：臺灣省文委員會，1992 年），頁 412。

人民區隔之開始。此外鄭氏在臺對於「山區」之接觸，還有山地「番社」之討伐，如 1682 年：

> 雞籠山因有重兵鎮守，故起沿途土番搬送糧食。土番素不能挑，悉是背負頭頂。軍需繁雜，不論老幼男婦，咸出供役，以致失時。況土番計口耕種，家無餘蓄，而枵腹趨公，情已不堪；又遭督運鞭撻，遂相率殺各社通事，搶奪糧餉。竹塹、新港等社皆應之。埮聞報，詢錫范。范舉其左協理陳鋒督率將士，與宣毅前鎮葉明、右武衛左協廖進等督兵征剿。但土番性情輕佻，男婦成群，所用鏢槍竹弓而已；各社各黨，無專主約束之人，故不敢大敵，只於夜間如蛇行偷營沖突。一聞進剿，各挈家遁入深山。〔註24〕

然而不論是「土牛界」或「討番」，與山區也只有些微接觸，對於臺灣山之位置名稱，在相關鄭氏時期的文獻資料均未有描述；且就文獻來觀察，從荷西到明鄭，臺灣「山」與「人」之間的互動似乎並不頻繁。

## 二、清代文獻中對「山」的認識

接續鄭氏時期在臺灣之統治為清朝政府，其統治臺灣兩百多年中，所留下文獻除了官修縣府志之外，還有箚記、遊記、日記；在這些文獻之中，有對於臺灣「山」描述的文字記錄，從這些記載當中，可探討當時人民對「山」的體認觀感。

林玫君在《從探險到休閒——日治時期臺灣登山活動之歷史圖像》一書中，認為清代早期臺灣人民對於山是用疏遠態度來看待，分為「遠離山岳」及「遠處望山」兩種情形出現。〔註25〕的確，這是一種現象，但分析清代臺灣文獻後可發現不光是林書所描述之情況，文獻中對於各山位置有詳盡之描述。

先從臺灣方志來看，高拱乾所修《臺灣府志》一書中的〈封域志‧山川〉一文，除了總論整體臺灣山之形勢之外，還分別描述了「臺灣縣山」、「鳳山縣山」、「諸羅縣山」三個行政區域的「山」之位置，茲舉三例：

> 臺灣山形勢，自福省之五虎門蜿蜒渡海；東至大洋中二山曰關同、

---

〔註24〕江日昇，《臺灣外記》收錄於《臺灣文獻叢刊》，第60種（南投市：臺灣省文獻委員會，1995年），頁398。
〔註25〕林玫君，《從探險到休閒——日治時期臺灣登山活動之歷史圖像》，頁44～50。

日白畎者,是臺灣諸山腦龍處也……大約臺灣之山,背東溟、面西海,而郡邑居其中。〔註26〕

臺灣縣治東北百餘里,山之最高而大者,曰木岡山;南過大目降營,保大里西、保大里東,至新豐、永豐二里,又南抵崇德里皆山也。龍縱之勢,矗列無隙,是為府治屏障。自崇德里而西轉,曰大岡山、小岡山。〔註27〕

鳳山之山,自臺灣縣治崇德里東南諸峰蜿蜒而來。岡巒重疊,勢皆南向,至阿猴林以北諸峰……從打鼓山蟬聯而下,勢若長蛇,為蛇山……更轉而西出於海,為郎嬌山……。〔註28〕

而各縣志對於各縣內之山之位置之描述,更為細緻。像是周鍾瑄編修的《諸羅縣志》中,有段文字生動地描寫了大遴山、大武巒山、玉山等山脈彼此間的相對位置以及山之形勢:「大遴之勢趨入內山,煙霏霧靄,峰巒不可數;群萃南下,奔七百餘里,有挺拔圓秀而特立者,曰大武巒山;則邑治之主山也。三峰並列,遠護眾山,奇幻瑩澈,高出大武巒之背者為玉山。」〔註29〕;王禮、陳文達共同修纂之《臺灣縣志》則以「香洋仔山之南,曰角帶圍山;則因地而得名者也。過此,則與鳳山之岡山相界矣。」〔註30〕顯現了山脈在清代對於各行政區分區界限的實用性質,而謝金鑾、鄭兼才兩人合作的地方志《續修臺灣縣志》中則寫道:「其西為剛仔林、大尖山,又西為小尖山,皆極危峻,人不可行。」〔註31〕點出山中行走之危險。

然而綜觀上述各類方志對於臺灣「山」之描述,可知當時「遠離山岳」及「遠處望山」或許是一種民間文人對山之觀感;但若細讀地方志,可了解當時的記載除遠處望山外,也用文字記錄「山與山之間的方位」、「分界之用」以及「山區行走之險」的紀錄,這些文字紀錄也反映清朝政府認識臺灣群山

---

〔註26〕 高拱乾,《臺灣府志》收錄於張其昀監修、方豪主編《臺灣叢書》第一輯,第一冊(臺北:國防研究院、中華學術院合作出版,1968年),頁9。

〔註27〕 高拱乾,《臺灣府志》,頁9。

〔註28〕 高拱乾,《臺灣府志》,頁12～13。

〔註29〕 周鍾瑄,《諸羅縣志》收錄於張其昀監修、方豪主編《臺灣叢書》第一輯,第十一冊(臺北:國防研究院、中華學術院合作出版,1968年),頁7～8。

〔註30〕 王禮、陳文達,《臺灣縣志》收入於《臺灣文獻叢刊》第103種,(南投市:臺灣省文委員會,1993年),頁5。

〔註31〕 見謝金鑾、鄭兼才,《續修臺灣縣志》,收錄於張其昀監修、方豪主編《臺灣叢書》第一輯,第四冊,頁16～17。

的印象。不過上述各方志之作者，除陳文達出生於臺灣外，其他作者皆非生於臺灣，〔註32〕而陳文達是否眞有親臨各山，尚未發現有確切筆墨遺留，至於其他非出生在臺灣的作者，除尚未發現有確切確切筆墨遺留外，實際親臨山中的可能性，應似更低；因此文獻中之記載只可說是清代方志中，統整前人文獻資料的一種對於「山」的記憶群像。

　　至道光時期（1820～1850）對於「山」的認知除文獻有方位之記錄外，開始有實際蒞臨「山」的紀錄出現，如吳子光（1819～1883）〔註33〕在其作品《一肚皮集》中就有親自遊山之經驗：

> 出竹塹南門二里許，爲巡司埔。至此，折東而東行三里，遂入山，爲十八尖峰；峰數有二九，故名。山皆童，無草木濯濯，與牛山相類。沿尖山區曲十餘里，則金廣福大隘界矣。〔註34〕

> 循大山西南境，行至山足，有深潭水，沸如熱湯，常遇金砂凝結石中，光閃爍不定。〔註35〕

以上兩段引言，雖並非到山內高聳峰頂之記錄，但是卻在清朝文獻當中，屬於登山記遊非常珍貴的資料，實地記錄了山中所蘊含之景色，而非人云亦云之說。

## 三、清末西人筆下的登山書寫

　　咸豐至光緒年間，因「天津條約」之簽定迫使臺灣開港，〔註36〕西方人

---

〔註32〕王禮，順天宛平人、謝金鑾，字巨廷，一字退谷；福建侯官舉人、周鐘瑄，貴州貴築人。

〔註33〕吳子光，原名儒，字士興，號芸閣，別署云墍，晚年自號鐵梅老人或鐵梅道人，道光17年（1837年）、19年及22年，凡三度遊臺。

〔註34〕吳子光，《一肚皮集（二）》，收入於黃永哲、吳福助主編，《全臺文》第11冊（臺中：文听閣圖書，2007年），頁208。

〔註35〕吳子光，《一肚皮集（四）》，收入於黃永哲、吳福助主編，《全臺文》，第13冊，頁563。

〔註36〕清朝與英法聯軍交戰後，與調停之美、俄共同簽定四國天津條約，其內容都有將臺灣開港之議，次年，因條約互換而又交戰而止，後簽定之北京條約，天津條約照常履行，至1862年，淡水（包括大稻程、艋舺也包括在內）正式開市。詳見臺灣省文獻委員會編，《臺灣史》，頁430～431；郭廷以，《近代中國史綱》（臺北：曉圓出版社，1994年），頁151～155；《大清文宗顯皇帝實錄》卷288、292、293、297收入於《臺灣文獻叢刊》第189種（南投市：臺灣省文獻委員會，1995年），頁58～59。

士得以來臺，直到日本殖民臺灣之前，不少歐美人士也有接觸臺灣「山」區的經驗；這些曾經在臺灣山岳地區留下足跡者，包括有旅行家、傳教士、自然科學者、領事與海關人員等人，〔註37〕如 John Dodd（陶德）〔註38〕、William Alexander Pickering（必麒麟，1840～1907）〔註39〕、Joseph B.Steere〔註40〕、Pavel Ivanovich Ibis（1852～1877）〔註41〕、George Leslie Mackey（蘇格蘭傳教士馬偕，1844～1901）〔註42〕、George Ede（余饒理，1854～1908）〔註43〕等。因 John Dodd（見圖 1－2）爲茶葉商人，對民族學也有所研究，且有踏查山區的文字記錄留下，不過其記錄多爲原住民民族誌之記載，與本文相關性不大，故不多贅述。〔註44〕

---

〔註37〕 林玫君，《從探險到休閒──日治時期臺灣登山活動之歷史圖像》，頁 51。

〔註38〕 John Dodd，爲茶葉商人，從 1864 年 12 月接觸泰雅族部落起，一直到 1890 年離開臺灣爲止，John Dodd 經常往山區探訪客家和泰雅族聚落，因而對這些族群的認識頗深。詳見費德廉（Douglas Fix）、羅效德編譯，《看見十九世紀臺灣──十四位西方旅行者的福爾摩沙故事》（臺北：如果出版社，2006 年），頁 226～227。

〔註39〕 William Alexander Pickering（必麒麟），蘇格蘭人，曾做過水手、中國海關稽查員、英國洋行職員，1863 年隨 Maxwell 還關稅務司來臺；雖在臺灣才七、八年之久，卻到過臺灣大多數之區域，高山原住民到府城高階清朝官員都有接觸過，詳見費德廉（Douglas Fix）、羅效德編譯，《看見十九世紀臺灣──十四位西方旅行者的福爾摩沙故事》，頁 200～201。

〔註40〕 Joseph B.Steere，美國人類學家，曾來臺做調查。

〔註41〕 Pavel Ivanovich Ibis，愛沙尼亞（Estonia）人，農家出生，1872 年被編入「Askolda」艦隊中，於 1874 年到達香港停留數月修補、補給，其趁此機會向長官請假搭船來臺，到臺時間正好是日本剛結束恆春半島遠征之際。詳見見費德廉（Douglas Fix）、羅效德編譯，《看見十九世紀臺灣──十四位西方旅行者的福爾摩沙故事》，頁 154～155。

〔註42〕 George Leslie Mackey，馬偕，蘇格蘭傳教士，1871 年 10 月馬偕離開家鄉到美國舊金山搭乘 America 號輪船經日本、香港、廣州、汕頭等地，並前來臺灣旅行。1872 年初早先已在南臺灣傳教的英格蘭長老教會牧師李麻（Rev. Hugh Ritchie）陪他由高雄乘船北上。1860 年清帝國開放基隆、淡水、安平、高雄四港口供外國經商貿易。1872 年 3 月 9 日馬偕抵達淡水，此時淡水的商務已相當繁榮，河口山嶺的優美景色讓他堅定選擇淡水作爲宣教基地，並且終生奉獻臺灣。資料來源：http://www.twhistory.org.tw/20010604.htm，登入時間 2008／10／15。

〔註43〕 George Ede，又稱余饒理，蘇格蘭教會教育家兼宣教士，1883 年與其夫人一同抵臺。詳見費德廉（Douglas Fix）、羅效德編譯，《看見十九世紀臺灣──十四位西方旅行者的福爾摩沙故事》，頁 316～317。

〔註44〕 John Dodd 曾發表過 "A few ideas on the probably origin of the hill tribes of Formosa." 以及 "A gimpse of the manners and customs of the hill tribes of

**圖 1－2　John Dodd（陶德）與泰雅族男子、婦女、小孩等**
資料來源：費德廉（Douglas Fix）、羅效德編譯《看見十九世紀臺灣——十四位西方
　　　旅行者的福爾摩沙故事》，頁 229，1860 年代攝影。

**圖 1－3　1860 年代的 W.A.Pickering**
資料來源：費德廉（Douglas Fix）、羅效德編譯，《看見十九世紀臺灣——十四位西方
　　　旅行者的福爾摩沙故事》，頁 205。

Formosa." 在 Journal of the Straits Branch of the Royal Asiatic Society 9（June
1882）：69～77；10（December 1882）：195～203；15（June 1885）：69～78.
詳見費德廉（Douglas Fix）、羅效德編譯，《看見十九世紀臺灣——十四位西
方旅行者的福爾摩沙故事》，頁 229～241。

　　而林玫君在《從探險到休閒——日治時期臺灣登山活動之歷史圖像》一書中提到「英國駐臺南安平海關的必麒麟（W.A.Pickering，見圖1-3），在留下的回憶記述中提到1866（清同治5年）底，他為了尋求更好的茶葉與肉桂，在幾名原住民、買辦與苦力的帶領下，成功地進入臺灣向來被禁止深入的「番地」實際考察……必麒麟更言他們沿著無人煙的荖農溪上溯，攀登現今玉山，不過這項因缺乏正確的資料，並未被後人採信。」〔註45〕其中關於攀登玉山的情形，William Alexander Pickering 於 1878 年發表在 *The Messenger and Missionary Record of the Presbyterian Church of England* 第三卷之文章 "Among the savages of central Formosa，1866～1867" 中有以下描述：

> 涉越過那從荖農留下，經過六龜的大河以後，我們立即開始從一個非常陡峭的小山往上爬，上面密覆叢林……（必麒麟在六龜停留幾天後）我在六龜停留幾天，採集肉桂樹皮……那位萬斗籠社的婦人 Pu-li-sang 向我保證，說她的族人想見一見白人，並聲稱部落裡最優秀的人，就是她的一個名叫 Lee-gai 的兄弟，可能會帶領我到莫里森山（即玉山）的頂端……（往萬斗籠社的路途上）約兩點時，我們來到了一個地方，據說已走到半路了。高山圍繞成一個圓形的露天場地，三條河流的支流在那裡會合，行成小湖，湖水清澈有如水晶……到目前為止，天氣都還很好，但很冷。我開始感到缺少一條毯子跟換洗的衣服。不過，想到有機會登上莫里森山，以及在一兩天內就能返回六龜里，讓我對濕的衣服就比較不在意了。……（在萬斗籠社停留七天）我覺得自己病了。沒有藥，只有辣椒與熱水。所以停留第七天我決心出去。即使他們再三迫切邀約，說等雨停了，就可以去莫里森山，對我也無效。〔註46〕

上文所述可見當時必麒麟是有登莫里遜（Morrison，玉山）山頂峰的構想，且有實際的行動，但因身體不適，被迫取消，雖未能攻頂成功，但這項活動並非虛構；至於計畫是否為沿荖農溪上玉山則無法確定，不過依圖（1-4）所示，萬斗籠社距荖農溪應有一大段距離。且又距玉山相當遙遠，故「沿荖農溪上玉山」是否為當時其將走路線，仍無法加以證實。

---

〔註45〕林玫君，《從探險到休閒——日治時期臺灣登山活動之歷史圖像》，頁51。
〔註46〕必麒麟登山旅程詳見費德廉（Douglas Fix）、羅效德編譯，《看見十九世紀臺灣——十四位西方旅行者的福爾摩沙故事》，頁202～216。

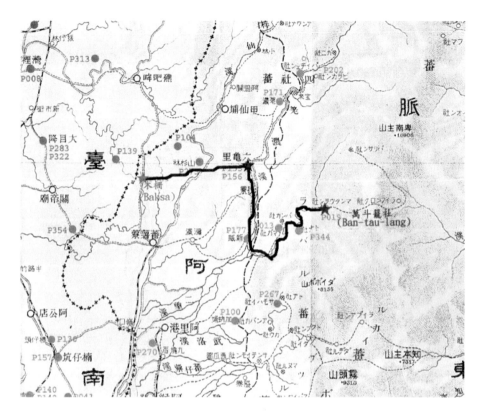

圖 1－4　William Alexander Pickering 所走之路線圖

資料來源：費德廉（Douglas Fix）、羅效德編譯，《看見十九世紀臺灣——十四位西方
旅行者的福爾摩沙故事》所附日治時期大正 2 年（1913）所發行之地圖，
據編者所釋，選擇此地圖是因爲在 1920 年後地方行政重劃造成地名漢字
改變，而臺灣地圖中央部份也要到 1910 年後才粗略繪出，故 1913 年出版
的這張地圖是較適合的。圖中路線及星形標記及木柵（Baksa）、萬斗籠社
（Ban-tau-lang）爲筆者依文章內容標上。

　　Joseph B.Steere 曾遊歷臺灣西部並造訪大武山區時，預定橫闖中央山脈未
果，他於 1874 年（清同治 13 年）以日記報導的寫作方式，記錄下旅行「番地」
的所見所聞。[註47] Pavel Ivanovich Ibis 也在「Askolda」艦隊於 1874 年到香港
停留數月修補期間，向長官請假搭船來臺，於臺灣南部、中部作探查工作。Ibis
從打狗登陸，經過東港、枋寮，瑯嶠然後經過 1,500 英呎的山脊到射不力（Saprek）
社，到瑯嶠往牡丹社（當時日本剛結束對高士佛社之討伐）之後又回石門；到
過加少山，後又前往六龜里深入萬斗籠社。其後返回六龜後又計畫到嘉義進行

〔註47〕林玫君，《從探險到休閒——日治時期臺灣登山活動之歷史圖像》，頁 52。

短途登山之旅，但因找不到入山嚮導，加上自身熱病又犯，故未成行。〔註48〕

　　教士 George Leslie Mackey（馬偕）與 George Ede（余饒理）也為了在臺宣教，深入山區，Mackey 曾在 1873 年（清同治 12 年）與原住民曾一同攀登到雪山 2,700 公尺高處，惜未成功登頂。〔註49〕而 George Ede 更曾做過穿越東部臺灣之旅，此旅其中一段是從畚箕湖（Pun-ki-o）開始，經過三條崙（San-triau-leng），〔註50〕越過大樹林山，往浸水營到達巴塱衛（Pa-long-ui，此段路線可見圖1－5），最後完成整個東部之旅行。〔註51〕

**圖1－5　Ede 從畚箕湖到巴塱衛之路線**

資料來源：費德廉（Douglas Fix）、羅效德編譯，《看見十九世紀臺灣——十四位西方旅行者的福爾摩沙故事》，圖中路線及星形標記以及畚箕湖、三條崙、浸水營底下標線為筆者依文章內容所標上。

---

〔註48〕見 Ibis，Paul. "Auf Formosa：Ethnographische Wanderungen." Globus31
（1877）：149～152，167～171，181～187，196～200，214～219，230～235
收入於費德廉（Douglas Fix）、羅效德編譯，《看見十九世紀臺灣——十四位
西方旅行者的福爾摩沙故事》，頁156～198。

〔註49〕林玫君，《從探險到休閒——日治時期臺灣登山活動之歷史圖像》，頁52。

〔註50〕畚箕湖（Pun-ki-o），即今屏東縣新埤鄉箕湖；三條崙（San-triau-leng）即今屏
東縣枋寮鄉；巴塱衛（Pa-long-ui），即今臺東縣大武鄉。

〔註51〕見 Ede，George. "A tour through eastern Formosa" Presbyterian Messenger（1
October 1890）：6～9；（1 November 1890）：4～7；（1 December 1890）：6～10；
（1 February 1891）：2～3；（1 April 1891）：3～5；（1 May 1891）：12～14；（1
June 1891）：11～14。收入於費德廉（Douglas Fix）、羅效德編譯，《看見十九
世紀臺灣——十四位西方旅行者的福爾摩沙故事》，頁334～340。

　　清末開港通商正式開啓歐美人士來臺探查臺灣山區，而自牡丹社事件（日本學界稱「臺灣事件」）後，更使清政府更開始了解到臺灣的重要性，爲了顧守東南七省之門戶，對臺灣採取「開山撫番」、屯墾和漢民政策。「開山撫番」的政策成爲奉命來臺經營的清廷大員沈葆楨（1820～1879）、丁日昌（1823～1882）和劉銘傳（1838～1897）深切的體認之一。沈葆楨討伐未歸化原住民，開通北中南三路、〔註52〕劉銘傳也分北、中、南方面開鑿道路招撫原住民，爲了深入山區指派章高元、張兆連、率兵工開闢集集、拔仔庄（水里）、丹大至後山水尾（瑞穗）的橫貫山脈道路。〔註53〕之後自 1874 年到 1895 年清政府總共開通 13 條東西道路，不過絕大部分都荒廢，〔註54〕不過在 1874 年由劉璈（？～1889）主持開闢之古道〔註55〕成爲日治時期登山者使用率極高的路線。

　　觀覽清代臺灣人與山之間的關係，除「遠敬觀山」外，臺灣方志中所傳達的是一種文獻整理收集描繪各山位置的群山映像；到臺灣開港後，西方人士爲了探索臺灣的種族或爲傳教以及商業目的，而進入了臺灣山區，雖說並非每位進入山區者都可順利登頂，但是由他們發表在期刊的文章當中，也可了解當時如何入山、登山之情形；〔註56〕而開山撫番原是爲了治理區域之方便，卻也無意變成日人的登山道路。而上述或多或少的積累，雖說那時「近代登山」尚未傳入臺灣，但是不論是在臺或是來臺之人士也都有進入山中活動之紀錄。

---

〔註52〕可見〈南北路開山并擬布置琅嶠旂後各情形摺〉、〈臺地後山請開舊禁摺〉、〈報明南路勦番情形摺〉、〈北路中路開山情形摺〉、〈北路中路情形片〉彙編於沈葆楨，《福建臺灣奏摺》，收入於黃永哲、吳福助主編《全臺文》第 48 冊（臺中：文听閣圖書，2007 年），頁 183～186；191～194；219～222；223～226；246～247。關於北路開拓詳情可見羅大春，《臺灣海防並開山日記》一書，收入於《臺灣文獻叢刊》第 308 種（南投市：臺灣省文獻委員會，1997 年），共 120 頁。

〔註53〕林玫君，《從探險到休閒——日治時期臺灣登山活動之歷史圖像》，頁 54。

〔註54〕林玫君，《從探險到休閒——日治時期臺灣登山活動之歷史圖像》，頁 55。

〔註55〕即由楊南郡所調查清代八通關古道——八通關至大水窟段，見楊南郡，《玉山國家公園八通關越嶺古道西段調查研究報告》（嘉義：內政部玉山國家公園管理處，1987 年），頁 122；林玫君，《從探險到休閒——日治時期臺灣登山活動之歷史圖像》，頁 55。

〔註56〕從他們文章可看出，一定要請當地的原住民當嚮導帶路，否則不會輕易入山；而原住民部落間的恩怨以及文化習俗，也常成爲路途中的阻礙。

## 第二節　日治前期之山地探查

　　前述有關於人與山的互動有「文字」上的記載描寫、民族學的考察、傳播福音以及爲了統治開發需要而進行入山區的活動，但對於當時人們如何進入山區，光看當時文字記錄，實在非常難了解，最重要的，是當時並未有合乎「具備科學測量爲基礎的近代地圖」，而爲山水畫形式之輿圖爲多（見圖 1－6），[註57] 而此種「近代地圖」要進入日治時期，才逐漸被調查繪製出來，此對近代登山活動有重要之貢獻。本節所要論述，即爲日本殖民臺灣的階段，是如何先從接觸、認識、治理臺灣山區，到日後臺灣「近代登山活動」逐漸出現的歷程。然而爲了能將上述「接觸、認識、治理臺灣山區」能與歷史時代結合，故本節將盡可能依時間縱深之脈絡來做探討。

　　沼井鐵太郎（1898～1959）曾將日治時期的登山活動分成「開拓探險時期」、「探險登山時代」、「近代登山時代」；從 1897 年到 1913 年是「開拓探險時期」，沼井認爲此時期屬於探險時代前期，登山家登山亦自此萌芽。臺灣總督府始政以來致力於原住民治理事業。冒險地在山岳地方進行陸地測量、自然科學及產業調查，爲其主要的登山動機，故稱之爲開拓探險。接著由 1913年到 1926 年的「探險登山時代」，此一時代是依照登山會發起到「臺灣山岳會」創立做爲一劃分時代，可說是臺灣進入登山時代的準備階段。最後從 1926到 1940 年正式進入了「近代登山時代」。[註58] 關於沼井的分期，據現有文獻資料來看，有相關紀錄者，確爲從 1897 年開始，至於從 1941 到 1945 年這段尚未分期的時段，乃因《臺灣登山小史》出版時間爲 1939 年，〈臺灣登山小史補遺〉爲 1941 年，尚未到達 1945 年，因此就當時出版年來推測，最後一期斷限爲 1940 年，甚是合理。而此一分期也表達了日人在臺灣登山活動的層進方式，史料文本內容所陳述之時代特性，也幾乎與此分期吻合，故先介紹沼井的分期，讓本節敘述的時代感更加明確。

---

〔註57〕　基本上，在清領臺 212 年期間，基於防臺而治臺的政策，確實留下不少地圖（又稱輿圖），不過，這些山水畫式的地圖顯然缺乏普遍的使用價值，大致而言，「凡是漢人未涉足之地，圖上多爲山岳、溪流等自然景觀，以及原住民社等地名。」見林玫君，《從探險到休閒——日治時期臺灣登山活動之歷史圖像》，頁 99；夏黎明，《清代臺灣地圖演變史——兼論一個繪圖典範的轉移過程》（臺北：知書房，1996 年），頁 138。

〔註58〕　沼井鐵太郎著，吳永華譯，《臺灣登山小史》，（臺中：晨星出版社，1997 年），頁 19、51、91。

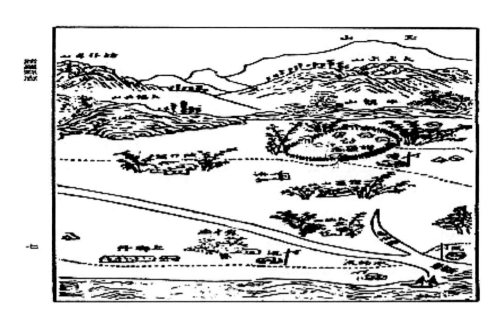

圖 1－6　諸羅縣誌山川總圖之部分

資料來源：周鍾瑄，《諸羅縣誌‧山川總圖》收入於《臺灣文獻叢刊》第 141 種，頁 7。

## 一、臺灣山區資訊探查及整理

### （一）探查概說

　　1871 年 11 月 8 日，發生了「琉球船民遭難事件」，次年（1872）熊本鎮臺鹿兒島陸軍少佐樺山資紀（1837～1922）[註 59] 向陸軍省提出「探檢臺灣生蕃意見書」。此後，樺山氏即積極地為臺灣問題奔走。[註60] 1873 年，在中國留學的水野遵（1850～1900）[註 61] 接到外務大臣副島種臣密令，開始中國各地的偵察旅行，同年 4 月水野單獨搭汽船從香港來臺，進行第一階段的蕃情與民情調查。[註 62] 水野的調查曾接觸到臺灣大料崁（今大溪）附近的淺山地區部落。1874 年征臺之役末期，樺山資紀與水野遵又一同、個別開始

〔註59〕　樺山資紀，日本鹿兒島縣人，1895 年就任臺灣總督，見許雪姬，《臺灣歷史辭典》（臺北：遠流，2003 年），頁 1264。

〔註60〕　藤井志津枝，《日本軍國主義的原型──剖析 1871～1874 年臺灣事件》（臺北：三民書局，1983 年），頁 56。

〔註61〕　水野遵，日本名古屋人，1895 年 5 月為臺灣第一任民政長官，見許雪姬，《臺灣歷史辭典》，頁 201。

〔註62〕　楊南郡譯註，《臺灣百年花火──清末日初臺灣踏查實錄》（臺北：玉山社，2002 年），頁 8。

進行探查之行。〔註63〕又1891年，上野專一也來臺對山區原住民做調查，〔註64〕以上為日本殖民臺灣前，對臺灣山區所做得認互動，而大多是為了解山區原住民聚落所進行的探查，且並未深入到山區之內。

1895年清朝與日本簽訂「馬關條約」，割讓臺灣給日本，在經歷與「臺灣民主國」之戰爭後，日本政府正式殖民臺灣。而日人欲進行各種行政施策時，首任民政局長水野遵也以「臺灣行政一斑」為題，向樺山總督提出參考舊慣之必要，〔註65〕與「山區」有關的蕃政上，臺灣總督府於明治29年（1896年）4月1日即頒佈「臺灣總督府撫墾署官制」，仿清朝「撫墾局」模式於各縣廳下設「撫墾署」，專事原住民事務。該等單位以「原住民之撫育及輔導生產」、「山地開墾」及「山林及樟腦製造事項」為其主要任務。在1896年之前，臺灣尚處於兵馬倥傯之際，臺灣各地的探險一直到1896年才熱烈展開，所以1896年是臺灣探險正式登場的關鍵年，〔註66〕長野義虎中尉就從此年的1月到10月底出入於蕃社調查。

此外，日本在明治時期已具備科學測量為基礎的近代地圖製作，隨即運用於臺灣，以繪製符合現代水準的地圖。1895年，隨近衛師團來臺從事測量地形的「陸地測量臨時測圖部」，跟著各地守備隊的軍事活動展開地形的測量，並在1896年完成約85幅以上的五萬分之一臺灣地形圖。〔註67〕1898年臺灣總督府為便於管理地界，必須透過實際測量的地形測量，遂於7月分別以律令第13號和14號公佈「臺灣地籍規則」及「臺灣土地調查規則」〔註68〕，9月成立「臨時土地調查局」，其事業為地籍調查、三角測量和地形測量。〔註69〕後野呂寧任職於該所。其在臺40年間，編繪了《臺灣堡圖》以及《蕃地地形圖》兩份重要地圖集，〔註70〕對臺灣登山史有不小的貢獻。

〔註63〕見樺山資紀，〈南臺灣琅嶠地方偵查記事〉，《臺灣紀事》收入於楊南郡譯註，《臺灣百年花火──清末日初臺灣踏查實錄》，頁33～45。

〔註64〕上野專一，〈與大料崁頭目會面實況〉，《臺灣視察復命書》收入於楊南郡譯註，《臺灣百年花火──清末日初臺灣踏查實錄》，頁51～55。

〔註65〕鄭政誠，《臺灣大調查──臨時臺灣舊慣調查會之研究》（臺北：博揚文化，2005年），頁42。

〔註66〕楊南郡譯註，《臺灣百年花火──清末日初臺灣踏查實錄》，頁68。

〔註67〕林玫君，《從探險到休閒──日治時期臺灣登山活動之歷史圖像》，頁99～100。

〔註68〕臺灣總督府臨時土地調查局編，《土地調查提要》（1900年），頁1～3。

〔註69〕臺灣總督府臨時土地調查局編，《臨時臺灣土地調查局第一回事業報告》（1902年），頁15。

〔註70〕《臺灣堡圖》為兩萬五千分之一地形圖集；《蕃地地形圖》為五萬分之一高山地形圖集。

　　除官方在明治時期進入高山原住民調查外，半官方機構對此等調查活動頗
有涉入，如 1898 年 3 月在淡水成立之「蕃情研究會」〔註71〕以調查研究有關
原住民事宜為目的，並刊載於機關報《蕃情研究會誌》上。而日籍學者、專家
等私人調查、探險活動亦不遑多讓，著名人類學家森丑之助、鳥居龍藏等人更
是早在日治初期即展開原住民的現地調查。〔註72〕到了第五任總督佐久間左馬
太（1844～1915）〔註73〕，更開啟了「五年理蕃事業」，使總督府對臺灣的統
治權力更深入山區，也使臺灣山區資訊更加明朗。〔註74〕為配合第五任總督佐
久間左馬太所推行之「理蕃」政策，強化對山地原住民的控制，1906 年 4 月
14 日總督府在「保安」、「警務」課下增設「蕃務課」。〔註75〕到 1913 年即沼
井鐵太郎第一分期之終點正好是討伐太魯閣群之結束，也是「五年理蕃事業」
之尾聲，之後由於山地道路開發的進步，原住民的歸順，使得業餘登山家可以
毫無困難、平安地進入山地，登山人數有次第增加的傾向。〔註76〕

## （二）踏查紀實

### 1. 長野義虎之山區探查

　　據長野義虎之演講稿〈生蕃地探險〉中可得知，1896 年 9 月 5 日長野義
虎一行人從臺東港溯濁水溪（今卑南大溪）北行到璞石閣庄（今花蓮縣玉里）
停留 2 日以後，又到卓溪社停留一日，向西下降後往西北攀爬 3,450 尺後向西
繞行到了異祿閣社，之後再西北沿清水溪左岸（今拉庫拉庫溪北岸）到了蚊
仔厝社（Maniton 社）停留一晚，之後又從一小徑折南下降至一條溪（未記錄
名稱）之後，到了高 3,600 尺的萬里木社。隔天，登上一岩峰頂，又攀上 6,600
尺以上之高處，並於已倒下之巨大紅檜木下躲雨、睡覺並接水飲用；之後一
行人又從倒木之處往西下降到一條清溪，之後渡溪到對岸，找了一處岩石洞，

〔註71〕鄭政誠，《臺灣大調查——臨時臺灣舊慣調查會之研究》，頁187。
〔註72〕鄭政誠，《臺灣大調查——臨時臺灣舊慣調查會之研究》，頁187。
〔註73〕佐久間左馬太，日本山口縣人，原屬長州藩。1874 年日本出兵臺灣時，以「臺
　　　　灣蕃地事務都督參謀」身分參加戰役。1887 年為陸軍中將，1904 年 4 月任臺
　　　　灣第五任總督，1915 年 4 月卸任，在職 9 年，為任期最長者，見許雪姬，《臺
　　　　灣歷史辭典》，頁337。
〔註74〕土地調查五年事業，總督府技師野呂寧擔任「蕃務課」、「蕃地」地形測量主
　　　　任，負責推行和調查「蕃地」地理，測繪地圖，高山地理環境才略為透明化。
〔註75〕鄭政誠，《臺灣大調查——臨時臺灣舊慣調查會之研究》，頁186。
〔註76〕沼井鐵太郎著，吳永華譯，《臺灣登山小史》，頁52。

於洞內住宿（9 月 20 日）。次日，又向西北越過 7,720 尺的山頂，之後往西南下降到 5,550 尺之大崙坑社，由於當時下著雨，故於社內逗留 2 日。〔註77〕

9 月 24 日長野一行人從大崙社出發，朝西北下降，沿著標高 4,100 尺的溪流走（米亞桑溪），過溪後向西南爬升，之後沿稜線轉向西北前進，登上 7,100 尺高的高地後，朝西下降，〔註 78〕於一條溪流左岸較好的獵屋過夜。隔日隊伍往西爬升到 8,100 尺的山頭，後下降到 8,000 尺的一條小溪露營。晨光升起，長野一行人繼續朝西下降，到了 Morrison 山（摩里遜山，現稱玉山）和八通關之間的一條大溪，過溪爬升後，到了一處開闊之草原，抵達八通關，由於 Morrison 山腰四成高度以上都有雲霧，只好再八通關露營一夜。〔註79〕27 日，長野義虎只保留 2 名原住民，此三人要攻上 Morrison 山。三人沿著一條山徑獵路攀行，一路攀升來到一座高山頂（玉山北稜），高度是 9,700 尺，之後尋找營地並到達了南邊的大岩峰（Morrison 山），由於長野三人覺得此時無法爬上八成高全是岩石的 Morrison 山，只好找附近有樹之地露營。28 日此三人登上了 Morrison 山山頂。而長野此時也證實了 Morrison 山為臺灣最高峰，其認定理由如下：

> 年初，我曾露營於阿里山高處，當時向玉山主山展望時，發現八成高以上的山壁有積雪，感覺這座山飛這座山非常高。現在，我站在主山向西方展望，感覺西方沒有高山，低山都隱沒於雲霧中，什麼都看不見。〔註80〕

而長野義虎登山玉山所做最重要的，為辨認出在玉山主山四周之各山峰與玉山主峰之相對方位，雖然當時那些山峰尚未命名，但這卻在登山史有大之助益，下表 1－1 就是長野的觀察：

---

〔註77〕 詳見長野義虎，〈生蕃地探險談〉，《臺灣山岳》，第 8 號，1936 年，頁 4～5；譯文收錄於楊南郡譯註，《臺灣百年花火——清末日初臺灣踏查實錄》，頁 79～84。

〔註78〕 長野義虎，〈生蕃地探險談〉，《臺灣山岳》，頁 6～7；楊南郡譯，《臺灣百年花火——清末日初臺灣踏查實錄》，頁 84。

〔註79〕 長野義虎，〈生蕃地探險談〉，《臺灣山岳》，頁 7；楊南郡譯，《臺灣百年花火——清末日初臺灣踏查實錄》，頁 85。

〔註80〕 長野義虎，〈生蕃地探險談〉，《臺灣山岳》，頁 8；楊南郡譯，《臺灣百年花火——清末日初臺灣踏查實錄》，頁 86。

### 表 1-1 玉山主山周圍山峰相對方位表

| 與主山方位 | 描述（位置、高度） | 今山名 |
|---|---|---|
| 正北偏東 30 度 | 介於宜蘭與坪林尾（今臺北縣坪林）之間方向，有一座 9,000 尺高的山 | 中央尖山 |
| 正北偏東 35 度 | 介於東勢角（今臺中縣東勢）與花蓮港之間也有一座 9,000 尺高山 | 能高主山 |
| 正北偏東 50 度延長線 | 介於花蓮港新城與苗栗間，也有一座 9,000 尺高山 | 太魯閣大山 |
| 正北偏東 60 度 | 介於新城與宜蘭之間，也有一座山形像日本富士山高約 7,000 尺的山 | 清水大山 |
| 正東偏北 15 度（疑 25 度筆誤） | 高度約 10,000 尺 | 秀姑巒主山 |
| 正東偏南 25 度 | 大概高 9,000 尺的 Omatsupohan | 尖山 |
| 正東偏南 45 度 | 高約 9,000 尺的高山 Wusinkan，位於大崙坑的南方 | 新康山 |
| 西南方 | 高約 9,000 尺的 Omopaotsui | 南玉山 |
| 正南偏東 18 度 | 高約 9,000 尺的 Osimasu | 南雙頭山 |
| 正南偏西 3 度 | 於烏鴉石或枋寮延長線上 9,000 尺 | 關山 |
| 正東偏北 25 度 | 一座像已通過分水崙的 9,000 尺山 | 大水窟山 |

資料來源：依長野義虎，〈生蕃地探險談〉，《臺灣山岳》，頁 9～10；譯文收錄於楊南郡譯註，《臺灣百年花火——清末日初臺灣踏查實錄》，頁 87～88 的文字敘述繪表，除秀姑巒山外，部分山名用布農族語原稱指認，但很多高山都未經命名，或嚮導的布農族人無法指認；對應現今山名部分，為楊南郡親自考察證實。

觀察完四周山勢後，長野義虎三人沿溪下到東埔，抵達時已晚上十點，並在東埔社過了二晚。30 日一行人於東埔出發，經過了和社吃完飯後沿溪下降經楠仔腳社（楠仔腳萬社）到羅竹庄（蘆竹庄）過夜。後長野又沿八通關下山，沿著同一條溪走，在牛輼轆過一夜後在 10 月 2 日抵達林圯埔（竹山）。

　　10 月 20 日，長野義虎又開始另一段探查之旅。長野一行人從拔社埔出發到蚊蚊社過夜，次日由蚊蚊社沿濁水溪上攀到貓府蘭社（Takke Rafuran，拉夫郎社）過夜，10 月 22 日隊伍橫繞山腰朝東方前進來到帖鹿散社（Takke Terusan）過夜，23 日，眾人繼續繞山腰朝東南方沿濁水溪的支流（丹大溪）向上游溯行，攀上剪吻社（Takke Kanmutsu）過夜。由於蕃人不肯前進沿路沒有翻社之地，長野義虎費了一番口舌才讓蕃人答應帶路，27 日由於途中下大雨便在一空屋中休息，隔天，由於是陰天，原住民賴著不走，長野又好話勸說，才朝東南方向攀行，來到一「木造華表」所在地，之後沿木造華表往高處，從嚴峰（9,100 尺）下降，最後過了一條小溪到一條大溪（多庫蘭溪）南岸一座漂亮岩洞過夜。29 日冒雨朝東方上爬 7,500 尺露營（營地由生蕃搭建小屋），次日繼續爬坡越過 8,600 尺的山頂（倫太文山），在 5,900 尺高度的岩洞過夜，終在行程的第十一天，下降到拔仔庄。〔註81〕

　　長野義虎從 10 月 20 日到 31 日這段路程是走清兵所開闢之路，其評論如下：

> 我發覺清兵開路嚴謹，寬度維持六尺，有岩石的地方鋪石片於道路上；通過樹林時，砍樹設木階。但是這幾年沒有適當的維護，茅草、灌木蔓延於路上，幾乎掩沒了路跡，而且部份路段被溪水和雨水沖壞了，不過天然災害破壞者不多。如果趁現在上好的狀態加以整修，將來可讓步兵隊伍通行無阻。〔註82〕

由上述評論可見清朝政府在開闢道路時的方法以及長野義虎探查這段道路之用意乃為國防治安所需。此時對山區之認識，「國防治安」是一重要因素。

### 2. 新高山之命名

　　在長野義虎進行對山區探查的同年，參謀本部測量部員得知臺灣島上最高峰可與富士山匹敵，因此，在 1896 年 2 月完成平地部分測量後，即著手「番地」和臺灣四周島嶼之測量工作，製造二萬分之一的地圖，以完成全臺製圖。測量後，於翌年（1897）6 月由參謀總長在明治天皇御前會議報告，6 月 28 日天皇命臺灣最高山峰舊稱玉山或摩里遜山（Morrison 山），改名為「新高山」，

---

〔註81〕　長野義虎從 10 月 20 日到 10 月 31 日由拔社埔到拔仔庄的路程詳情，見長野義虎，〈生蕃地探險談〉，《臺灣山岳》，頁 10～15；楊南郡譯註，《臺灣百年花火——清末日初臺灣踏查實錄》，頁 94～97。

〔註82〕　長野義虎，〈生蕃地探險談〉，《臺灣山岳》，頁 15，楊南郡譯註，《臺灣百年花火——清末日初臺灣踏查實錄》，頁 97～98。

7月5日由東京監督臺灣總督府各項政務的拓殖務省，發文給第三任臺灣總督乃木希典（1849～1912），傳達明治天皇頒佈新名的通知。〔註83〕「新高山」成為日本殖民時期臺灣最高山峰的稱謂。

### 3. 森丑之助之山區探查

（1）森丑之助於的山區探查

除長野義虎之外，在日本殖民統治初期，對臺灣山區踏查認識有相當成果者，還有森丑之助、鳥居龍藏以及野呂寧等人。

首先先介紹森丑之助（1877～1926）。森丑之助，日本京都人，年少就讀於長崎商業學校。1895 年以陸軍通譯身分抵臺，隨軍隊移防臺灣各地，開始尋看臺灣原住民各社。1896 年結識正在臺灣東部進行調查旅行的鳥居龍藏，日後成為鳥居氏在臺的助手。〔註84〕有關於森丑之助對於臺灣探查之貢獻可從鳥居龍藏曾以「臺灣蕃界調查第一人」讚許森丑之助看出。〔註85〕

而以登山史來看，森丑之助的登山經驗也相當讓人折服。日治時期，臺灣的高山地形才開始測量，所發行的地圖只有《二十萬分之一檢測圖》，〔註86〕此圖並非實測地圖，一些現在視為基本概念的臺灣主要五大山脈，在當時都尚未形成，可說是地理學上的「黑暗時期」。此外當時也未擁有現今眾多條交通要道可進入山區，不過森丑之助卻完成了 16 次橫越中央山脈之舉，這 16 次分別為：

（1）關門線（南投縣經中央山脈主脊關門，東下至花蓮富源，即清代集集、水尾古道）2 次。

（2）八通關線（南投集集經八通關，翻過中央山脈主脊大水窟至花蓮縣玉里，即清代八通關古道。另外從阿里山登玉山下八通關再東出）共 6 次。

（3）內本鹿線（高雄縣六龜經卑南主山南鞍，順路鹿野溪之臺東）。

（4）關山線（高雄縣桃源經小關山、海諾南山，順新武呂溪至臺東）2 次。

（5）浸水營線（屏東線水底寮經浸水營至臺東縣大武）。

（6）大武山線（屏東縣潮州經大武山南鞍至臺東縣金崙）。

（7）崑崙坳線（屏東線潮州經來義、古樓到中央山脈主脊，東下臺東縣大鳥溪口）。

---

〔註83〕林玫君，《從探險到休閒——日治時期臺灣登山活動之歷史圖像》，頁 60。
〔註84〕許雪姬，《臺灣歷史辭典》，頁 886。
〔註85〕森丑之助原著、楊南郡譯註，《生蕃行腳》（臺北：遠流，2000 年），頁 36。
〔註86〕森丑之助原著、楊南郡譯註，《生蕃行腳》，頁 49～50。

（8）能高山主線（南投縣霧社經能高主山北鞍至花蓮縣銅門）2 次。〔註87〕

又八通關線 6 次橫越都是不同的路徑，〔註88〕在當時臺灣地理資訊不發達之年代，算少有之創舉。下表（1－2）則是依年代將森丑之助在臺灣所攀登過之臺灣山區列表：

表1－2　森丑之助在臺期間的山區踏查表

| 年　代 | 事　蹟 | 備　註 |
|---|---|---|
| 1896 年 1 月 | 因公務往桃園復興鄉「大料崁番地」。 | 第一次進入蕃地 |
| 1896 年 12 月 | 從東海岸向南迴繞臺灣島南端至東港，進入大武山周邊巡訪排灣族各部落。 | |
| 1898 年春季 | 從花蓮瑞穗鄉拔仔庄（富源），經由倫太文山橫越中央山脈主脊關門，順西部丹大溪及濁水溪下至南投集集鎮。 | 第一次取丹大線中央山脈橫斷探險 |
| 1899 年 2 月 | 從臺北縣烏來鄉「屈尺蕃」蕃地，西走桃園縣復興鄉「大豹蕃」蕃地繞到東岸。 | 路線未指出 |
| 1900 年 3～4 月 | 往高雄縣桃源鄉小關山山腳下的「施武郡蕃」各社調查，後抵達嘉義縣阿里山鄉，分別宿於鄒族達邦社及知母勞社公廨。協同鄒族嚮導從特富野社出發，沿著陳有蘭溪下山，途中，森氏丑之助、鳥居龍藏臨時起意，改登玉山；4 月 11 日登上玉山主峰頂，東下八通關。 | 首次由阿里山登玉山路線 |
| 1900 年 5 月 | 同鳥居進入苗栗縣大安溪泰雅族「北勢蕃」八社，及大甲溪「南勢蕃」各社探險。 | |

〔註87〕 路線歸類參照森丑之助原著、楊南郡譯註，《生蕃行腳》，頁 51～52。
〔註88〕 第一次是完全走清代所開闢的中路；第二次則由花蓮玉里翻越中央山脈到郡大社，再由八通關往返玉山，然後再度翻越中央山脈，向南往新武呂溪方面出新開園（臺東縣池上）；第三次經阿里山登玉山，下八通關至郡大溪訪問郡大、巒大兩個布農族大部落，然後回八通關再東下玉里；第四次在大崙坑被追殺五天，也是先上玉山翻越中央山脈東下玉里；第五次調查行動由雁爾社（Gani 高雄縣桃源）出發，環繞玉山山脈南段一周，途中兩度橫越中央山脈，在南鄒族、北鄒族及布農族最強悍的「施武郡蕃」地界活動長達 25 天；第六次由南投集集出發，經八通關登玉山，繼而來至中央山脈主脊大水窟，由此沿主稜向南縱走，往新康山一帶調查森林，再南下清水溪調查該流域的森林分布。

| 年　代 | 事　蹟 | 備　註 |
|---|---|---|
| 1900 年 6 月 | 往臺中縣和平鄉阿冷社，並進入「眉原蕃」蕃地調查泰雅族。 | |
| 1900 年 6～7 月 | 與鳥居在南投縣埔里「埔里方面蕃地」調查各族，包括埔蕃、眉蕃、平埔蕃、黥面蕃及南蕃（布農族） | |
| 1900 年 8～9 月 | 與鳥居一起從南投縣集集及東埔社，取八通關縣橫越中央山脈東下花蓮縣玉里。 | 第一次取八通關線，亦即清代中路，進行中央山脈橫斷。 |
| 1900～1901 年 | 住在臺中縣值產課課長小西成章（林學技師）的臺中官舍，學習森林與植物學，並多次一起上山。 | |
| 1902 年 1～2 月 | 登玉山山脈北稜的郡大山，下山至巒大溪調查布農族。 | 未指出路線 |
| 1902 年 4 月 | 往嘉義縣阿里山鄉，經由富本原社登玉山。 | |
| 1902 年 ? 月 | 從屏東縣內埔鄉溯隘寮溪至德文社，經由巴利桑社橫越中央山脈到東側內本鹿社經由大南社下至臺東。 | 首次採取內本鹿迂迴路線中央山脈橫斷探險成功。 |
| 1904 年 4～5 月 | 警察本署武裝部隊在臺北縣獅仔頭山至加九嶺方面進行「隘勇線前進」，森氏帶泰雅族嚮導隊前行至目標偵查，並築構隘勇線碉堡。 | |
| 1904 年 9～10 月 | 往臺東調查卑南社卑南族與馬蘭社阿美族後，從大武沿浸水營古道翻越中央山脈尾稜下至水底寮，轉往牡丹設調查。 | 第一次走浸水營線中央山脈橫斷。 |
| 1904 年 10 月 | 從阿猴方面（屏東）登越大武山後，東下東海岸。 | 第一次走大武山線中央山脈橫斷探險。 |
| 1904 年 ? 月 | 從東部玉里橫越中央山脈到西部郡大社，經八通關登玉山，原路退回，轉往新武呂溪方面，下山到新開園（池上）。 | 第二次八通關線中央山脈探險。 |
| 1906 年 6 月 | 前往臺北縣「屈尺蕃」蕃地，然後橫越山脈（雪山山脈北段阿玉山山階）至宜蘭叭哩沙（宜蘭縣三星）。 | 路線未指出 |

| 年　代 | 事　蹟 | 備　註 |
|---|---|---|
| 1906 年 7～8 月 | 從嘉義經阿里山鄉登玉山，東下八通關，然後轉往郡大溪郡大社及巒大社方面布農古部落群，原路退回八通關，翻越中央山脈主脊東下花蓮縣玉里。 | 第三次取八通關線中央山脈橫斷探險。 |
| 1906 年 11～12 月 | 陪淡水海關支署署長及斗六廳廳長登玉山，同時安治小神祠於山頂。下山至八通關後，森氏單身帶六名東埔社布農族橫越中央山脈調查山脈兩側植物並採集植物標本。 | 第四次取八通關線中央山脈橫斷探險。 |
| 1907 年 1 月 | 從南投縣埔里、霧社橫越中央山脈主脊能高主山，東下花蓮。 | 第一次取能高線中央山脈橫斷探險。 |
| 1907 年 1 月 | 前往臺北縣「屈尺蕃」蕃地，登合屯山，經熊空山、彩和山、馬武督及「大料崁前山蕃」之部分蕃地，下至內灣。 | |
| 1907 年 10 月 | 從苗栗縣大湖鄉大湖溯大湖溪探險鹿場大山，想登越大霸尖山，卻因蕃情不穩，中途折返。 | |
| 1908 年 1 月 | 從南投縣埔里社方面，經霧社、萬大社登上能高主山，沿中央山脈主脊向南縱走，循之亞干溪向下游下降至花蓮。 | 第二次取能高線中央山脈橫斷探險 |
| 1908 年 5 月 | 往臺北縣「屈尺蕃」蕃地測定泰雅族體質。之後，再度登鹿場大山。 | |
| 1908 年 6 月 | 往苗栗方面登加禮山（加理山）。 | |
| 1908 年 8 月 | 從苗栗縣大湖鄉大湖經洗水山至馬納邦山。 | |
| 1908 年 11～12 月 | 南中央山脈探險。從高雄縣桃源（雁爾社）出發，環繞玉山山脈南半段一周，途中二次橫越中央山脈，在南、北鄒族及布農族「施武郡蕃」蕃地連續行動二十五天，最後重返雁爾社。 | 第五次取八通關線中央山脈橫斷探險。第一次關山縣橫斷探險。 |
| 1909 年 3～5 月 | 從臺北縣屈尺橫越雪山山脈阿玉山階，東出宜蘭叭哩沙（三星），通過泰雅族「溪頭蕃」蕃地，並到「南澳蕃」蕃地，首次完成「南澳蕃十五社」的全面探險。 | |

| 年　代 | 事　蹟 | 備　註 |
|---|---|---|
| 1909 年 11～12 月 | 陪蕃務本署測量囑託志田梅太郎從阿里山登玉山測量。森氏到中央山脈兩側調查植物。 | |
| 1909 年？月 | 偕同志田梅太郎往花蓮縣卓溪鄉拉庫拉庫溪上游打訓社，由此登越新康山，南下新武呂溪方面，通過布農族「施武郡番」蕃地，從「關山」(小關山) 西下雁爾社，經高雄荖農溪下山。 | 第二次取關山線中央山脈橫斷探險。 |
| 1910 年 4 月 | 陪蕃務本署野呂寧技師等人，從南投縣集集橫越中央山脈，東下拔仔庄，沿線調查森林、地質及集集・拔仔庄古道整修之可行性。 | |
| 1910 年？月 | 嚮導殖產局技師中井宗三、出口雄三等人，從南投縣集集出發，登玉山，繼而經八通關橫越中央山脈主脊大水窟。自此，森氏與中井氏沿山脈主棱向南縱走，繞至新康山一帶調查森林，然後南下清水溪流域調查森林。出口氏由大水窟通東下大崙坑社，經蚊仔厝社、卓溪社下至花蓮縣玉里。 | 第六次八通關線中央山脈橫斷探險。 |
| 1910 年 12 月 1911 年 1 月 | 陪鳥居調查大漢溪泰雅族「卡澳灣蕃」(Gaogan) 部落，並走通北部隘勇線 (今北橫公路前身，橫越雪山山脈東北段)，下至桃園縣大溪。 | |
| 1911 年 2 月 | 與蕃務本署同事大浦元三郎囑託，陪鳥居巡查泰雅族「北勢蕃」及「大湖蕃」蕃地 2 月 21 日連袂登上馬那邦山。 | |
| 1911 年 3 月 | 陪鳥居轉往泰雅族「馬里闊灣蕃」蕃地，登李崠山，再查「卡澳灣蕃」蕃地才下山。 | |
| 1911 年 6 月 | 從屏東縣潮州前往來義鄉古樓社，由此橫越中央山脈，東下臺東縣大武鄉大烏萬社，然後轉往太麻里溪大麻里調查排灣族。 | 第一次走清代「南路」中央山脈橫斷探險探險。 |
| 1915 年 1 月 | 前往宜蘭大濁水溪出海口南岸調查，橫越中央山脈至西部埔里，到日月潭後轉往濁水溪源頭「Torok 蕃」蕃地，及大甲溪南岸「撒拉茅蕃」蕃地調查。 | 森氏未寫探險報導，也沒有說明確實路線。 |

資料來源：森丑之助原著、楊南郡譯註，《生蕃行腳》，頁 602～627；631～632。表格為筆者自行整理繪製。

　　從上表來看，森丑之助在臺期間進入山區次數多達 38 次，當然，這不包括未發表的文章以及未留下之紀錄，雖說其進入山區是接受臺灣總督府之命令之囑託，但是大半部份乃因其對學術的崇尚以及對山區原住民之熱愛，首先在學術上，森氏曾這樣說：

　　　認識臺灣這塊土地和土著人種，對將來臺灣的經營是不可或缺的要
　　　務。我認定除非憑著我個人的力量前往蕃地，進行探險或踏查，別
　　　無他法。雖然我個人的力量有限，但我決心傾注全力，把這件事當
　　　作一生的志趣。〔註89〕

而對於蕃情，又除了原本學術之興趣外，更在實地踏查後，有更深入之了解：

　　　我親自到原始的山地，看到蕃人的日常生活是那樣的寧靜單純，外
　　　人口中所謂的野蠻生蕃，其實都是純樸、真誠待人的種族。這最初
　　　的印象太鮮明了，使我在過去三十年間，時時銘記在心。我從過去
　　　到現在，一直與蕃人親近的緣由，也在於此。〔註90〕

此上二因推動了森丑之助進入山區之因，因此也讓日本殖民時期「近代登山」前之探察時期留下不少紀錄助於日後之登山者做參考之登山路線。

　　（2）森丑之助與鳥居龍藏西攀新高山

　　森氏在臺灣探查期間，與其互動最多者，正是鳥居龍藏（1870～1953）。鳥居龍藏，人類學、考古學者，日本德島縣人（四國），正規學歷僅小學 2 年級肄業，但就教於東京帝國大學人類學教授坪井正五郎，成為該校人類學科助手。1896 至 1900 年間，4 度至臺灣進行原住民族的學術調查，範圍包括臺灣全島及紅頭嶼，為臺灣原住民族的人類學與民族學分類等奠定下基礎。〔註91〕這 4 次調查旅行的範圍如下：

　　第一次從 1896 年 7 月至 12 月，從花蓮沿著花東縱谷南下，再從臺東沿著東海岸北上，返回花蓮，調查了立霧溪、木瓜溪的泰雅族，全區的阿美族、卑南族、東遷的平埔族與南遷的加禮宛族。第二次是在 1897 年 10 月至 12 月，以蘭嶼為主要調查對象。但是，鳥居還沒到蘭嶼以前，先在臺北附近的基隆河挖掘圓山貝塚，也在基隆候船期間，調查位於基隆灣岸及社寮島（和平島）上的平埔族，並測定他們的體質。第三次是在 1898 年 9 月至 12 月從屏東車

〔註89〕森丑之助原著、楊南郡譯註，《生蕃行腳》，頁 41。
〔註90〕森丑之助原著、楊南郡譯註，《生蕃行腳》，頁 44。
〔註91〕許雪姬，《臺灣歷史辭典》，頁 864。

城到社寮，調查恆春半島上的原住民。第四次則於 1899 年 12 月從日本出發，在臺停留長達 9 個月。〔註92〕

　　森丑之助幫助鳥居則是在第四次的行程，而本文則著重在此次由阿里山方向往玉山攀登這部分。此次行程如下：

　　從東港到水底寮上往力里大社再回水底寮，在內社停留一星期，後朝西到 Tanashiu（丹林）社訪問，然後往北繞道到 Puntei（佳興）社，繼續往北涉渡庫瓦魯溪，前往 Kapiyagan 社，〔註93〕原本森氏和鳥居氏在原本要攀登大武山，但因「禁忌」的關係，所以放棄。之後又從 Konlonnau（古樓）社下山到響潭庄，然後又調查了一些蕃社後，前往蕃薯寮，經臺南隨即趕往嘉義，準備往阿里山前進。到達嘉義後，沿濁水溪的方向跋涉到 Chibura 社，後繼續往濁水溪方面（指濁水溪上游的陳有蘭溪）出發，此次隊伍除森丑之助和鳥居龍藏外，另有「嘉義辨務署出張所」池端主記、出張所雇用的漢人通事與原住民僕役各一名，以及在特富野社僱用背行李的四名原住民共九人。

　　4 月 6 日晨起發現天色陰暗，但夜雨已歇。朝東方出發，走了三日里便遇到一個小水池，汲水準備午飯。〔註94〕午後 2 點多已到達楠梓仙溪與濁水溪的分水嶺。傍晚時分抵達 Yabunaya（或譯 Yabuguyana）〔註95〕，那時，剛好望到新高山露出山頭，此時鳥居龍藏已有了要橫越新高山的念頭；〔註96〕之後一行人從 Yabunaya（或譯 Yabuguyana）山北側，沿溪下行約半里過溪後於東埔社過夜。隔日原預定行程是越過「阿里山草地」〔註97〕的範圍，直接到東埔社，解決糧食不足的問題，〔註98〕但是森丑之助與鳥居龍藏一早突然興起攀登新高山的野心，雖說蕃人因糧食不足而言拒，但最後還是答應同行帶

〔註92〕 鳥居龍藏原著，楊南郡譯註，《探險臺灣》（臺北：遠流出版社，1996 年），頁 14～15。

〔註93〕 森丑之助原著、楊南郡譯註，《生蕃行腳》，頁 253。

〔註94〕 森丑之助原著、楊南郡譯註，《生蕃行腳》，頁 260。

〔註95〕 這次行程記錄森丑之助跟鳥居龍藏都有紀錄，只是森氏記錄為 Yabunaya，鳥居龍藏紀錄為 Yabuguyana 經楊南郡之考察，應為同一所在地鹿林山一帶。

〔註96〕 鳥居龍藏原著、楊南郡譯註，《探險臺灣》，頁 333。

〔註97〕 此「阿里山草地」並非今日大家熟悉的阿里山，而是在鹿林山以西之地帶。

〔註98〕 從知母勞社出發前，接連下了四五天的雨，延遲了出發的時間，而等到出發到 Yabunaya 時，所準備的糧食只到 4 月 7 日早上最後一餐。

路。〔註99〕4 月 8 日，糧食補給完成，並且增加從東埔布農族人做嚮導，準備攀登新高山。原住民在當時是很重要的嚮導人士。

隔日天未亮就出發，天剛破曉隊伍就爬到了南邊的分水嶺，「踩著不定時流瀉的碎石流，用手抓住草根，氣喘吁吁地攀爬上數百公尺高的斷崖，上攀的時候，要通過長滿野棘的灌木叢，猶如攀登針山一般，我們踏越的險稜，寬度未滿一公尺，兩邊削落如壁，懸崖下有枯木和崩壞的岩石」〔註100〕由此段文字可見，當時從嘉義方向往新高山的艱辛；而更艱苦的是攀登的那條路線沿途沒有水源，而蕃人也忘了背水，所以一行人整天沒有喝下一滴水，到了晚上還是沒有找到水源，不得已鳥居龍藏只好在海拔 2,390 公尺處下令紮營，隔早再往殘雪處出發。4 月 10 日攀升到荖農溪上游露宿。

4 月 11 日，一行人沿著主稜走向中峰，最後於 11 點 30 分登頂。森丑之助與鳥居龍藏在山頂上立了一隻木標，並留下紀念文字。而這一次登頂的特殊意義，鳥居龍藏說明：

> 在過去的年代裡，只有本多林學博士、齊藤林學士、齊藤理學士、
> 長野中尉、德國登山家 K.Stopel 及斗六辦務署的熊谷署長等人，前
> 後五次的新高山攀登活動中登頂過。他們活動清一色從林圯埔整裝
> 出發上到新高山頂，再循原路下山。我們這次的攀登路線和他們不
> 同……我和同行七名蕃人準備從西側翻越新高山到東側。〔註101〕

這次從阿里山到新高山的路程是臺灣登山史上首次由西側首登之事蹟，而此路面也成為登山愛好者從西部上新高山的主要登山道路。

（3）森丑之助與野呂寧之山區地形圖探查

前文述及，日治初期的山脈地形圖還未完全被繪製完成，在 1908 年以前，地理學尚有不明的地帶，此地帶為臺灣北部的 Sylvia（雪山）及其南方的新高山東側一帶。在森氏與野呂是探險以前，一般是認為新高山是中央山脈的分

---

〔註99〕 森氏與鳥居的文章所反映出之態度有所不同，在森氏文章中，布農族原住民是以委婉方式拒絕，而森丑之助與鳥居龍藏則進行勸說後才行動；而在鳥居龍藏的文章中所表現出來的則是布農族人斷然拒絕，鳥居氏強勢要上新高山，由於缺乏原住民所留下之文字記錄，故無法斷言當時確切情況，然而之後一行人還是攀登了新高山。見森丑之助原著、楊南郡譯註，《生蕃行腳》，頁 262～263；鳥居龍藏原著、楊南郡譯註，《探險臺灣》，頁 333～334。
〔註100〕 森丑之助原著、楊南郡譯註，《生蕃行腳》，頁 265～266。
〔註101〕 鳥居龍藏原著、楊南郡譯註，《探險臺灣》，頁 318，上述人士都從玉山背後的八通關攀登玉山，並循原路下山。

水嶺，且認爲荖農溪上游爲東部溪流的源流。〔註102〕1908 年森丑之助和野呂寧所進行的山區探查，就是以新高山地區地形測量爲目的。這次探查主要路線是由森丑之助所主持。〔註103〕

　　一行人從雁爾社踏上征途，比一般旅行者快兩三倍，很快地照所計劃的日程來到阿里山達邦社，但是碰巧蕃（原住民）社有祭事，必須再過 4 天，蕃（原住民）社之人才有空遠行；且警察本署也加派人手加入探險隊伍，最後終在祭事完畢後於 12 月 6 日從達邦社出發。不過在出發時，前天晚上召集好的原住民腳伕隊中，有 7、8 名逃離，不願上山，〔註104〕後終找齊 14 人揹起大部分行李於 8 點動身。剩餘行李則由之後的隊伍直接從特富野社上水山往鹿林到和社溪源頭的捷徑與先行隊伍會合。

　　主隊經特富野社往北，向阿里山十字路的東側前進，到達小徑最高點。下午抵達「奇觀臺」聖地，從「奇觀臺」下降，穿行於森林中，抵達二萬坪，後從二萬坪朝北方走上緩坡，最後抵達承包阿里山森林鐵路工程的藤田事務所所形成的藤田村。次日風雨猛烈，故又在藤田村住了一宿。〔註105〕12 月 8 日繞過飯包服山，到塔塔加，在雲杉林中找出東埔社原住民所搭建的獵寮過夜。這時候，野呂寧的膝因被蚊蟲咬而浮腫，有人腳扭傷，有人腳起水泡，過半數人員則成了跛腳鴨，〔註106〕森丑之助對於此非常擔憂，但一行人還是負傷行走，於是眾人忍痛踏越「新高山前嶺之巔」（新高山前鋒與西峰間的斷崖地形），黃昏時分來到「新高山西路之谷」（今排雲山莊下方溪源）。不過野呂寧卻有如此感受

　　　　登山樂趣別有一番滋味：肉體上感受到極大痛苦，精神方面卻獲得

　　　　難以形容的快樂。〔註107〕

12 月 10 日，探查隊伍冒雨強登新高山，通過主稜，攀爬新高山之頂，這次登

〔註102〕森丑之助原著、楊南郡譯註，《生蕃行腳》，頁 336。
〔註103〕野呂寧，《探險覆命書》收入於楊南郡譯註，《臺灣百年花火——清末日初臺灣踏查實錄》，頁 238。
〔註104〕野呂寧，《探險覆命書》收入於楊南郡譯註，《臺灣百年花火——清末日初臺灣踏查實錄》，頁 234。
〔註105〕詳見野呂寧，《探險覆命書》收入於楊南郡譯註，《臺灣百年花火——清末日初臺灣踏查實錄》，頁 234～235。
〔註106〕森丑之助原著、楊南郡譯註，《生蕃行腳》，頁 353。
〔註107〕野呂寧，《探險覆命書》收入於楊南郡譯註，《臺灣百年花火——清末日初臺灣踏查實錄》，頁 240。

頂主要目的是爲地理學上的觀測，但細雨霏霏，雲霧中還不能開始觀測工作，過了四個鐘頭，雲霧散開才開始用儀器繪測，之後從八通關下到新高山東北側有水源的營地。經過此次測量勘查，森丑之助對荖農溪提出以下觀點：

> 過去被認爲是東部秀姑巒溪源流的荖農溪，發源於新高山中峰（玉山主峰），東流至八通關，於八通關南側匯合幾條從中央山脈流下的溪流，以大迴轉的身段迴繞至「新高東山南麓」，留經官山西麓，成爲荖農溪主流向西流下……新高山的水一滴也沒流入東海（太平洋）。〔註108〕

其次對於新高山的觀念也有很大突破：

> 過去一般人也把新高山當作中央山脈的分水嶺，以爲其東側屬於臺東廳管轄區，但現在我們已完全能夠確定新高山並非座落於中央山脈上，它只是中央山脈西伸的之脈上。〔註109〕

由上述文字可清楚的了解到森丑之助對臺灣登山史上之不少貢獻，而這也是本段會以較多篇幅介紹森丑之助之踏查事蹟的緣由，且森氏又與鳥居龍藏和野呂寧有過接觸和互動，透過此三者之互動以及文字記錄，更可加深進入山中踏查的眞實性。

# 第三節　休閒登山之開啓

## 一、臺灣山岳會

經過眾人的探查與五年理蕃計劃之後，山區已從情況未明逐漸受到了解認識，且山區之探查以及道路之開拓也間接讓山區情況更適合讓愛好登山者有更適合的登山環境，使得登山活動從探險轉變到休閒。而這時期具代表性的就是「臺灣山岳會」的成立。

臺灣山岳會成立的緣由，可從 1926 年 8 月的「臺灣山岳會設立趣意書」看出：

> 對本島的山岳開發，無論是體育或學術方面，將是我們的一大責務，

---

〔註108〕森丑之助原著、楊南郡譯註，《生蕃行腳》，頁 392～393。

〔註109〕當時玉山和南北峰自成一支山脈的觀念尚未產生，森氏姐是玉山是中央山脈西伸支脈上高峰，算是比傳統想法，至少跨了一大步，見森丑之助原著、楊南郡譯註，《生蕃行腳》，頁 393。

並進而追求本島山岳的精隨，在登高的路上不斷行進，清除時弊。

　　茲深信登山為最積極的國民運動，因此設立臺灣山岳會。〔註110〕

11月8日「臺灣山岳會」在社會多方面的期待下正式成立，成立之前因《臺灣日日新報》多次報導有關訊息，已有80餘名入會者。然而臺灣的登山風氣不如日本國內興盛，此組織乃是仿效內地而成立，可說是日本山岳組織的移植，且是一具官方色彩的民間組織。〔註111〕臺灣山岳會對於登山活動有靜態和動態的展現，靜態為出版《臺灣山岳》和《臺灣山岳彙報》兩份刊物，動態則是舉辦「懇談會」、「岳友小集會」、「講演會」和「山之夜」等活動，而這些都顯示日本近代化的成就，也象徵使民眾接受較具規模且完整的登山新知識。〔註112〕

　　至於臺灣山岳會所舉辦的登山活動可分為登「低山」〔註113〕和登「高山（含中級山）」〔註114〕二類。登高山方式可則分為5種：其一是往返登山，其二是橫斷登山，其三是縱走方式登山，為多山的連續橫斷登山，其四為集中登山（又稱會師），其五是放射線登山，設立登山基地，同時向基地四周的山岳做放射狀的登山活動。〔註115〕此外臺灣山岳會還有規劃不同階級、身分和年齡攀登的高山路線。例如攀岩、溯溪、多山攀登、滑雪、滑草和滑砂等多樣活動，及「阿爾卑斯式」的登山也在此藉由山岳會傳入臺灣登山界。〔註116〕

## 二、登山道路開闢與登山小屋

　　登山活動發展順遂與否，登山道路的整建不容忽視，而當時日治時期較

---

〔註110〕　〈臺灣山岳會設立趣意書〉，《臺灣山岳》，第1號，1927年，卷頭，頁2～4。

〔註111〕　臺灣山岳會雖屬於民間團體，但其構成的中心人物也多為官吏，事務所更是直接設在總督府官房文書課內，此等團體常常進行政府與民間之中間事業，是所謂的御用組織。

〔註112〕　詳細情況，將於之後章節，討論中華民國山岳協會時一併探討，增加此一組織的完整性。

〔註113〕　這裡所指的低山，係指離近都會區或交通道路的周邊，高度大約在1,500公尺以下的山岳。

〔註114〕　登山界慣稱三千公尺以上的山岳為高山，中級山則是指1,500至3,000公尺的山岳。

〔註115〕　可見林玫君，《從探險到休閒——日治時期臺灣登山活動之歷史圖像》，頁380之圖。

〔註116〕　所謂阿爾卑斯式登山，係指不依賴他人，完全主要靠登山者自身力量從事班登各種山峰的登山活動，因是早期阿爾卑斯山區登山活動的模式，故名之。

為熱門的幾條登山路線，其一為通往新高山的八通關越嶺道路，其次是阿里山新高山登山道路，第三是通往次高山的埤亞南越道路和次高山道路，第四是通往合歡山的合歡越嶺道，第五是大壩尖山登山道，第六是通往能高和奇萊主山的能高越道路、第七是浸水營越嶺道路，第八為集集、拔仔庄道路，第九為關山越嶺道路。這些道路除有清代開始開鑿，日人重修外，也有在日治時期才興建的，此外更有許多登山道路的完成。

這些道路有些是為理蕃、有些是為東西物資運送而開闢，但也無法否認殖民政府企圖將未知「蕃山蕃界」的風光介紹給平地人的企圖心，[註117] 而登山道路的修建被視為臺灣重要的轉捩點。除了步行外，登山者會利用登山鐵道、臺車、乘坐轎子來彌補某些路段的差距。在登山的過程中，原本是為「對蕃需要之地」設置「蕃務官吏駐在所」，在逐漸失去防衛功能後，轉變成為登山者的最佳去處。此外還有各式山林小屋的興建。

## 三、國立公園 [註118] 之籌措

臺灣成立國立公園的過程，係從學者提出保育臺灣山林的建議開始，再透過媒體進行「臺灣八景」的選拔活動，殖民政府遂仿效歐美國家，以日本為依歸成立臺灣國立公園。[註119] 1931 年日本制定公佈「國立公園法」之際，臺灣設置國立公園的議題也逐漸受重視，嘉義地區和花蓮港為爭取讓「阿里山」和「太魯閣」設立國立公園的資格，也分別成立了「阿里山國立公園協會」和「東臺灣勝宣傳協會」。臺灣總督府於是在 1933 年 6 月成立了「國立公園調查會」，之後「國立公園法」、「臺灣國立公園委員會官制」也相繼公告施行；1937 年公告大屯、次高太魯閣、新高阿里山三處國家公園。[註120] 由於進入戰爭時期，國立公園成為行軍勞動的場所，臺灣國立公園之設立在日本統治期間，僅止於調查研究及規劃階段，尚未達到經營管理階段；但是這也為戰後國家公園之興建，有不小的參考價值。

〔註117〕 林玟君，《從探險到休閒──日治時期臺灣登山活動之歷史圖像》，頁 459。
〔註118〕 日治時期國立公園及戰後國家公園，而本文所描述時代為日治時期，則用「國立公園」，戰後則用「國家公園」。
〔註119〕 林玟君，《從探險到休閒──日治時期臺灣登山活動之歷史圖像》，頁 425。
〔註120〕 林玟君，《從探險到休閒──日治時期臺灣登山活動之歷史圖像》，頁 433。

## 四、鹿野忠雄的登山活動

　　鹿野忠雄（1906～1945）被喻爲是「縱橫臺灣山林的博物學者」，更是位「登山家」和「探險家」，〔註121〕鹿野忠雄除了進入山區做學術調查外，也將自身登山記錄，撰寫成文章，1941 年鹿野忠雄挑出以臺灣玉山爲中心，縱橫於布農族地界的七篇長文收入成《山、雲與蕃人》（日文原文《山と雲と番人と》，由中央公論社出版），〔註122〕是爲日治時期登山活動進入近代登山之代表作。至於將鹿也忠雄歸入此節，不與長野義虎、鳥居龍藏、野呂寧、森丑之助一同撰寫是因其與上述諸位的登山環境有很長的年代差，且登山環境也不相同，爲本節所描述之年代，故在此做論述。

　　鹿野忠雄於 1925 年來臺就學，隔年，1926 年開始，就把全部精力放在臺灣的山中，成爲昆蟲採集以及民族調查旅行的登山者。在 1926 年 4 月其攀登了新高山（玉山）的最高峰，同年 7 月鹿野又率領臺北高等學校山岳部從蘭陽溪往上游走，攀登次高山（雪山），1928 年 7 月中旬，又攀登了卓社大山、能高主山、奇萊主山等 3,000 公尺以上的高山，八月中旬又加入臺北一中的中央尖山攻峰隊，攻頂中央尖山，之後又陸續攀登南湖大山、合歡山、合歡山東峰、合歡山北峰和畢祿山，1929 年，鹿野忠雄因爲在學校出席次數不足無法畢業，臺北高等學校校方經過討論後，認爲，鹿野忠雄雖然出席次數不足，不過其向學界提出了多篇論文，因此准予其畢業，得到消息的鹿野，在 1929 年 3 月率領臺北高等學校山岳部登頂北大武山，〔註123〕在高中時期的鹿野忠雄，熱衷於臺灣的高山之中。

　　鹿野忠雄於 1929 年畢業後的隔年，考上了東京帝國大學地理科，〔註124〕不過並未對終止在臺灣的登山活動，1931 年的 7 月，鹿野忠雄又來到臺灣，27 日從臺北出發，與布農族、太魯閣族原住民進行 8 月到 9 月的登山計畫，這次登山計畫記錄在《山、雲與蕃人》一書中。此次登山計畫，先攀登了駒

---

〔註121〕林玟君，《從探險到休閒──日治時期臺灣登山活動之歷史圖像》，頁 95；山崎柄根著、楊南郡譯，《鹿野忠雄──縱橫臺灣山林的博物學、地理學、昆蟲學者》（臺中：晨星出版社，1998 年）。

〔註122〕鹿野忠雄著、楊南郡譯註，《山、雲與蕃人》（臺北：玉山社，2000 年），頁 25。

〔註123〕山崎柄根著、楊南郡譯，《鹿野忠雄──縱橫臺灣山林的博物學、地理學、昆蟲學者》，頁 80～106。

〔註124〕鹿野忠雄著、楊南郡譯註，《山、雲與蕃人》，頁 78。

盆山、馬博拉斯山、秀姑巒山、大水窟山，8月7日由通關上的「南」駐在所獨自攀登達芬尖山，8月下旬又往玉山群峰攀登，9月1日，花三天縱走東郡大山塊，完成了東郡大山、宇達佩山、東巒大山、本鄉山、櫧山、無雙山的縱走，9月5日又溯哈伊拉羅溪登山馬利加南山、馬博拉斯山，返回無雙山。〔註125〕而此次登山中駒盆山、南玉山、宇達佩山、東巒大山、本鄉山、櫧山、無雙山、馬利加南山皆為首登，〔註126〕並且開創了從無雙山登上馬博拉斯山南安然後登頂以及從馬博拉斯山北面回登馬利加南山兩條新路線。〔註127〕

鹿野忠雄在臺登山期間，八通關的玉山登山步道已整修完畢，合歡越嶺道也被整修得好走，〔註128〕此外鹿野忠雄也加入了臺灣山岳會，並於1933年擔任臺灣山岳會地方幹事，1936～1938擔任臺灣山岳會幹事，〔註129〕所以鹿野忠雄雖說在山中進行學術調查，但其登山活動的環境，與本章第二節所描述日治時期前期登山探查時代已有相當大的差距，加上登山道路、登山小屋的興建，與國立公園的籌備，臺灣在日治後期的登山活動應該會有更良好之發展，然而在此期間，第二次世界大戰爆發，臺灣登山活動的發展因戰事而停頓，戰爭結束後，日本撤離臺灣，臺灣登山活動邁入戰後本文所要探討之時期。

---

〔註125〕鹿野忠雄著、楊南郡譯註，《山、雲與蕃人》，頁36～225。
〔註126〕鹿野忠雄著、楊南郡譯註，《山、雲與蕃人》，頁146、188。
〔註127〕鹿野忠雄著、楊南郡譯註，《山、雲與蕃人》，頁225。
〔註128〕山崎柄根著、楊南郡譯，《鹿野忠雄——縱橫臺灣山林的博物學、地理學、昆蟲學者》，頁90、102。
〔註129〕林玫君，《從探險到休閒——日治時期臺灣登山活動之歷史圖像》，頁590、592。

# 第二章　戰後登山環境的演變

　　經過日本殖民時期的調查以及臺灣山岳會的成立，臺灣的登山活動應有相當程度之發展，但林玫君於《從探險到休閒——日治時期臺灣登山活動之歷史圖像》一書中結尾這樣談到：「戰後初期的登山活動幾乎退回到了原點，登山者不能輕易親臨臺灣山區……1945 年戰敗後，享有聲譽與名望的日本登山者逐漸離去之際，使得原本無以替代的登山知識差點消失殆盡。」〔註1〕據其言，戰後臺灣登山活動的發展應是受到阻礙，不然登山活動不至於會「幾乎回到原點」。又日本登山者離去造成登山知識消失，也展現日治時期以來的登山知識是掌握在殖民者的手上。然以現今登山活動之蓬勃發展來看，要明白林氏所述，需探究當時歷史環境背景，才可明瞭其發展脈絡，故本章先即由歷史環境背景來探討對戰後登山活動的影響。

## 第一節　戰後入山管制之形成

　　在 1945 年二次大戰進入尾聲時，國民參政會已提出如何接收臺灣之對策，〔註2〕1945 年日本無條件投降後，中華民國政府依盟軍所採用之方式，〔註

---

〔註1〕　林玫君，《從探險到休閒——日治時期臺灣登山活動之歷史圖像》，頁 540。
〔註2〕　如 1944 年 4 月 27 日福建省臨時參議會第二屆第二次大會，9 月國民參政會第三屆第三次大會，詳見秦孝儀主編、張端成編輯，《中國現代史史料叢編——光復臺灣之籌劃與受降接收》（臺北：中國國民黨中央委員會黨史委員會，1990 年），頁 7～11。
〔註3〕　〈行政院秘書處上蔣委員長有關收復臺灣政治準備工作及組織人事等具體辦法呈文〉，收入於秦孝儀主編、張端成編輯，《中國現代史史料叢編——光復臺灣之籌劃與受降接收》，頁 41。

3﹚先成立「臺灣省調查委員會」調查臺灣情況，後成立「臺灣省行政長官公署」﹝註4﹞及「臺灣省警備總司令部」。經國防最高委員會第 168 次常務會議決議，任陳儀（1883～1950）﹝註5﹞為臺灣省行政長官，﹝註6﹞並兼臺灣省警備總司令部司令，從事接收臺灣的佈署。1945 年 10 月 25 日，陳儀在臺北公會堂代表中國戰區最高統帥受降，﹝註7﹞中華民國政府至此接收臺灣，是為行政長官公署時期。

行政長官公署時期，政府頒布「平地人民進入山地管制辦法」，據該辦法所示：「據山地人民請求，保護山地利益，經飭由有關各縣擬訂平地人民進入山地管制辦法，凡平地人民，身家清白，素行端正，確因正當事由，必須進入山地者，應填具聲請書，經該管轄鄉鎮村里長證明，並覓具保證人，向該管縣政府民政科（局）請領證明書，進入山地時應向山地鄉公所所呈驗證明書並應受山地警察機關之檢查，不得攜帶武器或違禁物品，各機關職員因公務關係，必須進入山地者，無須請領入山證明書，但應取具服務機關之證明文件，並先向該管縣政府登記。施行以來，當稱順利，惟間有機關職員不依規定手續，擅自出入山地，破壞管制，時起糾紛，近已由民政處分函中央駐省及省屬各機關，凡職員出入山地，仍請依照管制辦法，攜帶證明文件，向該管縣政府先行登記。又受管制之範圍為臺北縣之烏來、太平、南澳，新竹

---

〔註 4〕基本上，行政長官公署的權限與特區相似。而行政長官權限之大，當時便有人將之與臺灣總督府相比。行政長官公署分設祕書、民政、教育、財政、農林、工礦、交通、警務、會計等九處；法制、宣傳、設計考核三委員會。此外，設糧食、專賣、貿易、氣象四局，訓練團，農業、林業、糖業、水產四試驗所，工業、海洋二研究所，地質調查所、交響樂團、博物館、圖書館、編譯館、土地委員會、日僑管理委員、日產處理委員會等專業機構。見許雪姬，《臺灣歷史辭典》，頁 1112。

〔註 5〕陳儀，字公俠，後改公洽，浙江紹興人。日本投降後，陳儀受任為臺灣行政長官，因接收及政策不當，加上吏治不彰，經濟惡化，導致發生二二八事件，其後，陳儀先任國民政府顧問，1948 年再任浙江省政府主席。1949 年免浙江省政府主席，旋在滬因通敵陰謀叛國而被捕，1950 年 6 月 18 日在臺北馬場町遭槍決。見許雪姬，《臺灣歷史辭典》，頁 826。

〔註 6〕〈國民政府主席蔣中正特任陳儀為臺灣省行政長官手令〉，收入於秦孝儀主編、張瑞成編，《中國現代史史料叢編──光復臺灣之籌劃與受降接收》，頁 150。

〔註 7〕臺灣省文獻委員會編，《臺灣史》（臺北：眾文圖書，1996 年），頁 724～725；〈臺灣省行政長官兼警備總司令陳儀正式宣布臺灣日軍投降廣播詞〉收錄於秦孝儀主編、張瑞成編輯，《中國現代史史料叢編──光復臺灣之籌劃與受降接收》，頁 201～202。

縣之角板、大安、尖石、五峰，臺中縣之信義、仁愛、和平，臺南縣之吳鳳，
高雄縣之多納、雅你、瑪雅俊、三地盟、霧臺、獅子、春日、泰武、來義、
瑪佳沙、牡丹，臺東縣之金崙、海端、達仁、紅嶼、延平，花蓮縣之秀林、
卓溪、萬里等三十鄉。」〔註8〕這時候要進入山區非常不方便，且至少要填寫
三種不同的入山聲請書（見圖2－1、2－2、2－3）。

**圖 2－1　臺東縣入山聲請書第一份**

資料來源：檔案管理局檔號第 0000348928 號 0035／144／23／1／007 第 6 頁。

---

〔註 8〕　薛月順，《臺灣省政府檔案史料彙編──臺灣省行政長官公署時期（二）》（臺
　　　　北：國史館，1998 年），頁 137～138。

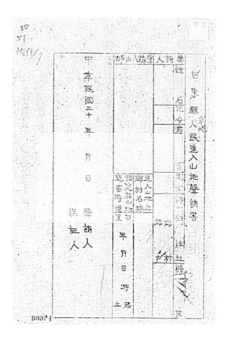

**圖2-2　臺東縣入山聲請書第二份（保証人証明書）**

資料來源：檔案管理局檔號第 0000348928 號 0035／144／23／1／007 第 7 頁。

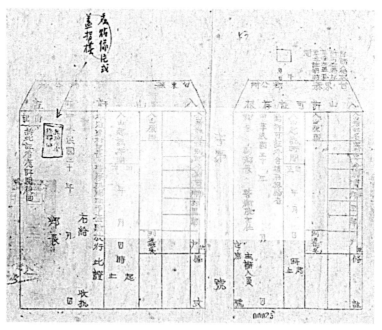

**圖2-3　臺東縣入山聲請書第三份（呈驗証明書）**

資料來源：檔案管理局檔號第 0000348928 號 0035／144／23／1／007 第 8 頁。

　　由圖 2－1、2－2、2－3 中的表單來看，在行政長官公署時期，要進入山地除由保證人進行聲請書之保證外，進入山區之前，還需先到管轄派出所辦公室繳交聲請書，經由檢驗是否符合資格換取入山許可證，換得許可證後，派出所辦公室要查驗入境時間；此外，入山許可證須妥善保存，便於路途經過的警察機關或村、里長辦公室查驗放行，出境後，還需到派出所驗證出境時間與當初聲請書上之「預訂在山地逗留時間」是否相符。在當時訊息不發達的年代，這的確是相當繁瑣耗時之程序，且若不慎將入山許可證遺失，則所引發之事後程序應是更加複雜。

　　除了入山管制的不便外，行政長官公署時期臺灣經濟受到日治時期的管制體制，以及二次世界大戰期間的破壞影響，許多生產事業停頓，失業人口驟增、通貨膨脹、物資缺乏、人民生活困苦；﹝註9﹞加上接收後，從大陸來臺的軍隊紀律不佳以及日產處裡等問題，造成臺人不滿，又 1947 年發生二二八事件，社會動盪不安；日本殖民時期所形成之「休閒登山活動」幾乎無法有良好之延續，又二二八事件後滯留臺灣的日籍前總幹事，因恐受株連，一把火燒掉自己收藏的山岳資料，﹝註 10﹞多重因素的影響，造成原可繼續發展的「休閒登山活動」遭受嚴重損失。

　　1947 年 4 月 24 日，國民政府下令將臺灣省行政長官公署改為臺灣省政府，﹝註 11﹞臺灣的政策執行改由省政府辦理，在省府主事期間並未對「平地人民進入山地管制辦法」做出任何重大更動，與此同時大陸正處在國共鬥爭時期，1947 年 7 月 4 日，政府通過「厲行全國總動員勘平共匪叛變方案」，﹝註 12﹞中華民國於是進入到動員戡亂時期。

　　1948 年，大陸局勢動盪，國共內鬥更加劇烈，國民政府於三月召開第一屆國民大會第一次集會，會中國大代表 771 人提議「提請依照憲法第 174 條第一款之程序，制定動員戡亂時期臨時條款，一俟動員戡亂時期終止，此款項即予廢止，庶幾行憲、戡亂，同時並舉。」﹝註 13﹞經由臨時條款之「緊急處分」，國

---

﹝註 9﹞ 陳勇志，《美援與臺灣之森林保育（1950～1965）——美國與中華民國政府關係之個案研究》（臺北：稻鄉，2000 年），頁 17。

﹝註 10﹞ 馬騰嶽，〈蔡禮樂為「山協」培養登山後輩〉，《中華山岳》，145 期，1996 年，頁 26；林玫君，《臺灣登山一百年》（臺北：玉山社，2008 年），頁 88。

﹝註 11﹞ 張玉法，《中國現代史》（臺北：東華書局，2004 年增訂九版），頁 644。

﹝註 12﹞ 張玉法，《中國現代史》，頁 575。

﹝註 13﹞ 董翔飛，〈動員戡亂時期臨時條款之制定、廢止及其評價〉，收入於中華民國行憲五十年紀念專刊編輯委員會編，《中華民國行憲五十年》（臺北市：國民大會，1997 年），頁 251。

民政府可不經立法院之議決直接宣布戒嚴，〔註14〕於此，中華民國在行憲同時也進入了戒嚴時期。1949 年陳誠（1897～1965）〔註15〕受命爲臺灣省主席及臺灣警備總司令，據前述臨時條款實行戒嚴統治，戒嚴法於該年 1 月 14 日發布，臺灣至此正式進入戒嚴時期。12 月中華民國政府從大陸撤退到臺灣，到解嚴之前，臺灣治安環境處在戒嚴法之規範下，對山區之管制又有更細部之管制。

首先是 1950 年臺灣省保安司令部〔註16〕爲「確保山地安寧」、「鞏固復興基地」起見，訂定「國軍部隊進入臺灣省山地辦法」，〔註17〕加強對軍隊入山的限制，此辦法與「平地人民進入山地管制辦法」雖說條文內容不同，但管制性質相似，只是對象改爲軍隊，主要規定爲：

一、國軍部隊或軍人因任務擬進入山地者，應由師或獨立團以上主管填具國軍部隊入山通知書，逐向就近憲兵機關申請入山，如因特殊情形，團以下單位奉有師或獨立團以上之命令者，得註明所奉電令文號並填具入山地通知書（見圖 2－4）入山之申請。

二、憲兵機關接到前項通知書時，應核發入山證明書，並將通知書第二聯轉送有關山地警察分局，另以通知書全份呈報保安司令部核轉長官公署〔註18〕備查。

---

〔註14〕〈動員戡亂時期臨時條款〉規定之「緊急處分」，乃將「緊急命令」與「戒嚴」合而爲一，不受憲法第 39 條或 43 條所規定之程序之限制。爲特殊時期之特殊之辦法，見涂懷瑩，〈論「國家緊急權力」與「當前戒嚴」〉，《軍法專刊》，第 72 卷第 5 期，1981 年，頁 9。

〔註15〕陳誠，字辭修，浙江青田人。1922 年畢業於保定軍校砲科。曾參與東征、北伐。1948 年秋從東北行轅主任卸職後，因胃疾來臺灣休養。蔣中正在下野之前發布陳誠出任臺灣省主席。次年 1 月就任，不久即宣布實施「三七五減租」，開始土地改革。1950 年蔣中正復行視事，出任總統，任命陳誠爲行政院長。1954 年蔣中正連任總統，陳誠辭行政院長轉任副總統，1958 年以副總統兼任行政院長組閣，1963 年因健康因素辭職，1965 年病逝。見許雪姬，《臺灣歷史辭典》，頁 825～826。

〔註16〕臺灣省保安司令部係以 1949 年 1 月總統公布的省保安司令部組織條例爲依據，而於同年 9 月 1 日成立，並由彭孟緝擔任首任司令。次月保安司令部決定進行四項措施；1.強化入境檢查；2.嚴禁放火、破壞；3.肅清匪諜；4.切斷與中共匪區的電信往來。保安司令部主導當時臺灣主要的情治及與情治相關的治安工作，甚至旁及金融秩序、經濟管制、書報取締及流氓檢肅等。見許雪姬，《臺灣歷史辭典》，頁 1115。

〔註17〕〈臺灣省警務處代電——爲奉轉發「國軍進入臺灣省山地辦法」乙種請查照遵飭〉，《臺灣省政府公報》，夏字號第 10 期，1950 年 4 月，頁 159。

〔註18〕此長官公署指當時的區域分配，臺灣屬於東南軍政局長官公署。

三、對於未經持有入山證明書之部隊或軍人，一律禁止入山。

四、部隊或軍人持入山證明書進入山地，應先提交山地檢查站檢驗蓋戳後，始准入山。

五、部隊或軍人出山時，應將入山證明書交查驗站轉送原發證憲兵機關撤銷。

六、部隊或軍人違反本辦法時，得請東南軍政局長官公署及臺灣省防衛司令部臺灣省保安司令部究辦。〔註 19〕

就上述內容視之，如果軍人要以私人身分進入山區，還是得依照「平地人民進入山地管制辦法」之規定入山，二者差別性不大。

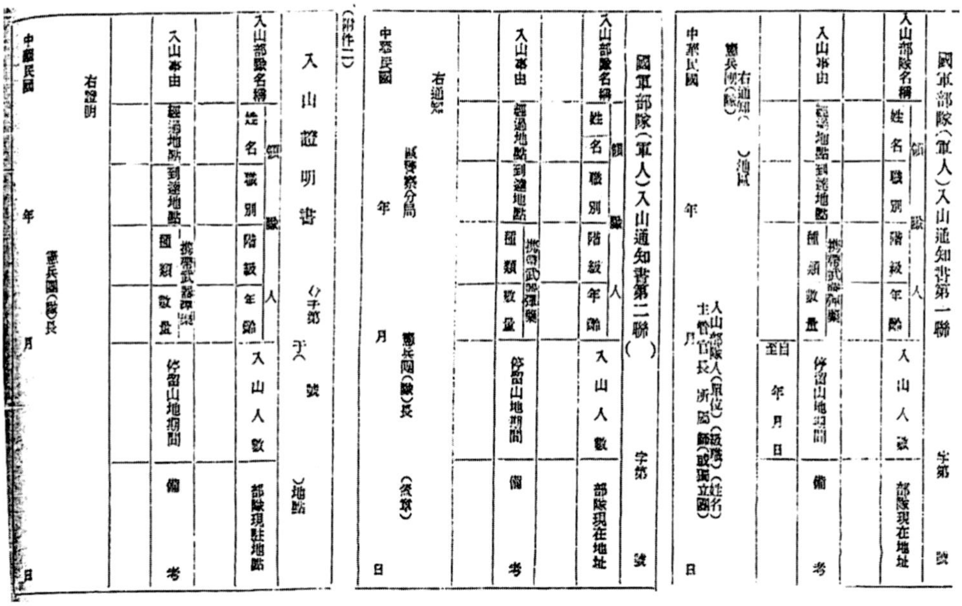
國軍部隊（軍人）入山通知書第一聯　字第　號
入山部隊名稱　領隊人　姓名　職別　階級　年齡　入山人數　部隊現在地址
入山事由　經過地點　到達地點　携帶武器彈藥　種類　數量　停留山地期間　自　至　年　月　日　備考
右通知（　）憲兵團（隊）
入山部隊人（單位）（級職）（姓名）主管官長　所屬　師（或獨立團）
中華民國　年　月　日

國軍部隊（軍人）入山通知書第二聯（　）字第　號
入山部隊名稱　領隊人　姓名　職別　階級　年齡　入山人數　部隊現在地址
入山事由　經過地點　到達地點　携帶武器彈藥　種類　數量　停留山地期間　備考
右通知　（　）警察分局　憲兵團（隊）長　（蓋章）
中華民國　年　月　日

（附件二）
入山證明書　（　）字第　號　（　）地點
入山部隊名稱　領隊人　姓名　職別　階級　年齡　入山人數　部隊現駐地點
入山事由　經過地點　到達地點　携帶武器彈藥　種類　數量　停留山地期間　備考
右證明　憲兵團（隊）長
中華民國　年　月　日

**圖 2－4　國軍部隊入山通知、證明書**

資料來源：〈臺灣省警務處代電——為奉轉發「國軍進入臺灣省山地辦法」乙種請查照遵飭〉，《臺灣省政府公報》：(臺灣省政府秘書處)，夏字號第 10 期，1950 年 4 月，頁 169～170。由圖 2－4 可看出軍隊進入山區程序上之繁雜，首先要先將經由部隊主管官長簽名之入山通知書一、二聯繳交至管轄區之憲兵團（隊）以及警察分局和憲兵團（長）核可，並由憲兵團（隊）長開立證明書後才可進入山區。

〔註 19〕〈臺灣省警務處代電——為奉轉發「國軍進入臺灣省山地辦法」乙種請查照遵飭〉，《臺灣省政府公報》，頁 159。

　　除居住在臺灣的平地人民進入山區有所限制外，國外人士欲進入山區也有規定和限制。行政院在1952年核定「臺灣省戒嚴期間外人進入山地管制辦法」，據該辦法要進入臺灣山區之外國人士一定要有國籍或與中華民國有外交關係者，該法規將外國人士分成四種身分：旅行或居留本省之外僑、駐華使館外交官或官員、外籍傳教士跟外籍醫生；除外交官或官員外，都需持有本國合法護照及原僑居地居留證二吋半身照兩張（外交使節和官員也需兩吋半身照兩張），醫生尚需醫生證明，向警務處申請核發外人入山許可證。〔註20〕上山停留時限爲15日，有特殊任務、傳教、醫療者，最長不得超過6個月，區域需在警務處核定之範圍內；居住場所必須在警察機關指定場所內，傳教士也需在指定地點傳教。此外，不得攜帶槍彈武器、爆炸物、照相機、無線電、收音機及無線電收發報機，也不得妨礙軍事秘密行動以及繪圖和刺探地勢等情形。最後要從山區出境時，需到警務處註銷入山許可證，沒有入山許可證者一律禁止進入山地。〔註21〕

　　1952年1月12日，國防部更進一步依戒嚴法第11條〔註22〕訂定了「臺灣省戒嚴期間平地人民進出山地管制暫行辦法」，〔註23〕此一辦法承繼「平地人民進入山地管制辦法」，對於平地人民進入山地有更加明確的規範。管制範圍與「平地人民進入山地管制辦法」相同，只是將管制區分爲甲、乙兩種，條文規定甲種管制區實際上與「平地人民進入山地管制辦法」是重疊的，「但在甲種管制區內之非遊覽區或其他特殊地區，必要時得由當地治安機關呈請保安司令部核准後劃爲乙種管制區，又臨接各管制區之平地區域或重要地點基於治安要求，有須加管制之必要時，並得呈保安司令部核准後，劃爲乙種

〔註20〕傳教士和醫生分別由隸屬教會和衛生處轉呈警務處發證。

〔註21〕〈臺灣省戒嚴期間外人進入山地管制辦法〉，《臺灣省政府公報》，春字號第28期，1951年2月，頁446～447。

〔註22〕根據戒嚴法第11條規定中的第8項：戒嚴地域內，對於建築物船舶及認爲情形可疑之住宅，得施行檢查，但不得故意損害；第9項：寄居於戒嚴地域內者，必要時得命其退出，並得對其遷入限制或禁止之。第10項因戒嚴上不得已時，得破壞人民之不動產。但應酌量補償之。第11項在戒嚴地域內，民間之食糧、物品及資源可供軍用者，得施行檢查或調查登記，必要時並得禁止其運出，其必須徵收者，應給予相當價額。

〔註23〕〈臺灣省戒嚴期間平地人民進出山地管制暫行辦法〉，《臺灣省政府公報》，春字號第47期，1952年2月，頁490。

管制區。」〔註24〕即是在甲種較大管制區之內規劃出格管制更為嚴格的乙種管制區。

　　允許進入山地管制區的人員，必須是「思想純正、身家清白、有正當職業、未受刑事處分、在本省已設定戶籍者」，〔註25〕若以各學校機關社會公益團體人士或有正當事由等身分進入山區者，需各機關主管或主管單位具文保證；在進入山地前要填具申請書並和身分證一同向該管山地之警察局申請核發甲種（乙種）入山單，入山單背後須加印入山注意事項，並酌收工本費，而十人以上入山者，除入山單外，還須將人數造冊呈報治安指揮所；特種勤務人員因公入山，出示其本人服務證及當地治安指揮所證明文件，經查驗，可免入山申請手續；行政與公營事業機關員工（山地業務人員及其主管除外），也只需機關證明文書（含身分證字號、前往地點、停留時間）即可免入山申請手續入山。〔註26〕入山單以一鄉為限，如有地涉兩鄉，必須分別申請，有效期限為 1 個月，上述各機關或特殊勤務者，期限最長不得超過 2 個月，如還有需要留山者須先依規定手續換領新入山單，而進入乙種管制區遊覽者，有效期限為一星期，且以一次為限。不過此「暫行辦法」並不適用外籍僑民及國軍軍隊。〔註27〕

　　以上為規範入山人士之規定，此外，此暫行辦法也規定各管轄山地之警察局，應於管制區內各鄉村重要地點或山口設立查驗站，且由山地警察機關派專人負責指揮配屬之青年服務隊擔任之，並請當地駐軍（含憲兵）協助辦理。〔註28〕

　　「臺灣省戒嚴期間平地人民進出山地管制暫行辦法」制定後又經過 1959 年、1965 年的修訂，終在 1968 年整合國軍軍隊及外籍僑民和外人進入山地辦法，頒佈了「戒嚴期間臺灣省區山地管制辦法」。此辦法分成總則、入山管制、

〔註24〕〈臺灣省戒嚴期間平地人民進出山地管制暫行辦法〉，《臺灣省政府公報》，頁490。

〔註25〕〈臺灣省戒嚴期間平地人民進出山地管制暫行辦法〉，《臺灣省政府公報》，頁490。

〔註26〕〈臺灣省戒嚴期間平地人民進出山地管制暫行辦法〉，《臺灣省政府公報》，頁490～491。

〔註27〕〈臺灣省戒嚴期間平地人民進出山地管制暫行辦法〉，《臺灣省政府公報》，頁490～492。

〔註28〕〈臺灣省戒嚴期間平地人民進出山地管制暫行辦法〉，《臺灣省政府公報》，頁491。

入山手續、入山區域及期限、入山住宿及遷入設籍、入山證工本費徵收標準、入山人員遵守事項、罰則、附則九個部份，其內容與前述政府頒布各項山地管制法令並未有太大差異，只是包含國軍軍隊及外籍人士的管制方法在內，形成統一管制法規。較不同的是，這次增加「機關學校之教職員生及有關山林合法社團會員組隊登山」〔註29〕的入山資格以及「入山遊覽證」。「入山遊覽證」為針對進入管制山區遊覽區遊覽者所制定，且與入山許可證不同的是：「平地人民申請入山區域，除山地管制得一次申請一個以上之遊覽區外，至申請進入山地管制區內非遊覽地區，每次以一鄉為限，如毗鄰兩鄉地區，應分別申請入山許可證，但卻因公務及工作需要或因地理交通情形特殊，分別申請有困難者，應由該管負責人申具理由，呈請省警務處核准後，使得免與分別申請。」〔註30〕不過軍隊和外籍人士又要視情況而定。此外入山遊覽證期限最多為一星期，申請一個以上之遊覽地區，累加不得超過一個月。此外，針對各項入山證之收費也訂定了標準，除遷居山地許可證一人一證需要10元外，其餘都酌收5元之工本費。

從行政長官公署的「平地人民進入山地管制辦法」到「戒嚴期間臺灣省區山地管制辦法」訂立完成，可看出政府對於山區地帶的管制甚嚴，雖說只需完成入山手續即可入山，但繁雜的手續卻會影響登山者的興致，然登山愛好者並未因此放棄登山。1951年，玉山登山隊的登山紀錄中描述了入山受檢之情形：「9時半至10時半於竹崎站受檢國民身份證及入山證。15時5分到奮起湖站再受到嚴格檢查。」的記載，〔註31〕同年往雪山的活動也記錄了在南勢站「和合派出所」受軍警檢驗入山證的情形，〔註32〕不過紀錄中並未有經檢驗後禁止進入之文字出現。最後，上述隊伍也都順利完成玉山與雪山之登頂。就文字紀錄來看，只要合法辦理入山證並受審核，即可進行登山活動。至於對入山管制制度的觀感，因當時是在戒嚴的環境之下，並非言論自由的社會，故在核准刊行之文字記錄中，並未發現批評之聲浪。

由前文論述可知，自1945年開始的「山地管制」法規之逐步制定確實阻

---

〔註29〕〈戒嚴期間臺灣省區山地管制辦法〉，《臺灣省政府公報》，秋字號第7期，1968年7月，頁8。

〔註30〕〈戒嚴期間臺灣省區山地管制辦法〉，《臺灣省政府公報》，頁11。

〔註31〕林章州，〈登玉山——中央山脈登山紀行之一〉，《臺灣山岳》，4月號，1952年，頁3。

〔註32〕謝永河，〈次高見聞〉，《臺灣山岳》，6月號，1952年，頁4。

礙臺灣戰後登山活動發展；然而微妙的是，「山地管制」在初期逐步制定的 10
年期間所形成嚴格的限制規範，的確，此制度確實阻礙戰後臺灣登山活動的
發展，不過戰後臺灣登山活動並未因這 10 年期間的嚴格限制而沒落不起，反
而微妙地在政府經濟政策方針無意間地間接輔助下逐漸發展蓬勃。在此要說
明的是：「限制阻礙」與「輔助發展」並非在同一時段共存，而是隨時間的流
變，經政府發展經濟政策中無意間輔助發展茁壯。而本章第二、三節所要探
討之要旨，即是這些經濟政策，包括：「林業之開發」、「觀光產業的推動」、「國
家公園之成立」與戰後臺灣登山活動之間的關係。

## 第二節　政府產業開發與登山活動

　　1945 年後的入山管制確實影響登山活動的發展；然而，若依循臺灣經濟
政策走向，可發現政府所推動的計劃建設仍間接輔助登山活動，也讓臺灣登
山的活動得以有更安全的外在環境及設施。本節先從和山地最相關的林業發
展，以及影響林業轉變的觀光產業政策和與觀光政策相輔的橫貫公路開闢來
探討戰後登山活動外在硬體之輔助。

### 一、林業資源開拓之輔助

　　臺灣山區有重要林業資源，是臺灣戰後初期重要經濟來源之一。1945 年
11 月初，臺灣省行政長官公署推行政務，決定設立「林務局」以備接收日本
殖民時期農商局之全般業務；該局轄林政、林產、林務、業務、庶務 5 組，
後於 12 月 8 日成立了「林務局」，開始接收日產任務。到 1946 年陸續接收各
伐木林場，此後又分別成立了阿里山林場、八仙山林場、太平山林場。〔註33〕
1947 年 5 月 16 日，隨著臺灣省行政長官公署改組為臺灣省政府，至 30 日，
改林務局為「林產管理局」，之後在 1960 年 2 月 15 日，將臺灣省林產管理局
又改制成臺灣省林務局，且將林政與林產二者業務合一，並將所屬 7 個伐木
林場與 7 間山林管理所統籌改組為 13 林區管理處，其中還包含了監督臺灣大
雪山林業公司的大雪山示範林區管理處。〔註34〕
　　在政府山產管理組織底下的各林地管理區之林場山區，除政府經濟上之

---

〔註33〕姚鶴年，《臺灣省林務局誌》（臺北：臺灣省林務局，1997 年），頁 23～25。
〔註34〕姚鶴年，《臺灣省林務局誌》，頁 31～33、55。

開發外，戰後初期也間接協助登山活動之進行。如 1956 年岳界四大天王之一，有「登山字典」稱號的林文安等一行人前往位於臺中縣和平鄉的白姑大山進行攀登，八仙山林場派職員給予嚮導，並將招待所提供給林氏一行人休憩；〔註35〕1957 年 12 月到 1958 年 1 月謝永河〔註36〕一行人到大雪山攀登時，在大雪山林場鞍馬山分場之招待所住宿，並請從八仙山林場聘請到大雪山林場做開路測量的林初鑒「阿鑒哥」做嚮導等〔註37〕由前述文句不難看出林場對登山活動之協助，如提供擔任嚮導之人員及供應登山活動者場所住宿，這些對登山隊伍來說，在帶有隱性危險之登山旅途中，增添安全及舒適的保障及溫暖；林區管理廠除提供人力協助及住宿外，其聯外的運送木材的交通道路，也成為登山者進入山區內之重要途徑。

自 1964 年起，新建運材路線皆以卡車林道取代山地軌道，〔註38〕迄 1981 年臺灣已完成林道計 285 條，總長 3,682.771 公里；其中甲種林道 9 條總長 174.720 公里，乙種林道 32 條總長 506.617 公里，丙種林道 84 條總長 1,86.527 公里，臨時林道（作業線）146 條總長 1,563.499 公里；又森林鐵路及山地軌道 14 條總長 252.408 公里。林道密度為每公頃 1.98 公尺；另林場內運材索道 14 條，總長 18,672 公尺。〔註39〕這些林道至 1987 年還有紀錄者有郡大林道、楠梓仙林道、梅蘭林道、玉里林道、天池林道、神木村林道、沙里仙溪林道。〔註40〕這些林道或森林鐵路、索道，在戰後早期登山活動中，為登山者喜好之登山路徑，在一些登山活動紀錄中，也有相關之紀錄。

1956 年林文安一行人前往白姑大山的路程中，是沿森林運輸鐵道到佳保臺招待所，之後沿十文溪第一索道接第二索道往新山招待所，再從新山步行

〔註35〕 謝永河，〈登「合歡山」與「奇萊山」〉，收入於《臺灣山岳》，3、4 月號，1957 年，頁 1。

〔註36〕 謝永河戰後為臺灣早期登山先驅之一，除發表有關臺灣高山之文章外，對郊山也有研究，著有《北部郊山踏查行》，由野外雜誌社出版。

〔註37〕 謝永河，〈大雪山登攀（一）〉，《臺灣山岳》，1、2 月號，1958 年，頁 3。

〔註38〕 姚鶴年，《臺灣省林務局誌》，頁 59。

〔註39〕 臺灣林道（卡車路、產業道路）構築標準之寬度，甲種林道 4.5 公尺，乙種林道 4.2 公尺，丙種林道 4.0 公尺，臨時林道 3.8 公尺。令森林鐵路寬度 3.3 公尺，軌距 762 公厘。見姚鶴年，《臺灣省林務局誌》，頁 66。

〔註40〕 郡大林道為巒大林管處運木材道路，可通行汽車，全長 180 公里，屬於乙種林道；楠梓仙溪林道、梅蘭林道、玉里林道、天池林道為玉山林管處運材之林道，皆屬丙種林道。神木村以及沙里仙溪林道也是丙級林道，至 1987 年已不使用，見陳俊編著，《臺灣道路發展史》，頁 550～551。

馬崙索道後搭馬崙線森林運輸車到白仙洞招待所，才開始白姑大山的攀登；〔註41〕1957 年 12 月到 1958 年 1 月謝永河一行人的大雪山之行，是從尚在開關的運材卡車道路「雪路」經過「橫嶺山隧道」抵達登山之處，〔註 42〕1962 年刊登在《臺灣山岳》林文安與謝永河等人的巒大之登山紀錄中，也說明此行是從巒大山事業區第 33 及 39 林班辦公室前的第一索道開爬。此外，這份記錄中也有林道對於登山益處的看法，文謂：「新開的『新山』運材車路也在望，此運輸路是從『龍神橋』南岸開鑿，已完成 14 公里，即至箏子林山之北，現在仍繼續趕工，也許不久之將來，對巒大登山的岳友們有所貢獻。」〔註 43〕林道、索道在戰後早期是通往登山口之重要途徑，從以上登山紀錄可以看出，政府在開發林業資源而拓展道路同時，也間接造就登山交通之便利，是以顯示登山活動之盛行常與交通道路等硬體設施的構築有關。

在臺灣經濟發展中，林業開發除提供原木材料買賣，政府更運用森林資源開闢森林觀光遊樂資源。1956 年蔣介石總統指示臺灣省政府開辦觀光事業〔註 44〕，並在省政府設立「臺灣省觀光事業委員會」負責統籌觀光策略方針及各項工作推展，並擬定了「臺灣觀光事業三年計畫」（1957～1959）〔註 45〕。至 1958 年，臺灣省政府訂定臺灣林業經營方針 23 條，其中第 21 條「發展林地多種用途，建設森林遊樂區域，增進國民遊樂」，可視為森林遊樂事業正式列入林業政策之嚆矢。〔註 46〕

1964 年，臺灣省林務局成立森林遊樂規劃小組，開始森林遊樂事業之籌畫；1965 年，林務局飭令各鄉區呈報可提供為森林遊樂區之地區，各地呈報者，計有陽明山、烏來、大霸尖山、鐵鈷山、合歡山、太平山、鯉魚潭、恆春半島、玉山、雪山等地區。〔註 47〕不過隸屬於省府的林務局由於長期為省營事業單位，必須賺取利潤繳庫，而伐木為最立即有效的方式，森林遊樂因

〔註 41〕謝永河，〈登「合歡山」與「奇萊山」〉，《臺灣山岳》，3、4 月號，1957 年，頁 1。

〔註 42〕謝永河，〈大雪山登攀（一）〉，《臺灣山岳》，1、2 月號，1958 年，頁 2。

〔註 43〕林文安、謝永河，〈「巒大山」紀行〉，《臺灣山岳》，1962 年 7、8 月號，頁 1～2。

〔註 44〕有關觀光事業部分，將在後文做探討，此部份專就森林遊樂這一區塊作探討。

〔註 45〕陳水源，《我國發展觀光事業政策之研究》（臺北：交通部觀光局，1984 年），頁 233～234；姚鶴年《臺灣省林務局誌》，頁 47。

〔註 46〕王國端，《森林遊樂》（臺北：正中書局，1999 年 5 版），頁 20。

〔註 47〕王國端，《森林遊樂》，頁 20～21。

收益有限，素來不爲省政府當局重視，這也使得「森林遊樂」幾乎一籌不展。
〔註48〕直至 1970 到 1975 年間，林木價格低迷對林務經營形成相當重的壓力，
〔註49〕林務局乃亟思由事業單位轉型爲行政機關，亦即改變歷來砍伐林木促
進經濟充裕國庫的職能，轉而以國土保安、自然保育爲目標，而 1975 年爲一
重要轉捩點，在此之前，森林遊樂政策是「多目標利用之次要目標」，1976 年
後，是「多目標利用之主要目標」，雖然在前一階段衍生「森林遊樂政策」的
理念與目標，但仍無政策與制度，眞正的「森林遊樂政策」要到 1985 年「森
林法」修法後，才正式提出，〔註50〕「森林法」提出後，「森林遊樂政策」開
始有明確之方針，使得森林資源運用之轉換成爲可能，且也配合政府日後發
展「觀光業」的政策。

## 二、觀光業的影響

　　臺灣森林資源運用之轉換與觀光事業之興起有相當大的關連，有關政府發
展臺灣觀光之因，可由當時交通部長孫運璿（1913～2006）〔註51〕在制定發展
「觀光條例」第一次聯席會議的開場致詞中看出：「首先到 1968 年爲止，觀光
人數的增加所帶來的外匯收入，佔各項外匯收入之第五位；其次政府過去並未
積極提倡；第三，發展觀光事業可以爲國家帶來可觀的經濟利益。」〔註52〕

　　執是之故，1956 年省政府設立「臺灣省觀光事業委員會」負責統籌觀光
策略方針及各項工作推展，並擬定「臺灣觀光事業三年計畫」（1957～1959）；
1960 年「交通部觀光事業專案小組」改組爲「交通部觀光事業小組」，並在
1961 將「觀光事業四年計畫」，併入「第三期經濟建設四年計畫」。〔註53〕此

---

〔註48〕　張人傑，《臺灣社會生活史》（臺北：稻鄉出版社，2006 年），頁 263。

〔註49〕　《臺灣銀行季刊》，第 32 卷第 3 期，1981 年，頁 256～270。

〔註50〕　《臺灣銀行季刊》，第 32 卷第 3 期，1981 年，頁 256、267～268；陳溪州，〈森
　　　　 林遊樂區發展現況〉，《全國觀光旅行行政會議報告論文集》（臺北：交通部觀
　　　　 光局，1992 年），頁 75～76；張人傑，《臺灣社會生活史》，頁 264。

〔註51〕　孫運璿，1913 年出生於山東，1934 年哈爾濱大學畢業，曾任職青海西寧電廠
　　　　 廠長、臺電機電處處長，臺電總工程師，1967 年擔任交通部長，後任經濟部
　　　　 長、行政院長，1984 年後任總統府資政，2006 年 2 月 15 日病逝於臺北榮民
　　　　 總醫院，享年 93 歲。

〔註52〕　詳見立法院秘書處，《法律專輯第十一輯交通（四）》（臺北：立法院秘書處，
　　　　 1980 年），頁 11～12。

〔註53〕　王鴻楷，《臺灣地區觀光遊憩系統開發計畫》（臺北：交通部觀光局，1992 年），
　　　　 頁 330。

次推動的計劃有：改善入境及機場港口檢查手續、整建風景區及風景區道路、促進投資增建觀光旅館等。〔註54〕1965年的「第四期經濟建設四年計畫」中，對於觀光事業的發展有更進一步的規劃，其計畫方向認為「發展觀光事業，不僅可增加外匯收入，且可增加就業，亦為今後交通運輸發展部門重點發展的項目之一」。〔註55〕

1966年，「臺灣省觀光事業委員會」改組為「臺灣省觀光事業管理局」，並於7月1日納入省政府正規體制；10月，「交通部觀光事業小組」改組為「交通部觀光事業委員會」，而此委員會於1968年擬定「加強發展觀光事業綱要」，加強全面推動觀光事業，此綱要中以擬請行政院成立「觀光政策審議小組」，組織「中華開發公司」〔註56〕，動員政府及民間資金最為重要，後經行政院核定實施，且設立「行政院觀光政策審議小組」。小組成立後，審議「發展觀光條例」，呈送立法院三讀通過。

而在民間部門方面，1956年成立臺灣第一個全面性的觀光組織「觀光協會」，協助宣導觀光政令以及推動國際觀光，〔註57〕由於觀光業已成為政府政策指標之一，一些山林相關限制也開始放寬，如「山地及平地鐵道公路橋樑之攝影管制於1956年10月13日令飭解除，旅行甲乙種山地管制區，除辦理申請入山手續外，照相毋需登記，但不得在山區山地管制區內禁止攝影之地區攝影，而禁止攝影地區之標誌屬於山地管制區者，已設『禁止攝影』的標牌。」〔註58〕至1965年6月1日，政府終放寬入山管制，〔註59〕到了1968年最後修訂的「戒嚴期間臺灣省區山地管制辦法」中，增加了辦理「入山遊覽證」即可進入山地的條件，進入山地從以往辦理公事外，又增添「遊覽」此一項目，而由管制地區攝影的開放以及「遊覽」成為進入山區可申辦項目之一，可見政府對進入山地的限制不似戰後初期10年的嚴格，這對登山愛好者，可算一大福音，綜觀上述諸項觀光業之發展對於登山活動的助益可由此看出。

〔註54〕交通部交通研究所，《中華民國五十年交通年鑑》（臺北：交通部，1962年），頁1。

〔註55〕交通部交通研究所，《中華民國五十四年交通年鑑》（臺北：交通部，1966年），頁1。

〔註56〕係由行政院經濟安定委員會與世界銀行合作推動，配合政府經建政策，並結合民間力量所共同創立的國內第一家民營型態的開發性金融機構。

〔註57〕王鴻楷，《臺灣地區觀光遊憩系統開發計畫》，頁329。

〔註58〕〈放寬攝影限制報安司令部覆觀光會〉，《臺灣山岳》，5、6月號，1957年，頁4。

〔註59〕〈入山管制放寬〉，《臺灣山岳》，7、8月號，1965年，頁10。

　　臺灣觀光建設之發展，與日後國家經濟計劃相當程度的關連性。觀光事業的主要經濟來源就是區域間人口的流動，與此最相關者為運輸系統的建設，包括航空、鐵路以及公路，而與登山活動有密切關聯者為公路建設工程。自 1953 年起，政府即以連續執行經濟建設四年計劃方式，積極從事經濟開發。〔註60〕而自「發展觀光條例」起草後，政府在經濟計劃上，又提出了第五和第六期經濟建設四年計畫以及十項建設計畫。

　　此外，在 1980～1989 年間，在國內外經濟情勢的長期變化中，為繼續維持經濟安定與繁榮，貫徹民生主義均富政策，政府乃研擬「中華民國臺灣經濟建設十年計畫」；〔註61〕而在這十年長期計畫之中，又有中期、實踐性質的中期四年計畫配合，以及自 1984 年 9 月起積極推動的「十四項重要建設計劃」。〔註62〕以上計畫共完成了中山高速公路、北、中、南三條橫貫公路、東部產業道路、西濱縱貫公路、北部第二高速公路等，而「中華民國臺灣經濟建設十年計畫」把國家公園建設、開發風景區、森林遊樂區之闢建納入其中，〔註63〕而「十四項重要建設計劃」中更明確規劃玉山、太魯閣、墾丁、陽明山四個國家公園之建設，〔註64〕可見觀光事業已成為國家重要發展之要項，而與此最相關的橫貫公路系統之建立，也間接輔助戰後登山活動的發展。

## 三、橫貫公路系統之助益

　　交通運輸系統之建立可提供觀光交通之便捷，而在國家整體經濟規劃上，又可促進物流之流暢，無獨有偶，政府在戰後規劃臺灣整體公路設施時不但結合了公路沿途之觀光資源，也促使各登山要道更方便抵達，其中幫助最大者為橫貫公路系統。此橫貫公路系統除提供產業運輸外，沿線皆與國家公園、重要登山要道、保護區相鄰接。〔註65〕

　　首先就中橫而言，中部橫貫公路以臺中東勢鎮為起點，經谷關、梨山、

〔註60〕　行政院國際經濟合作法展委員會，《中華民國第六期臺灣經濟建設四年計畫》（臺北：行政院國際經濟合作法展委員會，1973 年），頁 13。
〔註61〕　行政院經濟建設委員會，《中華民國經濟建設十年計畫（六十九年至七十八年）》（臺北：行政院經濟建設委員會，1980 年），頁 1。
〔註62〕　行政院經濟建設委員會，《十四項重要建設計劃》（臺北：行政院經濟建設委員會，1987 年），頁 1。
〔註63〕　行政院經濟建設委員會，《中華民國經濟建設十年計畫》，頁 106。
〔註64〕　行政院經濟建設委員會，《十四項重要建設計劃（六十九年至七十八年）》，頁 3。
〔註65〕　王鴻楷，《臺灣地區觀光遊憩系統開發計畫》，頁 452。

越合歡山、合流達太魯閣，是爲主線，共 192.6 公里。支線由梨山分岔，折向東北，仍溯大甲溪上行，經環山、勝光達思源啞口後，再循蘭陽溪南下，經四季、土場再連接宜蘭，全長 115.4 公里，主支兩線共 308 公里。﹝註 66﹞中橫公路工程關建需經過高山峻嶺，開拓之艱辛，在《臺灣山岳》有以下之敘述：

> 東西橫貫公路分於花蓮、臺中兩地同時開工，由榮民工程第一、第四兩總隊承建，原訂三年完成，後因東線太魯閣至天祥段，連遭颱風災害，使該段路面、橋樑受創甚鉅因而改線重建。﹝註 67﹞

東線之重建也不易，「東線工程，從太魯閣入山，沿途海拔逐漸升高，至關原一帶達 2,620 公尺，其中合歡山、黑岩山、羊頭山聳立於北，饅頭山、立霧大山排列於南，地形險峻」﹝註 68﹞，此段公路於 1960 年正式全線通車。此外本路段還有兩條支線，分別爲霧社支線與宜蘭支線，又宜蘭支線的棲蘭至梨山段可銜接北部橫貫公路。

　　北部橫貫公路從大溪到復興（角板山）之路段原爲臺車道，在 1952 年全線拓寬爲公路後，1958 年，關路由大漢溪經拉號（今羅浮）、高坡、榮華、蘇樂、巴陵、萱原、四稜、西村入宜蘭縣境越中央山脈分水嶺，經池端迄棲蘭後銜接東西橫貫公路宜蘭支線至宜蘭。﹝註 69﹞而北部、中部橫貫公路原統稱爲「東西橫貫公路」是到 1966 年才分別更名爲北部橫貫公路以及中部橫貫公路。﹝註 70﹞而橫貫公路系統對登山之助益，可從中華民國健行登山會發行會刊《中華登山》論述中看出：

> 早期登大霸尖山，要取道武陵農場，由池有山西鞍下塔克金溪源經巴沙拉雲山到大霸，然後圍路折回，往返要十天才行；登合歡山、石門山，也得耗上一個星期。自從東西橫貫公路通車及省林務局有計畫地開發高山森林資源，修築許多林道，於是許多愛好攀登高山的朋友，得以利用客運班車運輸木材卡車之便，大大地縮短了登山行程，也加速推展了登山運動。﹝註 71﹞

此段文字除了說明橫貫公路之興建對於登山活動有推展之助益外，更描述了

﹝註 66﹞陳俊編著，《臺灣道路發展史》，頁 460〜461；交通部交通研究所，《中華民國五十年交通年鑑》，頁 250。
﹝註 67﹞〈解說橫貫公路〉，《臺灣山岳》，7、8 月號，1960 年，頁 12。
﹝註 68﹞〈解說橫貫公路〉，《臺灣山岳》，7、8 月號，1960 年，頁 12。
﹝註 69﹞陳俊編著，《臺灣道路發展史》，頁 478。
﹝註 70﹞陳俊編著，《臺灣道路發展史》，頁 476。
﹝註 71﹞龔夏權，〈高山林道交通資料〉，《中華登山》，第 49 期，1983 年，頁 41。

將林道與橫貫公路結合之便捷性以及省時性，也再次印證了前文所提林道對
於登山活動的輔助性，而除了北、中橫貫公路外，還有南部橫貫公路之開闢，
同樣也有助於登山活動之進展。

　　南部橫貫公路在開闢前，交通部曾勘查過三條路線，分別為「三地盟（門）
至知本」、「六龜至武陵」，「竹頭崎（北寮附近）至海端」三線。在經濟效益
上，以北寮至海端線之經濟價值較高，惟施工困難，工程費較多，經相關研
究結果，交通部仍採取北寮至海端此線，而所經之地由臺南縣之北寮經高雄
縣之甲仙、美濃、寶來、桃源、復興、梅山，越過海拔近 3,000 公尺的關山埡
口，在經臺東縣所屬之戒茂斯、利稻、霧鹿、嘉寶、新武迄於得高，與花東
公路相銜接。〔註72〕至於南橫公路的施工，《中華登山》也有以下文字記錄：

> 西段開工早東段一年，但工程人員說西段仍比東段晚完成。因西段
> 除炸通岩壁外，一般都以土石或夾雜碎石之腐鬆山坡居多，路基不
> 易底定，每遇大雨即得重新修復。反觀東段雖然落差鉅大，瀑布、
> 溪流紛陳，但硬石表層不易粉碎之變質輝綠岩分布之故，一但路基
> 底定，其有所毀損自屬有限，修護工作節省很多。〔註73〕

北、中、南橫貫公路相繼完成後，政府認為在中部橫貫公路太魯閣出口，與
南部橫貫公路關山出口，相隔 160 公里，而此兩地沿線有花蓮、吉安、壽豐、
鳳林、光復、瑞穗、玉里、富里、池上等鄉鎮，有豐富的資源可利用，因此
由臺灣省公路局規劃開闢新中部橫貫公路。〔註74〕新中橫之開拓與玉山對外
連接有很大助益，因此，路段分成三線，分別為嘉義到玉山、水里到玉山、
玉山到玉里，以嘉義經玉山到玉里為主線，水里到玉山為支線。而從嘉義通
往玉山需經過阿里山，從嘉義通往阿里山的三段道路在 1961 至 1970 年間完
工，〔註75〕即是阿里山公路，嘉義玉山段則完全使用阿里山公路，之後與 1979
年動工之水里玉山線結合，而從玉山到阿里山之公路是從塔塔加鞍部開始，

---

〔註72〕陳俊編著，《臺灣道路發展史》，頁 480；交通部交通研究所，《中華民國五十
　　　　年交通年鑑》，頁 252。

〔註73〕南橫在關山埡口分成東西兩段，西段自臺南縣玉井起至埡口隧道有 112.3 公
　　　　里，東段自臺東縣海端至隧道亦有 70.3 公里見張文溪，〈南部橫貫公路〉，《中
　　　　華登山》：第 7 期，1972 年，頁 16。

〔註74〕陳俊編著，《臺灣道路發展史》，頁 501。

〔註75〕此三條道路分別為：1.自竹崎鄉至番路鄉公與村之道路於 1961～1962 年完
　　　　工；2.自番路鄉大湖往吳鳳鄉之石卓於 1967 年完工；3.達邦石卓公路於 1970
　　　　年完工。

再從塔塔加鞍部接往水里；玉里線因日後開拓計畫需通過玉山國家公園以及中央山脈，因此經過「環境影響評估」，為保持自然原野風貌，遂終止開發。〔註 76〕

　　北中南三橫貫公路與新中橫系統之完成，除便捷臺灣物流與交通外，更提供省時的方式給登山愛好者進入山區攀爬，雖說公路之興建並未以「發展登山活動」為主要指標，但卻間接輔助了登山活動在交通上的便捷性，使得臺灣戰後登山活動進行的時間減少；而前文所述林業發展則提供登山愛好者進入山中助於登頂的路徑，而觀光業的推動則影響「山地管制」的限制逐漸放寬，上述各項皆有助於臺灣戰後登山活動之發展。

## 第三節　國家公園之規劃

　　山地管制是對登山活動的限制，但山區森林資源開發卻間接輔助登山活動的發展，之後政府大力推動觀光業帶動森林資源轉型發展森林遊樂區，包括陽明山、烏來、大霸尖山、鐵鉆山、合歡山、太平山、鯉魚潭、恆春半島、玉山、雪山等地區，接著陽明山、玉山、雪山、合歡山、大霸尖山等區域又被規劃成國家公園，除觀光休憩之外，更增加自然資源生態保護之功效，而國家公園的成立對於登山活動又有何種影響，即是本節欲論述之處。

### 一、臺灣國家公園之起源及立法

　　國家公園（National Park）的概念係發軔於十八世紀以後的美國，它是「地球上較特殊且具代表性的自然樣本區，經由各國政府刻意的保護與經營，以為後世子孫享用的一種自然資源保護體系」。〔註 77〕而世界第一座國家公園，是在 1872 年 3 月 1 日由當時的美國總統格蘭特（Ulysess S.Grant，1822～1885）簽署通過國家公園法案成立的黃石國家公園。〔註 78〕至於臺灣國家公園之規劃，最早始於日治時期之 1937 年，日本政府正式核定大屯、次高、新高阿里

---

〔註 76〕　〈吳伯雄訪談記錄〉，收入於王如華等編撰，《臺灣國家公園史 1900～2000》（臺北：內政部營建署，2002 年），頁 226。

〔註 77〕　林玫君，《從探險到休閒──日治時期臺灣登山活動之歷史圖像》，頁 423；徐國士、黃文卿、游登良，《國家公園概論》（臺北：明文書局，1997 年），頁 20～22。

〔註 78〕　王如華等編撰，《臺灣國家公園史 1900～2000》，頁 56～57。

山三座國立（家）公園的範圍，並提出規劃計畫，惜因太平洋戰爭爆發而暫停，並未具體實施。〔註79〕

　　戰後至 1952 年，「臺灣省風景協會」以「日本政府曾爲臺灣國家公園的設立留下一些資料及基礎」，首先出現設立國家公園的先聲。〔註80〕1956 年因應觀光而成立的「臺灣觀光協會」〔註81〕也建議政府早日規劃、設立國家公園，〔註82〕而聯合國組織也希望臺灣成立國家公園讓各國彼此觀賞。〔註83〕不過政府並未馬上開始設立國家公園，在制定國家公園法上就遇到許多問題。

　　據黃耀雯研究指出，當時內政部對於設立國家公園並未有非常積極之態度，從下表 2 即可看出爲何有此論點出現：

表 2　倡議設國家公園設立及國家公園法制訂過程表

| 時　間 | 倡議團體或人物 | 倡議內容 | 政府態度與回應 |
|---|---|---|---|
| 1952 | 臺灣省風景協會 | 8 月間向內政部提出「選定國家公園建議」萬言書，建議政府頒佈國家公園法，並選定「陽明山」、「雪山及太魯閣」、「玉山及阿里山」三地區爲國家公園。 | 正在忙於戰後經濟重建，對國家公園、甚至觀光事業皆不感興趣，案由內政部交由社會安全制度委員會研究，未有任何結論。 |
| 1955 | 臺灣省風景協會 | 再次向政府建議制頒國家公園法。 | 未有回應 |
| 1956 | 臺灣觀光協會 | 倡導設置國家公園，該協會法規研究委員會主委吳望伋（第一位赴美研習國家公園制度）、葉青（陽明山管理局主任秘書）兩位先生開會研議「國家公園法立法要旨草案」。 | 未有回應 |

〔註79〕 王如華等編撰，《臺灣國家公園史 1900～2000》，頁 59～60；82；林玟君，《從探險到休閒——日治時期臺灣登山活動之歷史圖像》，頁 433～439。
〔註80〕 黃耀雯，《築夢荒野——臺灣國家公園的建置過程》（臺北：稻鄉出版社，2000年），頁 109。
〔註81〕 臺灣觀光協會係財團法人組織，爲非營利目的之公益性社團，由臺灣觀光事業之父游彌堅先生於 1956 年所創立。
〔註82〕 王如華等編撰，《臺灣國家公園史 1900～2000》，頁 60。
〔註83〕 黃耀雯，《築夢荒野——臺灣國家公園的建置過程》，頁 109。

| 時　間 | 倡議團體或人物 | 倡議內容 | 政府態度與回應 |
|---|---|---|---|
| 1957 | 臺灣觀光協會 | 完成「國家公園法立法要旨草案」，建議內政部及臺灣省觀光事業委員會採納參考。 | 未有回應 |
| 1959 | 臺灣省議會會員許振乾 | 在省議會建議政府早日頒佈「公園法」。 | 臺灣省觀光事業委員會於 1959.7.28 邀請內政部、交通部、民政廳、陽明山管理局及臺灣觀光協會舉行國家公園法研議小組會議，將「國家公園法立法原則草案」改名爲「公園法立法原則草案」，公園法包括國家、省、縣市、鄉鎮、私有五種公園，於 1959.9.10 呈報內政部。 |
| 1960 | 聯合國組織 | 兩次函請政府，列報國家公園名單及其說明，以便送交審查委員會審議，再提送聯合國通過後承認。 | 由省觀光事業委員會邀請臺灣觀光協會及有關機關代表和專家開會研討多次，曾將臺灣主要風景區資料寄送聯合國。 |
| 1961 | 臺灣觀光事業小組 | 該小組第五次會議決議「請內政部草擬國家公園法案」。 | 內政部於 1961.4.4 邀集各有關機關，舉行草擬國家公園法草案會議，決定由內政部、交通部、臺灣省觀光事業委員會、臺灣觀光協會、中央委員會第 5 組等，共組專案小組，審定國家公園法草案，並責由內政部負責召集。嗣後，內政部多次舉行專案小組會議，並完成國家公園法草案 12 條。1964 年 8 月送請行政院審議，審查結果略以「本案暫以不利法案爲宜」。 |

| 時　間 | 倡議團體或人物 | 倡議內容 | 政府態度與回應 |
|---|---|---|---|
| 1962 | 交通部觀光事業小組 | 獲美援協助，委託臺灣省公共工程局規劃完成「陽明國家公園計畫」。 | 未有法源依據無從推動。 |
| 1964 | 美國國家公園協會會長（Mr. Harold J Coolige）等三人 | 接受農復會與林務局邀請來臺考察，在臺期間拜會蔣彥士委員，並與林務局局長沈宗銘及游漢廷先生共同談起資源保育及設置國家公園事宜。並致函院長設法保護野生動物。 | 該建議由經核會轉發濃赴會研討辦理，由蔣彥士委員召會研商，建議行政院行政院儘速審查國家公園法草案，並籌設玉山、太魯閣、次高山三處國家公園。 |
| 1965 | 農復會蔣彥士委員 | 建議行政院儘速審查國家公園法草案、並籌設玉山、太魯閣、次高山三處國家公園。 | 內政部門未見積極回應。 |
| 1965 | 美國國家公園專家盧禮先生（Mr. George C.Ruhle） | 費時四個月時間，勘選臺灣可能設置國家公園之地區，撰寫報告建議在玉山、雪山設置國家公園、太魯閣設置國家道路公園，同時也認為政府應該早日頒佈國家公園法。 | 內政部門未見積極回應。 |
| 1965 年底或1966 年初 | 美國國家公園署第二任副署長歐布萊特（Mr.Horace M.Albright） | 建議太魯閣設置國家公園 | 內政部門未見積極回應。 |
| 1966 | 外交部 | 由於國際國家公園委員會主席來訪時，建議儘速完成國家公園法案，爰請照辦。 | 內政部以 1966.11.24 臺內民字第 219999 函呈行政院，再考慮完成立法程序。行政院 1967.1 答覆「交內政部先將第 902 次院會討論時，與會各首長提出之問題，加以研究如何解決」。內政部1967.4.2 函邀楊志偉、黃寶瑜王作民等先生，就臺灣是否有設立國家公園得的條件等交換意見，並邀集各有關機關就政策上集各主管機關立場上再次會商研究。 |

| 時　間 | 倡議團體或人物 | 倡議內容 | 政府態度與回應 |
|---|---|---|---|
| 1968 | 游漢廷先生（時任觀光事業委員） | 積極倡等國家公園事業，擬定國家公園法草案。 | 內政部將該國家公園草案於 1962.2 報行政院，由行政院觀光政策審議小組費驊召集專案小組再審查處理，經行政院 1971.7.19 共召開內政、司法聯席會議 12 次，1972.6.2 完成三讀，總統 1972.6.13 頒布實施。 |

資料來源：黃耀雯，《築夢荒野——臺灣國家公園的建置過程》，頁 110～113。

　　由上表得知，政府在設置國家公園時，並非果決立法建設，而是持觀望態度，或許國際壓力確是促成日後國家公園法立法原因之一，但由於 1952 至 1968 年國家經濟並非處在穩定之年代，發展國家公園對於臺灣之助益多寡，實無法預測；又，國家公園法在提出制訂之後，政府才逐漸重觀光業，觀光業在當時的臺灣是一新興事業，國家公園除保育外，觀光也是一大重點，故在觀光業進入軌道後再訂法規範建設國家公園或許是較穩健之方式。

　　幾經波折，「國家公園法」在 1972 年 6 月 13 日公佈，不過由於當時自然保育觀念未根植以及政府機關未積極展開各項工作，因此並未接著成立國家公園；直到 1979 年「臺灣地區綜合開發計畫」指定玉山、墾丁、大霸尖山、太魯閣、蘇花公路、東部海岸地區為國家公園預訂區域後，才開始有積極作為。一直到 1982 年 9 月 1 日，臺灣第一座國家公園——墾丁國家公園才正式成立，到 1984 年才正式設立墾丁國家公園管理處，〔註84〕國家公園體系才正式在臺灣展開。

## 二、山岳型國家公園

　　臺灣國家公園類型有海岸資源類、山區森林資源類以及離島資源類型，〔註85〕而與登山活動息息相關者，即為山區森林資源類型之國家公園。喜愛登山者較常進入攀爬者為陽明山國家公園、玉山國家公園、太魯閣國

---

〔註84〕王如華等編撰，《臺灣國家公園史 1900～2000》，頁 61～62。
〔註85〕海岸類型有墾丁國家公園；山區森林類型有陽明山國家公園、太魯閣國家公園、雪霸國家公園、棲蘭國家公園；離島類型有金門國家公園、蘭嶼國家公園。

家公園、雪霸國家公園，〔註86〕以下分別介紹這四座國家公園。

### （一）玉山國家公園

　　玉山地區早在日治時期臺灣總督府設立國立公園委員會時，即被指定為「新高阿里山國立公園」預定地，惟當時適值太平洋戰爭爆發，計畫未付諸實現，一切僅止於調查研究。〔註87〕

　　戰後幾近40年，玉山國家公園才於1983年8月14日正式通過計畫，並報請行政院核定後公告實施，核定面積有105,490公頃。從海拔約300公尺的東部拉庫拉庫溪河谷以至最高海拔 3,952 公尺的玉山主峰，涵括各種不同氣象、地質、地形與野生物景觀，並有一條國家第一級古蹟——八通關古道及獨特的布農族高山文化，深具自然與人文特色。其位置處在臺灣的中央地帶，3,000 公尺以上的高峰有 30 座，有玉山諸峰群、秀姑巒山、達芬尖山、馬博拉斯山、新康山等高山，是臺灣首座的山岳型國家公園，也是面積最大的國家公園。〔註88〕（見圖2－5）

### 圖2－5　玉山國家公園區域圖
資料來源：王如華、林茂耀、等編撰，《臺灣國家公園史1900～2000》，頁69。

---

〔註86〕棲蘭國家公園被運用之部份乃森林步道以及森林小屋，以徒步休閒為主，較少登山型態之活動，故不贅述。

〔註87〕王如華等編撰，《臺灣國家公園史1900～2000》，頁68。

〔註88〕王如華、林茂耀、等編撰，《臺灣國家公園史1900～2000》，頁68、97。

## （二）陽明山國家公園

陽明山地區早於 1935 年被日人指定為「大屯國立公園」預定區域，範圍包括觀音山及大屯山一帶地區，後因二次大戰而無進一步發展；戰後至 1963 年交通部前「觀光事業小組」將陽明山公園並同附近之七星山、大屯山及金山、野柳、石門、富貴角等北部濱海地區規劃為「陽明山國家公園」，惟因當時國家公園法尚未公佈，缺乏法律依據而未實施。〔註89〕

至 1982 年中國國民黨十二中全會時，評議委員何應欽（1890～1987）建議將陽明山地區設置國家公園，以保存其優美自然景觀。經行政院指示由內政部研究辦理，經內政部委請專家學者及有關單位組成小組，初步調查發現陽明山、七星山及大屯火山群彙地區面積 10,000 餘公頃，仍具有自然生態景觀之特色，其有較完整火山特性之火山群彙地區，應妥為維護管理，後經行政院第 1979 次院會中指示內部將此 10,000 餘公頃之地區於二年內規劃為陽明山國家公園。1982 年行政院第 1806 次院會核定範圍，由內政部公告自 1985 年 5 月 23 日通過「陽明山國家公園計畫」，並於同年 9 月 1 日起公告實施，9 月 16 日陽明山管理處正式成立，園區面積計 11,456 公頃，分為生態保護區、特別景觀區、遊憩區、一般管制區四種類。〔註90〕

陽明山國家公園雖沒有高聳山峰，但其登山步道的規劃，可讓臺北市區居明體驗登山健走之趣，且也常為北市大學登山社團舉辦活動之優良場所，筆者於大學時期參加之淡江登山社就在陽明山國家公園舉辦過迎新、小型建走、初級嚮導訓練等活動。

## （三）太魯閣國家公園

太魯閣國家公園的規劃設立，肇始於 1937 年日治時期，當時臺灣總督府正式劃設「次高太魯閣國立公園」，面積達 270,000 公頃，範圍包含奇萊山、南湖大山、合歡山、雪山、大霸尖山、立霧溪流域等，後因太平洋戰爭爆發而宣告暫停。戰後直到 1972 年 6 月 13 日「國家公園法」公佈實施，同時並選定「太魯閣國家公園」為第一座國家公園。1979 年行政院核定「臺灣地區綜合開發計畫」，將太魯閣地區、中橫公路、大禹嶺、合歡山及蘇花公路指定為國家公園及國家道路公園。1982 年 5 月 6 日，行政院頒布「觀光資源開發

---

〔註89〕 王如華等編撰，《臺灣國家公園史 1900～2000》，頁 70。
〔註90〕 王如華等編撰，《臺灣國家公園史 1900～2000》，頁 98。

計畫」，指示內政部營建署著手調查規劃太魯閣國家公園。經國家公園計畫委員會審議，於 1984 年 4 月 5 日奉行政院院會審核通過，同年 5 月 20 日公告生效。〔註91〕

　　太魯閣國家公園全區以立霧溪劇烈切割而成之大理石峽谷地形最為奇特。此外東側陡峻垂直高起海面之清水斷崖，以及高山原野地區包含獨特圈谷地形之南湖群峰、斷稜地形之奇萊太魯閣稜脊，及傾斜地形之合歡山群皆涵蓋於區內；園區地處中央山脈北段，地勢南北均高，漸向中央傾降，海拔由立霧溪口之零公尺上升至南湖大山之 3,740 公尺。除東部清水斷崖、立霧溪主支流河谷及平坦河階外，其餘均屬陡峻山地。構成全區主要稜脊有二，皆呈 L 型：其一為奇萊連峰左轉合歡群峰，越大嶼嶺上畢綠山、鈴鳴山，至中央尖山、南湖大山，屬於中央山脈主稜脊，長達 50 公里；其二為奇萊北峰東經盤石山、太魯閣大山、立霧主山、帕托魯山之支稜。全區地形可劃分為中橫公路以北之南湖中央尖山群峰；以南之合歡山及奇萊山群；東南方之三棧溪集水區；以及中橫公路峽谷等四地理分區。〔註92〕

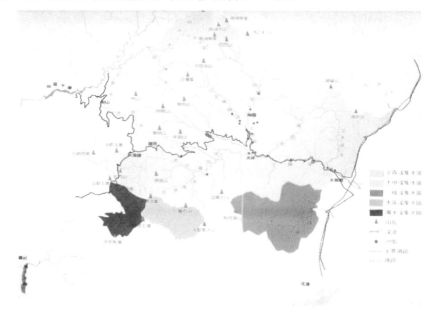

圖 2－6　太魯閣國家公園區域圖

資料來源：內政部，《太魯閣國家公園計畫》，附圖。

〔註91〕　王如華等編撰，《臺灣國家公園史 1900～2000》，頁 102。
〔註92〕　內政部，《太魯閣國家公園計畫》（臺北：內政部，1988 年），頁 1、17。

## （四）雪霸國家公園

　　雪霸國家公園源自於 1979 年 3 月行政院頒布「臺灣地區綜合開發計畫」，建議將玉山、雪山、大霸尖山、太魯閣、蘭嶼、墾丁及南橫等地作為國家公園預定地而開始。直至 1990 年 4 月 19 日，內政部初步決定規劃雪山、大霸尖山為國家公園，並取名為雪霸國家公園，以保護該區自然資源而開創雪霸的生命。1990 年 8 月 15 日，「內政部國家公園計畫委員會」正式通過了「雪霸國家公園」的計畫範圍，地跨新竹、苗栗、臺中縣，面積為 77,600 公頃。至 11 月 14 日，行政院經建會委員會議同意由內政部成立「雪霸國家公園籌備處」，加強規劃和建設雪霸地區迫切需要公共建設。直至 1992 年 2 月 17 日行政院會正式通過成立的雪霸國家公園，面積為 76,850 公頃。同年 3 月，行政院核定「雪霸國家公園計畫」，並於同年 7 月 1 日成立雪霸國家公園管理處，「雪霸國家公園計畫」亦同時公告實施。

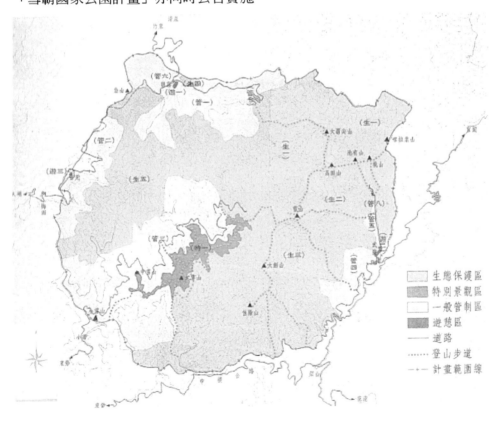

圖 2－7　雪霸國家公園區域圖

資料來源：王如華、林茂耀、等編撰，《臺灣國家公園史 1900～2000》，頁 75。

　　國家公園的建立，除了有環境保育上之意義外，更標示著戰後登山活動逐漸由政府不重視到將其納入到政府之機構、法規（國家公園管理處、國家公園法）下發展，其優劣未可一時判定，但至少可反映政府對此項活動之態度的改變。

　　由本章之論述，可見臺灣戰後登山活動與外在政經環境之間的關係，此關係可分成三個階段，首先是各類山地管制法的頒布、轉變與整合，以「經濟重建」與「政治戒嚴」的因素，造成登山活動受到一定程度的阻礙。其次，政府為重整臺灣戰後經濟，在各山區「設立林場」、「建設三橫公路」、「推動觀光業」除間接的輔助了登山活動之發展，更影響部分「山地管制」地區之開放；最後「山岳型國家公園」的設立，政府在國家公園內設置登山步道，對登山活動的發展由間接輔助轉變為直接建設推動；在經過此三個階段之轉變，戰後登山活動逐漸由沉寂轉向興盛。此為戰後登山活動的發展由沉寂轉為興盛的外在因素，之後本文將從內在因素——戰後首登、山岳組織、登山重要人物三方面來探討。

# 第三章　戰後登山活動之進行與推動

　　政府的「山地管制」法規的制定與實施對戰後臺灣登山活動造成阻礙，不過從臺灣省行政長官公署時期開始的各項「山地管制」法規制定，到最後「戒嚴期間臺灣省區山地管制辦法」完成的期間，政府經濟政策的方針卻無意間輔助了戰後臺灣登山活動之發展，隨時間流變，幫助層面似乎逐漸大於阻礙，而上述轉變過程，可視為戰後臺灣登山活動逐漸興盛的外在環境輔助要件之影響。

　　除外在輔助要件外，登山愛好者的首登開徑以及所留下之記錄，相關組織和人物的提倡與推動皆是相當重要的環節；這些團體與人物除實地完成各項艱困的登山活動外，也運用紙筆、相機、學識構築戰後臺灣登山活動的常態和學術性的知識建構，而這些都使讓戰後登的山活動除動態行動外，在靜態的知識、學術也逐漸完備，讓戰後臺灣登山活動更加完整；而本章則先探討戰後首登以及相關登山機構是如何進行與推動戰後臺灣的登山活動。

## 第一節　戰後各高山之首登

　　前述臺灣地區在戰後初期的登山活動是呈現停滯狀態，〔註1〕在這近 10 年的期間，戰後臺灣登山活動幾乎未有任何進展；不過，自 1951 年首登玉山開始，登山活動開始復甦；〔註2〕要展現此復甦狀態，戰後首登是非常重要之

---

〔註 1〕 譚靜梅，〈光復後臺灣地區登山活動發展過程之研究——以中華民國山岳協會為中心〉，桃園國立體育學院體育研究所碩士論文，1997 年 6 月，頁 16。
〔註 2〕 據邢天正，《臺灣省高山明細表》，收入於《中華山岳》，1、2 月號，1972 年，頁 38；譚靜梅，〈光復後臺灣地區登山活動發展過程之研究——以中華民國山岳協會為中心〉，頁 41～49；李希聖，《臺灣登山史》，頁 1～88，中有關戰後各高山首登之紀錄。

項目，故本節分別以玉山、雪山、中央山脈之首登來探討戰後初期登山活動
之動向。需要說明者乃本文所提及之「首登」，主要依據現有文字之紀錄，但
在這些文字紀錄年代之前的登頂者，則因資料不足而無法判定，日治時期就
有許多首登紀錄，但大多已日人紀錄爲主，本文主要是探討戰後時期，故日
治時期的首登就不多作贅述。

## 一、玉山山脈

玉山山脈東北面通過八通關與中央山脈的最高峰秀姑巒山連接，其向西
北延伸出郡大山以及巒大山兩支稜，西南面隔沙里仙溪、楠梓仙溪在塔塔加
鞍部與阿里山相接，南面則漸沒入嘉南平原，山脈周圍流域則有大甲溪、北
港溪（大肚溪支流烏溪的上源之一）、濁水溪和荖濃溪等（見圖3−1）。〔註3〕

圖3−1　玉山群峰

資料來源：連鋒宗，《臺灣百岳全集──玉山山塊、雪山山脈》（臺北：上河文化，2007
　　　　年），頁28～29。

---

〔註3〕邢天正，《邢天正登山講座》（臺北：戶外生活，1988 年），頁 25；臺灣交通
　　　　出版社，《臺灣區百岳位置圖》（臺北：臺灣交通出版社，2005 年），1：500，
　　　　000；李希聖，《臺灣登山史》，頁6。

　　由登山紀錄所留下之訊息可得知，玉山山脈在戰後初期的登山路線分別有玉山山脈主脊、八通關、南玉山，支稜郡大山和巒大山，此為本部分所要論述之要點。

　　現今則可直接由中橫公路直接通往登山口，但在 1950 年代需「直上陡坡、稜線，羊腸小徑中有許多危橋淺道，走來頗為緊張。」〔註4〕首登玉山的活動主要是由游彌堅（1897～1971）、周延壽、蔡禮樂等人所組成的「中央山脈玉山登山團」所創造，他們於 1951 年 12 月底開始進行，並於 1952 年 1 月成功登頂。〔註5〕完成戰後首登玉山這項紀錄後，又順道登上了玉山北峰，並向北峰測候所（見圖 3－2）的氣象工作人員致敬後結束全部行程。至 1953 年 5 月 21 日，救國團夏季玉山登峰隊先行查勘隊伍第一次東下八通關走陳友蘭溪（經對關），後從東埔下山（見圖 3－3），〔註6〕成為第二批玉山的登峰者。

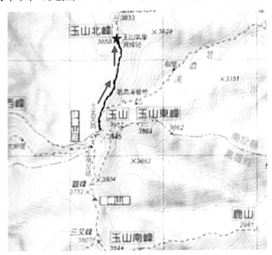

**圖 3－2　1951 年 12 月由玉山主峰上玉山北峰簡圖**

資料來源：連鋒宗，《臺灣百岳全集——玉山山塊、雪山山脈》，頁 29。

說明：黃色星狀為玉山主峰，藍色星狀為玉山北峰，箭頭為行徑方向，已上為筆者所繪。

〔註4〕 李希聖，《臺灣登山史》，頁 8。
〔註5〕 有關此次首登時間點，在刑天正的《臺灣省高山明細表》中所記載為 1952 年，但李希聖之著作《臺灣登山史》、以及林玫君所寫之《臺灣登山一百年》中皆記載是 1951 年，又根據《臺灣山岳》1952 年，4、5 月號第 3 頁的記載，李與林應是引《臺灣山岳》之文，而文中所提及之時間包含 1951 年和 1952 年，時間會有所差異，筆者認為可能刑天正所注重為登頂那一時刻，而後兩者則偏重於起程的時間，本文則採折衷，起迄皆用，因兩者所述皆為事實。
〔註6〕 李希聖，《臺灣登山史》，頁 9。

**圖3-3　1953年5月21日從玉山主峰由八通關沿陳友蘭溪往東埔下山路線圖**

資料來源：連鋒宗，《臺灣百岳全集——玉山山塊、雪山山脈》，頁28～29。

說明：紅色爲路徑，黃色星狀爲玉山主峰，綠色星狀爲對關提示，藍色星狀爲東埔提示，行徑方向爲箭頭所指，以上爲筆者所繪。

　　同年的7月28日，李明輝、李榮顯父子由玉山主峰攀過三岔峰〔註7〕（見圖3-4），首登玉山南峰（見圖3-4）。又有蔡景璋、林文安、李明輝等攀爬郡大山；戰後初期1950～1960年代，要攀爬郡大山與現今差異很大，現今攀爬郡大山有新中橫公路連接郡大林道抵達登山口（見圖3-5），但在1956年時，必需從東埔斷崖向上爬，《臺灣山岳》曾紀錄該次行程曰：「我們不休不憩的前進，山勢越來越險，攀上亭亭的禿頭斷崖，再來一個箭竹叢生的險坡，其山勢之險，攀登之費力，尚屬罕見。」〔註8〕由此可看出當時登山之艱難，對此，李希聖在《臺灣登山史》一書中對於此次登行也打趣談到：「這確是辛苦而又最直接的走法：當郡大林道通行無阻後，再也不會有人這樣硬上了」〔註9〕。

---

〔註7〕　爲玉山主棱和南玉山支稜的分岔點，實爲玉山南峰的肩狀平坦稜。見李希聖，《臺灣登山史》，頁10。

〔註8〕　林文安，〈郡大山——望鄉山縱走記〉，5、6月號，1957年，頁2。

〔註9〕　李希聖，《臺灣登山史》，頁13。

　　郡大山成功登頂後，又過三年，李明輝、陳茂修、陳永年也登上三面斷崖的玉山東峰（見圖3-4），〔註10〕在技術登山不盛行之年代可謂一創舉。到了1962年玉山山脈另一支稜巒大山（現稱西巒大山，見圖3-6）也由林文安一行人成功登頂，接者登山隊伍就進入到南玉山一線。

　　南玉山之行由臺灣岳界先行者之一的邢天正等人首創，但攀爬過程不像前面的行程那樣順利。首先1963年11月以及1965年3月兩次皆因山難而撤退，〔註11〕然後才有邢天正與原住民全日南在1965年11月由東埔入山先上玉山南峰後抵達小南山頂再至南玉山（見圖3-7），成為戰後20年之首登。南玉山首登一個月後，又有蔡景璋、林文安等人，登頂玉山山脈中的廣東丸山、錢頭雁山、魔界腕山、南面山、荖濃山等低於海拔3,000公尺之峰。〔註12〕至此從玉山主峰到荖農山，玉山山脈各主要山頭皆已留下登山者之足跡。

**圖3-4　1953年7月28日玉山經三叉峰到玉山南峰**

資料來源：連鋒宗，《臺灣百岳全集——玉山山塊、雪山山脈》，頁29。

說明：紅色星狀為玉山主峰，黃色星狀為三叉峰，藍色星狀為玉山南峰，綠色為路徑，箭頭為行徑方向，上述為筆者所繪。

---

〔註10〕　李希聖，《臺灣登山史》，頁10。

〔註11〕　兩次山難邢天正都不慎滑落，一次嚴重墜傷不能動彈，第二次不慎滑落100多公尺，幸有冰斧保命。

〔註12〕　林文安，〈玉山山脈縱走記〉，《臺灣山岳》，5、6月號，1966年，頁6～7。

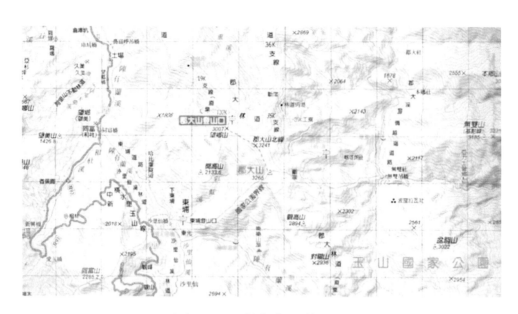

圖 3－5　郡大山及其周圍

資料來源：連鋒宗，《臺灣百岳全集——玉山山塊、雪山山脈》，頁 84。

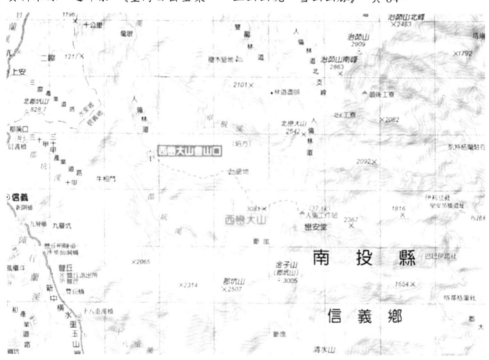

圖 3－6　巒大山（西巒大山）及其周圍圖

資料來源：連鋒宗，《臺灣百岳全集——玉山山塊、雪山山脈》，頁 84

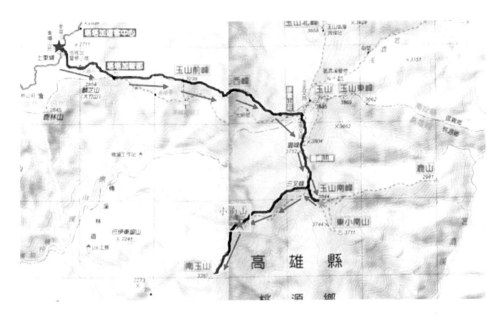

**圖 3－7　1965 年 11 月登南玉山路線圖**

資料來源：連鋒宗，《臺灣百岳全集——玉山山塊、雪山山脈》，頁 28～29。

說明：藍色星狀代表東埔，綠色星狀代表玉山南峰，黃框內紫色星狀代表小南山，黃色星狀代表南玉山，紅線為路線，箭頭為行徑方向，上述為筆者所繪。

## 二、雪山山脈

　　雪山山脈東南隔蘭陽溪與中央山脈相望，雪山是雪山山脈各稜線彙集之中心，其北、東、南面延升出三條支脈，各支脈上的第一座山分別為雪山北峰、雪山東峰以及志佳陽大山，此外，尚有雪山、雪山東峰、雪山南峰、白狗（白姑）大山、大小霸、大雪山、小雪山等山峰。在流域方面，其東北面有與之平行的蘭陽溪，西北側則有塔克金溪，即淡水河主源的大科崁溪之上源，其尾端則是新店溪的源頭，[註13] 此乃雪山山脈大致地勢（見圖 3－8）。

　　雪山在有文字紀錄的首登之前，於 1952 年曾有一次攀登之行，這一次攀登之行雖說未成功登頂，但可從其參與者謝永河巨細靡遺所寫的文章〈次高見聞〉[註14] 中看出當時登山情形。1952 年 4 月，一行人的計畫是從環山過

[註13]　邢天正，《邢天正登山講座》，頁 27；《臺灣區百岳位置圖》，1：500,000；謝文誠，《臺灣百岳全集》（臺北：戶外生活，1978 年），頁 74。

[註14]　謝永河，〈次高見聞〉，《臺灣山岳》，6 月號，1952 年，頁 3～5，；7 月號，1952 年，頁 1～2；8 月號，1952 年，頁 2～3；9 月號，1952 年，頁 2～4；10 月號，1952 年，頁 3～5。

司界蘭溪，上志佳陽大山，再走石溪爬雪山南壁的大斷崖登頂（見圖3－9），
原路出環山後，再由思源埡口，回到宜蘭、臺北。〔註15〕這次登山路程，可
分成兩段來看，第一段是從臺北到環山，第二段則是由環山出發往雪山主峰。
到環山之前，光車程就已耗費掉四天的時間，16日出發要到19日才到環山部
落，相當費時且需要不少車資，而到了環山後，又因氣候以及體力問題無法
完成登頂，〈次高見聞〉有以下的描述：「4個人之中，2個人說太累了」；「風
呼呼，如吼叫般。天氣大變……連無情的雨也到，我們的路惟有一條……後
退而已」。〔註16〕故此次之行，在歷經多天後，被迫放棄，不過日後終就有隊
伍完成了雪山主峰之首登。

**圖3－8　雪山群峰**

資料來源：連鋒宗，《臺灣百岳全集——玉山山塊、雪山山脈》，頁102～103。

---

〔註15〕李希聖，《臺灣登山史》，頁17。

〔註16〕謝永河，〈次高見聞〉，《臺灣山岳》，8月號，1952年，頁2。

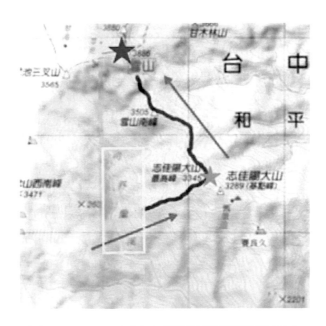

**圖 3－9　1952 年 4 月過司界蘭溪登雪山**

資料來源：連鋒宗，《臺灣百岳全集——玉山山塊、雪山山脈》，頁 103。

說明：綠色星狀為佳陽大山，藍色星狀為雪山，黃色框為司界蘭溪紅色為路徑箭頭為
　　　簡易路徑方向，上述為筆者所繪。

　　1954 年 8 月 29 日，林秀格等人以及四位原住民嚮導依據 1942 年出版的
《臺灣鐵道旅行案內》，由南山出發經過森林與草原交會地帶後再沿七家灣溪
上雪山登頂成功（見圖 3－10）。﹝註 17﹞兩年後的 8 月，林文安、李明輝、李
榮顯、王登火則沿八仙山林場之伐木索道成功首登了白姑大山，同一時間也
有另一支隊伍首登志佳陽大山。﹝註 18﹞1957 年 6 月，中國青年登山協會組成
「大霸尖山登峰隊」攀登雪山，不過由於紀錄並不詳細，故岳界並不認定其
為首登。同年底謝永河、蔡禮樂等人欲攀登大雪山，但因風雨之故在往中雪
山的路上就撤退。

---

﹝註 17﹞　臺灣省體育會山岳協會，〈橫斷中央山脈卑阿南鞍部並登次高山記〉，《臺灣山
　　　　　岳》，3、4 月號，1955 年，頁 5～6。
﹝註 18﹞　李希聖，《臺灣登山史》，頁 20～22。

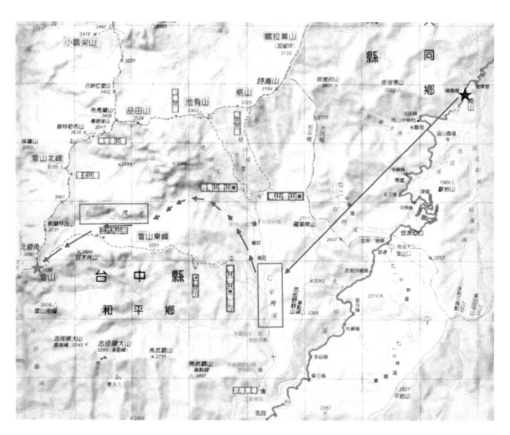

**圖 3-10　1954 年 8 月 29 日由南山沿七家灣溪上雪山簡示圖**

資料來源：連鋒宗，《臺灣百岳全集——玉山山塊、雪山山脈》，頁 103。

說明：藍色星狀爲南山，箭頭方向爲簡易標示行徑方向，綠色星狀爲雪山，爲筆者
　　　所繪。

　　至 1959 年則是雪山山脈之攀登活動特別活躍的年份。首先是在 3 月，由
李明輝、邢天正、蔡景璋等人以及多位原住民，以木材爲便梯成功登頂大霸
尖山；其次是 5 月，謝永河、林文安、何張明儀由達見過大甲溪沿宇羅尾山、
唐宇山之稜線上行，以「獵路」登頂大雪山，到了 10 月，林文安等一行人與
原住民劉義雄、林正義、連福來、王忠信、王重信、李發進等，沿防火路登
頂大劍山。〔註 19〕

　　翌年（1960）李明輝、李榮顯父子和張賀貴、林義石由南山村出發，一
口氣走完喀拉葉山、詩倫山、桃山以及池有山；二年後的 8 月，林文安陪日

<hr />

〔註 19〕李希聖，《臺灣登山史》，頁 23～29。

本秋田大學訪華登山隊以及廖勝國「打破過去由竹東登大霸的慣常走法，改由桃山經品田到大霸，再折回由布秀蘭到雪山」，形成日後風行多年的「Y字型大縱走」熱門路線（見圖3－11）。〔註20〕到了1965年，邢天正、丁同三二人僱用原住民黃金旺、彭雄芳完成了由雪山到大雪山這一段之路程。時間又經過六載，邢天正、林文安、丁同三與東埔原住民伍萬生完成了白姑大山東西峰的首登，至此雪山山脈的主峰、志佳陽大山、聖稜、西南主稜、東北主稜、大劍主稜、白姑大山之首登宣告完成，不過雪山山脈還有未首登之山峰，那就是位於大霸尖山的東稜的一列崇山峻嶺的峰頂，原岳友稱其「中霸尖山」，後林文安反因其位置在「東」且山勢可稱「霸」，故將其命名為「東霸尖山」，並於1973年和丁同三以及原住民王天定以及伍文化首登，〔註21〕至此雪山山脈全山系的首登才算真正完成。

**圖3－11　1962年8月Y字型大縱走路線**

資料來源：連鋒宗，《臺灣百岳全集——玉山山塊、雪山山脈》，頁103。

說明：星狀代表各山峰，路線與行徑箭頭為筆者所繪。

---

〔註20〕李希聖，《臺灣登山史》，頁29。

〔註21〕林文安，〈東霸尖山——兼作基那吉山・西那吉山縱走〉，《中華山岳》，第3卷第4期，1974年，頁12。

## 三、中央山脈

中央山脈北起宜蘭縣蘇澳以南的烏岩角，南至恆春鵝鑾鼻，西邊有宜蘭溪、大甲溪、北港溪、濁水溪、荖農溪與雪山山脈、玉山山脈為界，東以花東縱谷與海岸山脈分開，山勢陡峻，高峰特多。〔註22〕

此山脈有地質與地形上的界限，〔註23〕不過臺灣登山界大都是依 1971 年臺灣省體育會山岳協會所舉辦的中央山脈大縱走，將此山脈分為南一、二、三段和北一、二、三段。〔註24〕北段三部份由北而南分別為北一段南湖大山（最北為審馬陣山）到畢祿山（見附圖 1），北二段為合歡山到奇萊主山（見附圖 2），北三段能高山到安東軍山（見附圖 3）；南段三部份由南到北分別是南一段卑南主山到關山（見附圖 4），南二段向陽山到南大水窟山（見附圖 5），南三段秀姑巒山到關門山（見附圖 6），〔註25〕各段間分界點如下，北一段與北二段之間的分界為「死亡稜線」〔註26〕。北二段與北三段的分界是中橫的合歡埡口，也就是「大禹嶺」；北三段與南三段的分界為七彩湖，南三段與南二段的分界是秀姑坪，最後南二段與南一段的分界點則是關山埡口。〔註27〕不過在首登期間 1971 年以前，尚未有以上之分段，若以此分段作為論述依據，則在歷史時段上不符，先論此分段是先說明現今岳界對中央山脈除自然分界之外的認識。

自 1953 年年初開始，登山活動開始進入了中央山脈山區。此次的成員有謝永河、李明輝、李顯榮、李德芳、葉茂盛、簡進添、王燈火等人，他們在元旦先搭臺電專車由臺中到霧社，然後雇用原住民沈敏恩、劉奇山幫忙背負行李，之後入宿飯店，次日行經天池保線所，第三天 8 點出發，終在 12 點的時候成功登頂能高主山。兩年後，林文安一行人〔註28〕來到了大武山（見圖 3－12），「大武山，巍峨聳立於臺灣南端，稱雄臺灣五岳之一……散居周邊的

---

〔註22〕 邢天正，《邢天正登山講座》，頁 27；李希聖，《臺灣登山史》，頁 32。
〔註23〕 地質上是從八通關，通過秀姑巒山與馬博拉斯山的秀馬鞍部的「玉山橫斷層」為南北界限；地形上由北到南分為「三星階段山地」、「南湖山塊」、「能高干卓萬山塊」、「關山山塊」和「大武地壘」。
〔註24〕 林文安，〈尖山——雲峰縱走〉，《臺灣山岳》，7、8 月號，1971 年，頁 2～3。
〔註25〕 邢天正，《邢天正登山講座》，頁 57～82。
〔註26〕 由中央尖山至中央尖西峰的稜線，由於此地帶過於危險固有此稱。
〔註27〕 淡江登山社，《90 初嚐講義》（臺北：淡江登山社，2001 年），頁 61。
〔註28〕 成員有謝永河、蔡景璋、李明輝、李榮顯、簡進添、王燈火、黃共芳，其中謝永河因第一天無法順利找到原住民做協力嚮導，怕耽誤預定行程，後退出自行回臺北。

排灣族視之為靈山，他們以為祖先靈魂宿之山頂，是以成為信仰的中心。」〔註29〕而此次路程除了是戰後首登外，也是由潮州縱走南北大武山的首開紀錄。接著 1956 年「南臺首嶽」關山也首登成功，又過一年，來到 1957 年，蔡禮樂、陳榮勾、林榮火、林漳州、王登火、樊夢晉、謝永河一行人欲登奇萊山，不過途中只登頂合歡山及合歡東峰，後因天氣狀況不佳以及成員多人發起高山病，故只好撤退。〔註30〕

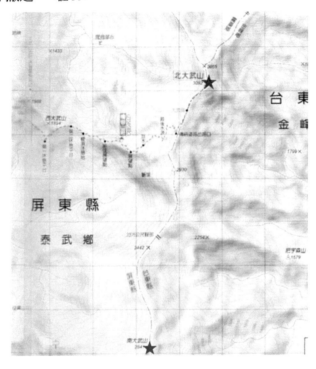

圖 3-12　南北大武山

資料來源：連鋒宗，《臺灣百岳全集——中央山脈南段》（臺北：上河文化，2007 年），
　　　　　頁 261。

　　登山活動在中央山脈山區之登行方式，除單峰攻頂式，也開始有了放射式登山以及連峰縱走的形式出現。1957 年，林文安、蔡景璋等人因原住民不願意以「連峰縱走」方式登中央尖以及南湖大山，於是此行分別在 8 月 5 日

〔註29〕謝永河，〈登「合歡山」與「奇萊山」〉，《臺灣山岳》，1、2 月號，1957 年，
　　　　頁 1～3。
〔註30〕林文安，〈郡大山——望鄉山縱走記〉，《臺灣山岳》，5、6 月號，1957 年，頁
　　　　2。

先於中央尖溪一處草寮邊設營，6 日再輕裝沿中央尖溪上行首登中央尖山，7
日又翻上南湖大山南峰西稜在南湖圈谷設營，然後隔天攻上了南湖大山山
頂、南湖南峰和東峰，之後返回圈谷（見圖 3－13），完成此次之行。〔註 31〕
由於前次未能成功攀登上奇萊山，1958 年 7 月 3 日，蔡景璋、林文安等人又
再一次前往天池保線所，這次終於成功登上奇萊主山，而回天池保線所後，
隔天林文安和蔡景璋又登上了能高主山。1959 年 11 月，李明輝、李榮顯父子
則和邢天正、陳永年完成秀姑巒大山和大水窟山的首登，年底 12 月 16 日到
25 日，則將奇萊、合歡一帶正式走通，〔註 32〕不過由於中央山脈高峰甚多，
所以至此，離中央山脈全山系首登之完成還需要一段時間。

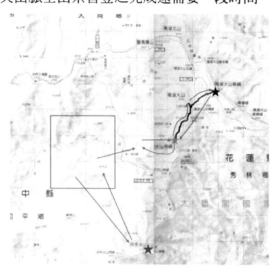

圖 3－13　　1957 年 8 月放射登中央尖山與南湖大山

資料來源：連鋒宗，《臺灣百岳全集——中央山脈北段》（臺北：上河文化，2007 年），
　　　　　頁 26～27。

說明：草寮與南湖大山南峰西稜位置過於廣泛，所以將其框出範圍，箭頭爲攀登簡示
　　　，以上爲筆者所繪。

　　1960 年在中央山脈總共有三次首登紀錄，1 月 3 日，林文安與蔡景璋雇
用原住民由卓鹿走八通關登大水窟山後，登頂了馬博拉斯山（見圖 3－14）。〔註
33〕隔日另一支由陳茂修、陳國家等人所組成的隊伍，由南湖大山下太平山途

---

〔註 31〕謝永河，〈南湖大山——縱走——中央尖山〉，《臺灣山岳》，3、4 月號，1960
　　　　年，頁 6～11。

〔註 32〕李希聖，《臺灣登山史》，頁 37、47、54。

〔註 33〕林文安，〈秀姑巒山縱走記〉，《臺灣山岳》，7、8 月號，1960 年，頁 1～6。

中首次登頂了拖拔諾府山。〔註34〕最後是在 3 月 18 日到 28 日，從無明山直
走至合歡山的隊伍，〔註35〕由於當時由任何方向進入無明山區都要三天以上
的時間，〔註36〕所以此山區勘稱「偏遠之路」，一路上除了「上中央尖山和無
明山有半天是在稜線上以外，大都在急流、斷崖、山溝、險坡」〔註37〕等路
段中摸索，也因路途艱險，最後成功登頂者只有李明輝、邢天正、巫澄安以
及三名被雇用的原住民。

**圖 3－14　1960 年 1 月卓鹿走八通關登大水窟山上馬博拉斯山**

資料來源：連鋒宗，《臺灣百岳全集──中央山脈北南段》（臺北：上河文化，2007
　　　　　年），頁 124～125。

說明：卓鹿由於行政區位太小，地圖無標示，但其在秀姑巒溪流域附近，故筆者以黃
　　　匡訂出秀姑巒溪流域說明卓鹿大致方向與位置，而文字描述只寫八通關，但不
　　　知是清代還是日治時期的八通關古道，且當時此二時代之古道尚未被考察出，
　　　且由現今地圖來看，兩者皆可接到通往大水窟山的稜線，故圖中兩者皆標示出
　　　來，最後藍色星狀代表大水窟山，紅色星狀代表馬博拉斯山。

〔註34〕李希聖，《臺灣登山史》，頁83。
〔註35〕這支隊伍領隊是李明輝，成員有邢天正、劉茂源、陳進財、李榮現、何張明
　　　　儀、連祥源、傅維朗、高碧霞、黃金松、陳嘉上、顏詠文、巫澄安、游成隆、
　　　　周延旺以及難山村長林市義以下的原住民十五人。
〔註36〕李希聖，《臺灣登山史》，頁48。
〔註37〕李希聖，《臺灣登山史》，頁48。

　　1961 年 2 月，蔡景璋、林文安、李敏雄、陳榮鈞四人雇用三位原住民，從萬大花三天時間走到干卓萬山西北 2500 多公尺處，後因天氣惡劣而被退回，並未成功登頂干卓萬山。之後同隊人馬（除雇用原住民不同外）又在 12 月 30 日到 1962 年 1 月 7 日再次從萬大入山，最後成功登頂干卓萬山。〔註38〕從 1962 年初首登干卓萬山開始，中央山脈各山系的首登之行也於焉展開，首先是在 2 月，謝永河、蔡景璋、林文安等人與被雇用的櫻社原住民，從大禹嶺沿日治時期警備道路經黑岩山首登畢祿山頂（見圖 3－15）。接著是在 7 月，中國青年登山協會的隊伍從東埔入山，除首登南大水窟山與北面山（見圖 3－16）外，也走通了秀姑巒與八通關這條路線。到了 10 月 20 日，蔡景璋、劉瑞安、黃鑫羽、沈送來、林天祥先花三天的車程由臺北到花蓮，之後乘林務局專車到嵐山林場，坐纜車接上嵐山森林鐵路，之後穿越原始森林，登上立霧主山以及太魯閣大山，之後由天祥出山。〔註39〕最後在該年年底，由林文安提出計畫與當時在丹大林區進行伐木的振昌木材公司聯絡，預計於 12 月 30 日進行丹大橫斷之山峰攀爬，而這也是戰後第一次進入丹大橫斷山區之隊伍〔註40〕，不過此次之行，只攻頂關門山和大石公山，之後因天氣甚差，且下有如拇指般大之冰雹，原住民又不肯繼續往前行進，故只好中止丹大之行，回程再經過三日，終於在 1963 年 1 月 5 日由水里走出。〔註41〕

〔註38〕 林文安，〈卓社大山干卓萬山縱走〉，《臺灣山岳》，4 月號，1964 年，頁 7～9。

〔註39〕 蔡景璋，〈「太魯閣大山」縱走記〉，《臺灣山岳》，11、12 月號，1962 年，頁 6 ～9。

〔註40〕 除林文安之外，還包括謝永河、刑天正、蔡景璋、林天祥、鄭健次以及地利村原住民青年全富源等五人。

〔註41〕 李希聖，《臺灣登山史》，頁 50、57、72。

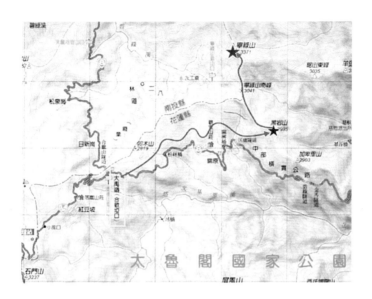

**圖 3－15　1962 年 2 月大禹嶺經黑岩山登畢祿山**

資料來源：連鋒宗，《臺灣百岳全集——中央山脈北段》，頁 196。

說明：從大禹嶺到黑岩山的路段，所標示為行走方向，黑岩山到畢祿山的路徑則沿稜線為筆者所繪。

**圖 3－16　1962 年 7 月由東埔入山首登北面山和南大水窟山**

資料來源：連鋒宗，《臺灣百岳全集——中央山脈北南段》，頁 124～125。

說明：藍色星狀為北面山，紅色星狀為南大水窟山以及行徑方向為筆者所繪。

1963 年 10 月 25 日，蔡景璋、林文安、林天祥、黃螽羽與櫻社四位原住民再次進入干卓山區，行程第三天，一行人成功攻頂卓社大山，第六天又成功攻頂南干卓萬山，也就是現在所謂的「牧山」。隔月的 24 日，邢天正單獨一人僱用東埔原住民伍明山，從 11 月 24 日到 12 月 1 日，「由東埔越郡大山東稜，經過無雙吊橋反登無雙山，再經欅山、本鄉山到東郡大山最後再登宇達佩山（烏達佩山）、東巒大山。」〔註42〕（見圖 3-17）而此行也有新的發現，一些山友認為東郡大山沒有三角點，故不願與邢天正同行，不過空言不如實做，邢天正在東郡大山上，意外的發現了一顆一等三角點和一顆森林三角點。

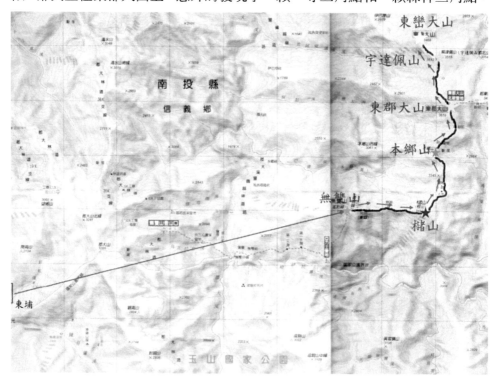

**圖 3-17　1963 年 11 月 24 日到 12 月 1 日從東埔到東巒大山**

資料來源：連鋒宗，《臺灣百岳全集——中央山脈北南段》，頁 62～63。

說明：路徑、方向、星狀物為筆者所繪。

1964 年 5 月 24 日，邢天正原本計畫從南大水窟山縱走到卑南主山，但是因為氣候不佳的因素，因此只登上南大水窟山、北面山、達分尖山，以及一座

---

〔註42〕李希聖，《臺灣登山史》，頁 73。

無三角點標高 3,240 的山峰，而路途也不順利，原預計要走上三叉山的稜線，但卻在雨中錯過，走上布拉克桑山的支稜，後又改走獵路，最後終於看見塔關山，不過之後道路還是不明，最後才從塔關山至唯金溪一帶山坡闖出，之後走到梅山，再走到六龜，之後再從六龜搭車下山。7 月 7 日到 17 日，由中國青年山協的葉錦文領隊，與鄭武揚、劉宏宗、范永吉組成「深山探險北隊」由四季上稜直登南湖北山，再從南湖南山下溯中央尖溪再登中央尖山。〔註 43〕

　　1965 年，由蔡景璋、林文安等一行人，與卓麓社四位原住民組成的登山隊伍進入了新康山（日治時期稱新關山）〔註 44〕區，時間是在 8 月 5 日至 8 月 13 日，此次行程除了在第 4 天（8 月 11 日）的傍晚成功登頂外，還發現了一座尚未命名的山峰，《臺灣山岳》中曾有這樣記載：「經過 1 小時又半，才爬上 3440 公尺峰，此峰恰在三叉山與向陽山當中，係一美麗的獨立岩峰，然而一直未被岳友們青睞取個芳名，爲之我們心裏不平，遂將此山命名爲『向陽山北峰』」〔註 45〕。9 月 24 日到 10 月 5 日，邢天正、丁同三、林錫鯨和原住民胡發章、邱阿忠從利稻上山，一路順利登向陽山、三叉山、轆轆山、達芬山以及達芬尖山，10 月 24 日，邢天正又隻身與利稻社原住民邱明輝從海端入山，首登布拉克桑山。〔註 46〕

　　1966 年 4 月 24 日到 5 月 9 日，邢天正與原住民全桂林、王賜福首登了內嶺爾山，9 月 24 日到 10 月 4 日，與 1965 年首登布拉克桑山同樣的隊伍（但雇用的原住民由胡發章、邱阿忠改爲鐘古昌和葉雙喜）從合歡山入山，經過奇萊北峰順稜而下，途中經過石門山、合歡山東峰，途中因嚴重缺水，所以只有丁同三和林錫鯨登奇萊主峰最後登上了太魯閣大山，此次行程困難重重，除缺水外，一開始還因「箭竹太密、稜線和路線不明、獵路十分凌亂」的情況下找尋登山之路，不過行程最後還算順利，10 月 4 日順利沿已廢棄的嵐山索道下山。〔註 47〕同年，邢天正又分別在 10 月 27、28 日與 11 月 25 日分別首登了馬西山、布干山和駒盆山〔註 48〕。

〔註 43〕李希聖，《臺灣登山史》，頁 53、57。

〔註 44〕見謝文誠，《臺灣百岳全集》，頁 388。

〔註 45〕林文安，〈新關山──向陽山縱走〉，《臺灣山岳》，11、12 月號，1965 年，頁 7。

〔註 46〕李希聖，《臺灣登山史》，頁 60、81。

〔註 47〕李希聖，《臺灣登山史》，頁 70、76。

〔註 48〕邢天正，〈臺灣省高山明細表〉，《中華山岳》，第 2 卷第 6 期，1973 年，頁 25。

　　1967 到 1968 年，邢天正和丁同三的首登歷程皆相當豐富，首先在 3 月時由梅山利用獵路成功登頂庫哈諾辛山，〔註49〕8 月為慶祝邢天正完成攀登臺灣 3,000 公尺以上的高山，舉行西合歡山探查行，成功登頂西合歡山，〔註50〕到了 9 月，邢天正又計畫由大禹嶺反向縱走，成員中的丁同三與林錫鯨走了人代山和閂山，而邢天正則和原住民葉雙喜、鐘古昌登鈴鳴山和一無名山峰（即現在的甘薯峰）。〔註51〕隔年兩人又和高志鵬等人於 7 月 6 日成功登頂巴沙灣山。〔註52〕

　　至 1969 年在 1 月 14 日，林文安單獨完成羊頭山首登，〔註53〕至 2 月份，從 16 日到 27 日，林文安、蔡景璋等人僱用原住民伍萬生、全朝琴、司樂、柯清順等人來到因八通關越嶺道年久荒廢而出入不便的尖山、塔芬山、轆轆山、南雙頭山和雲峰，原本預計路線是登完雲峰後，繼續往玉穗山登行，但是因為在雲峰西稜迷失山徑，且氣候狀況不良，因此最後討論決定更改行程，不攀登玉穗山，先找到正確山徑為主，最後此行終於還是平安的從梅山走出。〔註54〕之後在 7 月，邢天正從喀西帕南至東巒大山，走過有名山峰達 33 座並遠達阿屘那來山，〔註55〕此次行程以〈盤旋西越問東巒〉〔註56〕為篇名刊載在《臺灣山岳》上，完整紀錄這次的登山過程。

　　1970 年 4 月 10 日到 17 日，邢天正與張任生和東埔原住民伍勝美、全桂林在登完中央山脈主脊高山後，又往分稜首登當擴山群峰以及馬利文路山北峰，隔一個月，林文安與蔡景璋與卓溪村原住民田金石、陳進賢、陳家成首登關門北山，〔註57〕1971 年馬比杉山首登成功，到 1973 年玉穗山也被成功首登，〔註58〕至此中央山脈全山系首登終告完成。

　　高山首登活動之完成，展現戰後登山活動發展中的「活動要素」，而登山

〔註49〕邢天正，〈臺灣省高山明細表〉，《中華山岳》，第 3 卷第 2 期，1974 年，頁 27。
〔註50〕《臺灣山岳》，（臺灣省體育會山岳協會），1、2 月號，1968 年，頁 7。
〔註51〕李希聖，《臺灣登山史》，頁 53。
〔註52〕李希聖，《臺灣登山史》，頁 84。
〔註53〕邢天正曾在 1962 年曾到過羊頭山，不過那時正逢大霧，且山頭過小，故未辨認該山且也未注意是否有三角點。
〔註54〕林文安，〈尖山──雲峰縱走〉，《臺灣山岳》，7、8 月號，1969 年，頁 2～7。
〔註55〕李希聖，《臺灣登山史》，頁 77。
〔註56〕這份報導分成 10 個部份從《臺灣山岳》，1969 年 9、10 月號到 1971 年 5、6 月號。
〔註57〕李希聖，《臺灣登山史》，頁 80。
〔註58〕李希聖，《臺灣登山史》，頁 80、83、85。

活動的發展，除登山活動的成果外，如何帶動也是研究「戰後臺灣登山活動」不可缺少的重點之一，以下本文將探討帶動「戰後臺灣登山活動」的山岳組織。

# 第二節　山岳協會的成立與貢獻

從 1951 年開始，陸續有高山首登紀錄的出現，到 1973 年，臺灣高山在喜愛登山人士的攀爬以及文筆下留下不少珍貴的記錄，而這記錄若只做爲個人收藏，將使後人無法了解戰後登山活動的情況。許多岳友擁有無私的心及愛山的情，於是將這些記錄發表在山岳協會的會刊上，使後人能了解當時登山的情況。由於山岳協會除文字刊載外，對登山活動的推行更是不遺餘力，故本節即以山岳協會爲中心來論述該機構的演變及對戰後臺灣登山史的貢獻與影響。

## 一、臺灣省體育會山岳協會

戰後迄今成立的山岳組織與社團不少，但在戰後初期的山岳組織中，最早成立並發行會刊者，就是「臺灣省體育會山岳協會」，雖說這是到 1950 年才出現的團體，不過此會是從日治時期的「臺灣山岳會」傳承轉變而來，且保留了從 1926 年來，臺灣山岳會所留下的登山資料，對於戰後登山活動有不小的貢獻，故本節以「臺灣省體育會山岳協會」做爲此篇討論的開始。

有關日治時期「臺灣山岳會」的情況，本文第一章已有討論，故不贅言。由於該團體在戰前曾留下了不少山岳資料、圖冊、財產，〔註 59〕是以戰後若無人加以管理導致遺失，對於臺灣登山史將會是相當大的損失。對此，臺灣山岳會在 1946 年 5 月 4 日在榮町明華會館召開改組討論會，說明當時所面臨之情況與日後推進的辦法。18 日，在艋舺信用組合召開委員會，日後成爲臺灣省體育會山岳協會第一任會長的周延壽爲負責人，並於 26 日舉辦戰後首登觀音山的活動，最後於 8 月 30 日在中山堂國際聯誼社舉辦「臺灣山岳會成立大會」。〔註 60〕臺灣山岳會在改組後，以臺灣人士爲主體。甫接手繼續運作的臺灣山岳會，大多承自日治時期遺留下來的知識與技術，但只在星期假日辦

---

〔註 59〕 譚靜梅，〈光復後臺灣地區登山活動發展過程之研究——以中華民國山岳協會爲中心〉，頁 16～17；林玫君，《臺灣登山 100 年》，頁 88。

〔註 60〕 〈臺灣山岳會開改組討論會〉，《民報》，第 208 號，1946 年 5 月 6 日；〈省垣雜訊〉，《民報》，第 220 號，1946 年 5 月 18 號；〈臺灣山岳會開成立大會〉，第 400 號，1946 年 8 月 30 號。

理臺北的郊山活動，與過去的風光情景差距甚大，〔註61〕此外，還有「臺灣省行政長官公署」頒布的「平地人民進入山區管制辦法」，再加上此時社會、經濟態勢不穩定，因此無法進行高山登山活動。

「臺灣山岳會」在改組後只維持三年，發揮的功效有限，到1950年，在「臺灣省體育會」理事長王成章與「臺灣省教育會」理事長游彌堅〔註62〕的指導下，於5月10日改組為隸屬於「臺灣省體育會」底下的「臺灣省體育會山岳協會」，第一任會長還是由周延壽擔任。並於1952年4月1日發行會刊《臺灣山岳》。〔註63〕《臺灣山岳》可說是戰後第一份有關登山活動的重要刊物，其內容包括專論、登山記錄、隨筆、小說、小評、娛樂以及臺灣省體育會山岳協會的會務報告，〔註64〕由於這份刊物的刊行，使得日後愛好登山者或想要了解戰後臺灣登山活動發展者，都可經由《臺灣山岳》獲得充分了解。

「臺灣山岳會」重組到「臺灣省體育會」底下，成為「臺灣省體育會山岳協會」後，可算是在政府指導下的組織，政治意味較之前「臺灣山岳會」濃厚，如其會長周延壽曾任臺北參議會會長，主要贊助成員游彌堅又曾是臺北市市長，雖說兩者皆不是現職，但他們的社會地位還是具有一定的影響力。除領導、指導人物本身外，據周延壽在《臺灣山岳》所刊載〈本會的使命〉中所述：「……登山活動不僅是得以鍛鍊強壯的體格而且其運動的結果，也可以養成團結、互相親睦互相扶住的美德，這種美德是三民主義的理想，也是

---

〔註61〕林玫君，《臺灣登山一百年》，頁89。

〔註62〕原名柏，臺北人，1927年畢業於日本大學後，赴中國大陸，改名彌堅。北伐後，因著名軍事學家蔣百里介紹，擔任中央軍校少校政治教官。九一八事變發生，國際聯盟出面調查，他應政府首席代表顧維鈞之邀擔任祕書，其後轉任駐法公使館祕書。1933年任財政部稅警總團軍需處長，繼於湖南省財政廳任職。1941年參加臺灣革命同盟會的成立工作，1943年擔任臺灣設計委員會委員。抗戰勝利後，擔任臺灣區財政金融特派員，1946年接任臺北市市長，次年兼任臺灣省教育會首任理事長，並獲選國民大會代表。1950年辭卸臺北市長，1954年代表中華民國出席聯合國教科文會議，返國後，轉向工商業發展，先後擔任臺灣紙業公司董事長、泰安產物保險公司董事長等職。游彌堅致力於國語運動，曾擔任《國語日報》董事長。在社會工作方面，擔任臺北仁濟院董事長、世界紅十字會臺灣分會長、國際扶輪社臺港澳區總監督、臺灣觀光協會會長等職。

〔註63〕譚靜梅，〈光復後臺灣地區登山活動發展過程之研究——以中華民國山岳協會為中心〉，頁17～19；林玫君，《臺灣登山一百年》，頁89。

〔註64〕臺灣省體育會山岳協會，〈發刊辭〉，《臺灣山岳》，4月號，1952年，頁1。

我國國民必須具有的道德」〔註65〕；蔡禮樂在〈本會之宗旨與責任〉中也談到「我們在面臨反攻大陸，重整舊山河並建設新臺灣之途徑上，對國民健康方面尤需注意，使國民運動的目的有趨向，為切實此向目的，在省體育會下組織山岳協會」〔註66〕，更可看出其政治性。不過戰後登山活動發展或許因為這種特質，也可避免部分政治因素上的阻礙。〔註67〕

　　臺灣省體育會山岳協會在成立後，對於戰後登山活動的發展有逐漸復甦的推力，除了海拔 3,000 公尺以上的高山登行外，對於一般性郊山路線活動也積極推行，協會會刊《臺灣山岳》每期都會刊登該月的登山計劃表，以 1952 年 4 月份到 7 月份為例，幾乎每個星期都會舉辦郊山活動，有時同一星期會有二到三種路線規劃，如 4 月 13 日開「鳳髻尖」和「和尚鵠」兩個隊伍，5 月 11 日則開「德篙嶺」、「石筍尖」、「獵狸尖」三支隊伍，而計劃表會公佈集合時間、路程長度以及帶領隊伍的引導者。此外，還會有對登山路線的解說，如 7 月份就有對當月預訂計劃路線的二格山、筆架山、日月洞、50 公里登山比賽大會、五指山、竹崙山、雞罩山作路徑解說，〔註68〕而未做解說的郊山路線，大都已有遊記記錄刊登，這些對帶動大眾登山活動而言可謂有非常大的助力。

　　除規劃郊山路線帶動大眾登山外，臺灣省體育會山岳協會登山組也探勘許多新的郊山路線，並將探勘報導刊登在《臺灣山岳》上，到 1962 年為止，已探勘出 78 條新的郊山路線，且陸續增加中。〔註69〕然較可惜的是，由於臺灣省體育會山岳協會的會址是在臺北，故其舉辦的郊山活動以及新途徑之探勘都是以臺北市郊區、臺北縣三峽、烏來等地為主，對於以「省」作為登山活動推廣對象之組織來說，則似乎並未達到要求。

　　此外，在臺灣省體育會山岳協會時期與國外山岳組織也有交流，如 1959 年山岳協會邀請日本山岳會會員西丸震哉演講登山所需非常重要的糧食問題；而協會會員在 11 到 12 月分成五批分別與西丸先生縱走「大霸尖山到雪山」、「南湖大山到中央尖山」、「臺東山脈到蘭嶼」、「合歡山到奇萊山」、「玉

---

〔註65〕周延壽，〈本會的使命〉，《臺灣山岳》，4 月號，1952 年，頁 1。
〔註66〕蔡禮樂，〈本會之宗旨與責任〉，《臺灣山岳》，4 月號，1952 年，頁 2。
〔註67〕譚靜梅，〈光復後臺灣地區登山活動發展過程之研究——以中華民國山岳協會為中心〉，頁 20。
〔註68〕〈新途徑〉系列，《臺灣山岳》，4 月號，1952 年，頁 2；5 月號，1952 年，頁1；6 月號，頁 1；7 月號，1952 年，頁 1、4。
〔註69〕見《臺灣山岳》各月號登山組刊登之〈新途徑〉系列報導。

山到秀姑巒山」。〔註70〕隔年 4 月 1 日，「大韓民國爬山協會」會長金雄先生也率團抵達臺北，於 4 月 7 日到 16 日攀爬玉山主峰、玉山南峰、秀姑巒山、馬博拉斯山，協會會員也一同陪伴攀登。〔註71〕日韓人士來臺攀爬山岳，代表臺灣山岳至少在亞州有一定的知名度，在臺灣發展登山活動，除了有益身心也可讓國際人士更認識臺灣。

　　前文所討論的是對登山活動本身的推進，此外，登山安全設施也是提倡登山活動的要件之一。日治時期所留下登山相關設備，因受到戰爭破壞，且當時在缺乏人力、物力的支持下，不受政府單位的重視。〔註72〕因此臺灣省體育會山岳協會也非常留意登山安全設施的建設。1953 年臺灣省體育會山岳協會報告指出：「玉山口至玉山下里程 21.2 公里處之一段，大小橋樑共有一百座，其中毀壞腐朽不堪極待修復者計有 58 處之多，又路面崎嶇不平且被雜草灌木掩沒，多處步行至為困難且甚危險」〔註73〕，又玉山上的北峰測候所工作人員之安全以及登山人士方便到北峰測候所取水，於是與「臺灣風景協會」聯合向省政府交通處與「美國共同安全總署中國分署」協助建議修建玉山登山道路，此項建議最後在嘉義縣政府建設局統轄下雖曾完成書面設計，但因經費不足，所以無法修建。〔註74〕

　　接著是在 1962 年，臺灣省體育會首次舉辦全省體育會議，會中提出「請建設登山途徑路標以利民眾登山」以及「請修葺玉山排雲山莊以利登山人員歇憩」等議案，最後這兩項議案都在表決後通過，〔註75〕並交由常務委員王雲卿〔註76〕籌劃，據王雲卿的規劃。建設登山路標預計分 5 年，第一年計畫預計完成玉山山脈、橫貫公路、李棟山、陽明山、觀音山等地的引導標柱、

〔註70〕　臺灣省體育會山岳協會，〈中日合作——臺灣中央山脈登山活動計劃〉，《臺灣山岳》，11、12 月號，1959 年，頁 5。

〔註71〕　臺灣省體育會山岳協會，〈大韓民國爬山協會友好訪華團消息〉，《臺灣山岳》，3、4 月號，1960 年，頁 17。

〔註72〕　譚靜梅，〈光復後臺灣地區登山活動發展過程之研究——以中華民國山岳協會為中心〉，頁 28。

〔註73〕　臺灣省體育會山岳協會，〈建議修建玉山登山路〉，《臺灣山岳》，1 月號，1953 年，頁 6。

〔註74〕　臺灣省體育會山岳協會，〈建議修建玉山登山路〉，《臺灣山岳》，頁 6。

〔註75〕　譚靜梅，〈光復後臺灣地區登山活動發展過程之研究——以中華民國山岳協會為中心〉，頁 29。

〔註76〕　也是臺灣省體育會山岳協會成員之一，在臺灣山岳上發表過《臺灣山岳一覽表》。

山頂標柱及里程標柱。〔註 77〕不過，這些計畫後來也因經費不足致無法及時完成，然而日後由於經濟政策的導向，橫貫公路、森林遊樂區、國家公園的修築建設完成，使得登山安全設施也在各山區逐一被建立起來。

　　1951 到 1961 年間，臺灣 3,000 公尺以上之山峰陸續有岳友完成首登，而為推廣臺灣高山攀爬風氣，臺灣省體育協會山岳會仿照中國五嶽，在眾多名峰裡，挑選具代表性的五座，定名為「臺灣五岳」，分別為：第一高峰玉山、第二高峰雪山、中央山脈最北峰南湖大山，中央山脈最南峰北大武山以及中央尖山，〔註 78〕並於 1966 年成立「五岳俱樂部」，透過此一俱樂部的成立，促使臺灣五岳逐漸成為登山者的新目標，進而培植攀爬高山的人才，〔註 79〕從 1966 年到 1969 年為止，完成五岳者共計有 142 名，〔註 80〕可見登山活動已慢慢發展開來。

　　1969 年 6 月 22 日，「中華全國體育協進會」聘周百鍊主持的「中華全國體育協進會山岳委員會」也正式召開籌備，10 月 4 日正式成立。〔註 81〕而在「中華全國山岳委員會」成立後，「臺灣省體育會山岳協會」在組織上則以「中華全國體育會山岳委員會」為首，1971 年「經『全國』與『省』山岳會全體委員會議磋商之以後，乃決定將原來『臺灣省體育會山岳協會』會員全部勸導加入中華全國山岳委員會，加強推動登山運動。」〔註 82〕至此，「中華全國體育協進會山岳委員會」與「臺灣省體育會山岳協會」是為一體兩面的組織。臺灣省體育會山岳協會全體會員加入中華全國體育協進會山岳會後，會刊也從《臺灣山岳》改名為《中華山岳》，之後於 1973 年改組成為中華民國山岳協會，會刊照常以《中華山岳》繼續出刊，承接從 1950 年臺灣省體育協會山

〔註77〕王雲卿，〈建設登山路標計畫〉，《臺灣山岳》：5、6 月號，1962 年，頁 4。

〔註78〕現今所指「五岳」與「臺灣五岳」不同：分別為玉山、雪山、南湖大山、秀姑巒山和北大武山，至於大霸尖山則與中央尖山和達分尖山列為「三尖」。

〔註79〕中華民國山岳協會，〈本會所屬五岳俱樂部〉，《中華民國山岳協會安全登山訓練中心落成紀念特刊》：中華民國山岳協會，1989 年，頁 20〜21；譚靜梅，〈光復後臺灣地區登山活動發展過程之研究——以中華民國山岳協會為中心〉，頁 47；林玫君，《臺灣登山一百年》，頁 99。

〔註80〕中華民國山岳協會，〈本會所屬五岳俱樂部〉，《中華民國山岳協會安全登山訓練中心落成紀念特刊》：中華民國山岳協會，1989 年，頁 21。

〔註81〕〈中華山岳委員會成立周百鍊任主任委員〉，《臺灣山岳》，11、12 月號，1969 年，頁 2；譚靜梅，〈光復後臺灣地區登山活動發展過程之研究——以中華民國山岳協會為中心〉，頁 58；李希聖，《臺灣登山史》，頁 94。

〔註82〕蔡禮樂，〈新年展望〉，《中華山岳》，第 1 卷第 1 期，1972 年，頁 2。

岳會所推動臺灣登山活動的任務，以及提供豐富的登山活動資訊以及資料。以下將論述這一特殊期間對臺灣登山活動的推進。

　　1969 年「中華全國體育協進會山岳委員會」成立後，其常務委員與「臺灣省體育協會山岳會」居然 60％以上相同（見表 3－1），又從 1972 年《中華山岳》的會報指出「爲組織上之統籌想著想，今後活動以『中華全國體育協進會山岳委員會』爲中心，一切活動必須向它看齊。」〔註 83〕之後「臺灣省體育會山岳會」又將會員全體勸導加入「中華全國體育協進會山岳委員會」，這使得這兩個組織「實」是同一組織，只是在兩個單位的「名」不同而已。根據譚靜梅的研究認爲：

> 在此過渡時期的重大活動，皆由此二組織共同辦理；當山岳協會的組織逐漸成熟後，所召開的會議、舉辦的活動，隨即改以山岳委員會爲主辦單位，省山協僅只維持組織架構，卻已不在參與實質的運作。〔註 84〕

由譚靜梅的研究也可看出，「臺灣省體育協會山岳會」與「中華全國體育協進會山岳委員會」的常務委員打算將兩組織一統並以後者爲主的跡象。

表 3－1　臺灣省體育會山岳委員會、中華全國體育協進會山岳會員會常委同異表

| 相　同 | 相　異 | |
| --- | --- | --- |
| | 臺灣省體育會山岳會 | 中華全國體育協進會山岳委員會 |
| 蔡禮樂、林文安、蔡景璋、林樹封、賴長壽、刑天正、王雲卿、洪金壽、歐陽合興、吳文統、紀慶昇、沈宋來、黃蟲羽、林南哺、林樹枝、林天祥、陳守桂、黃貞介、劉其泉、劉瑞安、陳瓊章、李秋貴。 | 楊鴻游、余初雄、陳良臣、周永祿、詹阿興、吳鎮傳 | 謝永河、林湜、申永源、何張明儀、張明德、林煥章、藍榮祥、陳澤辰、張燦堂、柯丁選、楊金成、莊明德。 |

資料來源：《臺灣山岳》，11、12 月號，1960，頁 2；《中華山岳》，第 1 期，1972，頁 5；譚靜梅，〈光復後臺灣地區登山活動發展過程之研究——以中華民國山岳協會爲心〉，頁 63、64。

---

〔註 83〕 蔡禮樂，〈新年展望〉，《中華山岳》，頁 3。
〔註 84〕 譚靜梅，〈光復後臺灣地區登山活動發展過程之研究——以中華民國山岳協會爲中心〉，頁 64、107。

　　「臺灣省體育會山岳會」與「中華全國體育協進會山岳委員會」在這短暫磨合時期對於戰後登山活動的主要貢獻有下：

## （一）中央山脈大縱走

　　此特殊時期，兩會曾共同舉辦著名的大型活動，即為「臺灣中央山脈大縱走登山計畫」，其時間為 1971 年，若換成中華民國紀年，剛好為開國 60 年的時刻，位了慶祝這一時刻以及「推廣臺灣登山運動俾之推行全民運動」〔註85〕，於是舉辦了這場大型的登山活動。

　　由本章第一節的論述中可見到，時至 1971 年為止，中央山脈各山峰大多都已完成首登，但未曾見過將中央山脈高峰自頭至尾，一氣呵成縱走者，〔註86〕因此此次計畫可說戰後首次將中央山脈一次縱走之盛大計畫；而為了配合中華民國開國 60 年，這次縱走也採取了以 60 人攀登 60 座 3,000 公尺以上的高山方式。關於這次攀登方式如下：「攀登方式採『集中登山』方式，組織藍白兩隊，分別自中央山脈南端及北端開始縱走，最後於七彩湖會師，並仿『極地法登山方式』，各隊分別再以三支輔佐隊相輔，並在南部橫貫公路關山埡口、八通關越嶺路『南』舊跡，東西橫貫大禹嶺，能高越嶺路天持保線所各地設補給站，補給糧食及登山器材。」〔註87〕

　　藍隊（由南而北）主隊隊長為邢天正，副隊長為丁同三和沈送來，其三支輔助隊，第一隊由蘇江青、林欽重、陳權鏘組成，與主隊同時啟程，輔佐前段（卑南主山、馬西秀巴山、雲水山、小關山、海諾南山、關山、關山北峰、塔關山）縱走至南橫公路補給站。之後由林樹封、陳如許組成的第二輔佐隊輔佐中段（關山嶺、溪頭山、向陽山、向陽山北峰、三叉山、南雙頭山、雲峰東峰、轆轆山、塔芬山、尖山、北面山、南大水窟山）縱走到八通關越嶺路後，第三輔佐隊的詹清波、莊再傳、石俊成〔註88〕輔佐後段（大水窟山、秀姑巒山、馬博拉斯山、塔比拉山、烏可東克山、僕落西擴山、義西請馬至

〔註85〕〈臺灣中央山脈大縱走登山計畫〉，《臺灣山岳》，7、8 月號，1971 年，頁 2。
〔註86〕〈臺灣中央山脈大縱走登山計畫〉，《臺灣山岳》，7、8 月號，1971 年，頁 2。
〔註87〕〈臺灣中央山脈大縱走登山計畫〉，《臺灣山岳》，頁 2。
〔註88〕因無暇參加縱走，送糧到白洋金礦登秀姑巒山、馬博拉斯山、及大水窟山北峰後下山，見〈中央山脈大縱走南北兩隊功成七彩湖會師後返北〉，《臺灣山岳》，11、12 月號，1971 年，頁 2。

山、馬路八拉讓山、盧利拉駱山、單大山、關門北山）縱走至會合點七彩湖。
〔註89〕

　　白隊（由北而南）主隊隊長則爲蔡景璋，副隊長爲林文安、張任生和林亮夫，第一輔助隊由余世傑、吳澄寬、簡進清、王生龍與主隊同時啓程輔佐前段（南湖北山、南湖東山、南湖大山、南湖南山、巴巴山、中央尖山東峰、中央尖山、甘藷峰、無明山、鈴鳴山、畢祿山）至東西橫貫公路（北橫）後，由陳承基、唐廷雲、黃顯榮、高金塗、洪色花輔佐中段（北合歡山、石門山、合歡山、合歡東峰、奇萊主山北峰、奇萊主山、卡羅樓山、奇萊主山南峰、南華山）縱走，第三輔佐隊由林源美、劉銘義、賴中洲、劉新祺、高基福、林明照組於能高越嶺路輔佐後段（卡賀爾山、能高山、能高山南峰、光頭山、白石山、安東軍山）至會合點七彩湖。此外還有流動輔佐隊40人，服務原住民19人。〔註90〕

　　活動時間於1971年9月27日到10月28日共計30天，藍隊於9月27日由高雄起程，白隊於10月1日從臺北出發，經過約1個月的艱苦奮鬥後，藍隊計登上3,,000公尺以上高峰32座，於10月26日抵達七彩湖；白隊計登3,000公尺以上高峰28座，於10月29日抵達七彩湖，會師後，結束活動。
〔註91〕此活動對登山活動最重要的貢獻乃在於，爲後輩開創了中央山脈分段的知識。

## （二）百岳俱樂部的成立

　　在「臺灣省體育會山岳會」與「中華全國體育協進會山岳委員會」共存時期，除舉辦「中央山脈大縱走」這項有意義性的大活動外，對於戰後登山活動的推進佔有重要意義的「百岳俱樂部」也在這個時期成立。

　　成立「臺灣百岳俱樂部」是沈送來先生的構想。林文安先生於會議中提案，通過籌組「百岳俱樂部」一事，希望透過具體目標的設定，讓有志者向高峰進軍；〔註92〕此建議在1970年度獲全體委員會議通過，嗣後歷二年時間

---

〔註89〕　〈臺灣中央山脈大縱走登山計畫〉，《臺灣山岳》，頁2～3；〈中央山脈大縱走南北兩隊功成七彩湖會師後返北〉，《臺灣山岳》，頁2。

〔註90〕　〈臺灣中央山脈大縱走登山計畫〉，《臺灣山岳》，頁2～3；〈中央山脈大縱走南北兩隊功成七彩湖會師後返北〉，《臺灣山岳》，頁2。

〔註91〕　〈中央山脈大縱走南北兩隊功成七彩湖會師後返北〉，《臺灣山岳》，頁2。

〔註92〕　林玫君，《臺灣登山一百年》，頁100。

積極籌備，終於在 1972 年假羊頭山峰頂舉行成立大會。而在籌備的兩年期間，就有許多岳友對乏人登臨的高山趨之若鶩，其足跡遍及各地偏僻的荒遠高山，〔註93〕也反應「百岳俱樂部」的成立前夕就有推進登山活動的效果。

　　「百岳俱樂部」成立的宗旨在「專以倡導攀登臺灣百岳，以發揮高度登山精神，鍛鍊攀登高山之體能；並以交換登山經驗，增進通號友誼」〔註94〕「百岳俱樂部」成立後首任主任林文安更說道：

> 組織百岳俱樂部的目的，純粹為提倡登山運動，使喜愛爬山的同好
> 不斷向「更高」、「更遠」的境界邁進。在百岳俱樂部未誕生以前，
> 除少數岳友以外，大多數的岳友的活動範圍僅限於五岳或所謂五岳
> 三尖的小圈子，現在大家都知道還有更遙遠、更廣泛的登山境界，
> 紛紛向「百岳」進軍，這是可喜的現象。〔註95〕

然而「百岳俱樂部」在最初成立的章程中，對俱樂部成員加入有以下限制：首先是曾經攀登該俱樂部所訂「臺灣百岳」50 座以上，並有志繼續攀登百岳者，可申請為百岳俱樂部部員；其次為鼓勵攀登臺灣百岳，凡攀登 30 岳以上者，得申請加入準部員，此外準部員所登山岳應有 10 岳以上係屬參加「臺灣省體育會山岳協會」之活動；至於成為部員後，應有 17 岳必須是由「臺灣省體育會山岳協會」的活動，最後成為榮譽會員，則應有 34 岳係屬參加「臺灣省體育會山岳協會」的活動。〔註96〕關於準會員一事，林文安則認為：「當初俱樂部初成立時，為吸收會員，曾訂有『準會員』一項規定，當時只是一種試探性的措施，後來發現一般反應不佳，希望盡速修改章程，停止準會員的申請入會，並輔導已經參加的準會員成為正式會員」〔註97〕。之後俱樂部也同意停止將準會員的資格取消。〔註98〕此外「臺灣百岳俱樂部」也因在當時

〔註93〕林文安，〈羊頭山上喜洋洋──百岳俱樂部成李大會歡慶禮成〉，《中華山岳》：第 2 卷第 1 期，1973 年，頁 3。

〔註94〕〈臺灣省體育會山岳協會百岳俱樂部章則〉，《中華山岳》，第 1 卷第 1 期，1972 年，頁 14。

〔註95〕陳世空，〈百岳俱樂部年會紀盛〉，《中華山岳》，第 3 卷第 1 期，1974 年，頁 4。

〔註96〕〈臺灣省體育會山岳協會百岳俱樂部章則〉，《中華山岳》，第 1 卷第 1 期，1972 年，頁 14。

〔註97〕陳世空，〈百岳俱樂部年會紀盛〉，《中華山岳》，第 3 卷第 1 期，1974 年，頁 4。

〔註98〕陳世空，〈論百岳俱樂部宗旨〉，《中華山岳》，第 3 卷第 1 期，1974 年，頁 5。

「還沒有指導登山或介紹臺灣山岳的書籍，登山地圖也無從索求，大多數的登山者都在暗中摸索」〔註 99〕的情況，於是計劃編纂《臺灣百岳》一書，後「野外雜誌出版社」在 1978 年出版了由謝文誠主編的《臺灣百全集》，完成百岳俱樂部之規劃。

## 二、中華民國山岳協會

1973 年中華民國山岳協會正式成立，承接「臺灣省體育會山岳協會」與「中華全國體育協進會山岳委員會」之會務，並持續推進登山運動，這時期與「臺灣省體育會山岳協會」一樣，除每月都會舉辦郊山活動以及高山攀登活動外，舉凡登山安全設施的規劃、講習及與國際登山組織的聯繫等，也成為該機構的重要工作。

### （一）輔助規劃設置登山安全設施

據《中華民國山岳協會安全登山訓練中心落成紀念特刊》指出，從 1973 年至 1983 年總共發生 57 起山難事件，死亡人數有 72 人，〔註 100〕人命可貴，登山活動日趨蓬勃，因此登山安全格外重要，中華民國山岳協會在第一屆第三次理事會中（1974 年 1 月 18 日）提議：「鑒於山難時常發生，擬籌設中華民國山岳協會山莊建設委員會」〔註 101〕，此外，這次會議中也提議在南湖搭山與審馬陣山附近建設南湖大山山莊。

此時，中國青年反共救國團也鑑於當時山難動頻傳，邀請有關單位召開防止山難措施會議，中華山岳協會派總幹事蔡禮樂和副總幹事林樹封參加，救國團提議建設七星山附近的登山路標，國際獅子會中華民國總會表願贊助經費，而中華民國山岳協會則提出全盤計畫以及經費預算。之後在山仔路、菁山路口，菁山路往山豬湖路口，擎天岡、七星山、苗圃等處設立了登山路標。〔註102〕之後 1977 年中華民國體育協進會所召開的「登山安全措施會議」中也決

---

〔註99〕 陳世空，〈論百岳俱樂部宗旨〉，《中華山岳》，頁 5。
〔註100〕 中華民國山岳協會編，《中華民國山岳協會安全登山訓練中心落成紀念特刊》（臺北：中華民國山岳協會，1989 年），頁 51～53。
〔註101〕 中華民國山岳協會，〈中華民國山岳協會第一屆第三次理事會議紀錄〉，《中華山岳》，第 3 卷第 2 期，1974 年，頁 2。
〔註102〕 林煥章，〈建設七星山附近路標經過摘要〉，《中華山岳》，第 4 卷第 3 期，1975年，頁 55。

議由中華民國山岳協會負責邀約登山專家研擬登山路標及登山小屋之設置路線與地點，並提出規格資料、價目及施工進度等有關事項。〔註 103〕由上述內容可見中華民國山岳協會對於登山安全措施的貢獻以及此時所負之責任。

## （二）注重登山安全教育

要防範山難的發生，僅依靠外在安全設施的設置是不足以預防者，故中華民國山岳協會也舉辦多次的登山安全講習會，據譚靜梅的研究，從 1975 年到 1980 年，該協會每年都會舉辦登山安全相關研習會，不過由於參加人數平均只有 100 到 200 人，對於每年有上萬人次的登山者而言，實顯不足。〔註 104〕

至於登山安全講習的部份，就目前所知《中華山岳》只有 1985 年暑期安全登山研習會的記載，這次研習營舉辦時間是在 7 月 26 日到 29 日，其上課內容可歸爲兩類，第一是登山基本常識，包括體能、糧食、氣象、裝備、攝影；第二是安全急救，包括山難防止、健康急救，而這次參訓者以學生和學生社團佔大多數，相反，除中華民國山岳協會成員外，其它社會登山團體較少參加。〔註 105〕或許是因暑訓安排時間除六日外，又橫跨禮拜五和禮拜一，加上當時還未實施週休二日，這對已出社會工作的岳友而言較不方便參加，不過中華民國山岳協會還是對於登山安全進行加強，這也是推動登山活動不可或缺之要項。

1986 年在中華民國山岳協會幹事部全體工作人員聯席會議中的會議中，主席洪金壽致詞中表示：「本會爲加強登山安全教育，提高我國國人登山水準，擬租購淡水臺灣高爾夫俱樂部房地改修，設立一所永久性『安全登山訓練中心』以利定期經常辦理登山運動教育」，〔註 106〕而這座「安全登山訓練中心」於 1989 年 10 月 4 日落成，〔註 107〕這使中華民國山岳協會擁有固定舉辦登山安全教育的場所，讓登山活動可以安全的進行。

---

〔註 103〕中華民國體育協進會，《中華民國體育協進會年刊》（臺北：中華民國體育協進會，1978 年），頁 41～42。

〔註 104〕譚靜梅，〈光復後臺灣地區登山活動發展過程之研究——以中華民國山岳協會爲中心〉，頁 84。

〔註 105〕〈民國七十四年暑期安全登山研習會學員名冊〉，《中華山岳》，第 14 卷第 4 期，1985 年，頁 14。

〔註 106〕〈中華民國山岳協會幹事部全體工作人員聯席會議紀錄〉，《中華山岳》，第 15 卷第 4 期，1986 年，頁 4。

〔註 107〕〈安全登山訓練中心落成第 43 屆臺灣區健行大會紀詳〉，《中華山岳》，第 18 卷第 6 期，1989 年，頁 22。

### （三）與國際山岳組織接軌

中華民國山岳協會在改組成立後，最特別的地方是將臺灣登山活動與國際接軌，如從 1975 年至 1977 年陸續邀請日本、韓國或其他國外團體來臺登山，〔註108〕與國外團體交流增加了國內登山活動的視野，也將多元化的登山型態〔註 109〕帶入臺灣，此外最重要的是爭取加入「國際山岳聯盟」（INTERNATIONAL UNION OF ALPINIST ASSOCIATION，簡稱 UIAA）。UIAA 於 1932 年由 12 個國家的登山社團在法國霞慕尼（Chamonix）成立，二次世界大戰後，有 12 國協會發起重振登山運動，而參加之會員國也不斷增加，1947 年增加爲 14 國，1955 年有 24 國，1957 年 31 國，1978 年以後增至 42 國，迄今加入的登山組織已有 67 國；〔註110〕中華民國山岳協會則在 1983 年開始接觸並積極加入此國際登山組織。

中華民國山岳協會在第三屆第六次理事會議通過申請參加 UIAA 的決議，而將此意願傳達於 UIAA 的契機是在 1983 年，當時韓國好山會會長尹顯弼於 1983 年來臺訪問，獲知中華民國山岳協會有意願加入 UIAA 時表示贊成，並告知中華民國山岳協會 UIAA 將在 1984 年於韓國舉辦第 46 屆會員大會的訊息且希望山協派代表以觀察員的身分參加會議。1984 年在 UIAA 第 46 屆大會舉辦前，中華民國山岳協會國際聯絡組也與當時 UIAA 會長 Pierre Bossus 取得聯繫，並邀其於 10 月來臺訪問，讓國內山協了解 UIAA 運作之情形以及認識臺灣登山活動之情況。11 月山協派員赴韓國以觀察員參加 UIAA 第 46 屆會議。由於當時臺灣岳界於國際登山活動參與並不踴躍，故國際岳界對中華民國山岳協會相當陌生，此外中共與臺灣的外交競爭也是影響到可否加入 UIAA 的關鍵，UIAA 會長 Pierre Bossus 也提到：

> 國際岳盟熱烈歡迎所有世界各地山岳協會參加本會之會員，這一原
> 則同樣對中華民國有效，不過，國際岳盟另一宗旨使各地的山區希
> 數開放，而能爲本會會員攀登，而中華人民共和國（北京）有同樣

---

〔註108〕譚靜梅，〈光復後臺灣地區登山活動發展過程之研究──以中華民國山岳協會爲中心〉，頁 77。

〔註109〕包括技術性攀岩活動以及溯溪活動，不過此二者後在臺另成專門性活動，故在此不多贅述。

〔註110〕〈國際山岳聯盟 46 屆大會中華山岳加盟爲觀察員〉，《中華山岳》，第 14 卷第 1 期，1985 年，頁 7；UIAA 官方網站：http://www.theuiaa.org/，登入時間 2009／4／23。

的重要性，若中華民國山岳協會率先成為本會正式會員的話，問題
將會因此產生。〔註111〕

所幸在 17 日討論的結果，會員以 15 票贊成，2 票反對，5 票缺席通過中華民
國山岳協會代表中華民國擁有 2 年正式觀察會員國身分，除無投票權外，一
切權利與義務與正式會員相同，不過要等到 2 年後再決定是否讓中華民國山
岳協會成為會員。〔註112〕

　　然而加入 UIAA 並非一帆風順，1985 年 10 月 10 日第 47 屆 UIAA 會
議在義大利威尼斯召開，中華民國山岳協會派副總幹事陳守桂以觀察員身
分參加。而陳副總幹事在經過多方斡旋，取得列席參加理事會，也因此得
知中共代表透過翻譯希望以「奧會模式」〔註113〕的方式處裡中華民國山岳

---

〔註111〕此段原文如下："The UIAA warmly salutes all national Associations wishing to
join it rank.This principle applies equally to the Association of Republic of China
（Taiwan）. Nevertheless，one of the UIAA objective also consist in opening all
mountain regions to world mountaineering；taking into account this point it
important that the Association of the Popular Republic of China（Peking）be able
to join the UIAA. Problems would most likely be created if the association of The
Republic of china（Taiwan）would be the first member to join the Unition." 見周
文，〈中華山岳正式列名國際聯岳盟國際岳盟活動通告中華山岳〉，《中華山
岳》，第 14 卷第 2 期，1985 年，頁 4。

〔註112〕周文，〈加盟國際山岳聯盟始末〉，《中華山岳》，第 14 卷第 1 期，1985 年，
頁 8；周文，〈中華山岳正式列名國際聯岳盟國際岳盟活動通告中華山岳〉，《中
華山岳》，第 14 卷第 2 期，1985 年，頁 4。

〔註113〕在國際奧林匹克委員會（International Olympic Committee，IOC）的章程中並
未有「奧會模式」此一名詞，此為臺灣新聞傳媒體所發明之用語，久而久之積
非成是，成為一般大眾之習慣用語，而在對岸中國大陸則稱之為「奧運模式」，
但也只在中國大陸傳媒中使用。此一只為臺灣所使用的「奧會模式」之形成，
要溯自 1981 年以前。在 1981 年前我國大部份之國家運動協會（National Sport
Association），因使用「中華民國 xx 運動協會」的名稱，彼等在各國際或亞洲
單項運動總會之會籍，在中共之脅迫下，相繼被中止。直到 1981 年 3 月 23 日，
我國奧會與國際奧會簽訂了後項協議，使此「奧會模式」有基本架構。1986
年我奧會恢復在亞洲奧林匹克委員會應有之權利。之後我奧會為順利參加 1990
年的北京亞運，1989 年與中國大陸奧會在香港簽署文件，已「中華臺北」中
文名稱，參加中國大陸行之國際競賽以及會議，而 1989 年在中國大陸舉辦之
亞洲青年體超操錦標賽，則為我國首次以「中華臺北」名義參加中國大陸所舉
行之運動錦標賽，開啓兩岸體育交流。後因各國家運動協會在國際奧會協助
下，比照使用「中華臺北」名稱之方式，亦陸續恢復了他們在各國際單項運動
總會原有之會籍。資料來源請參閱：詹德基，〈奧會模式與單運動協會的關係〉，
《國民體育季刊》，第 37 卷第 1 期，2008 年 12 月，頁 42～46；
http://www.tpenoc.net/changes/changes_02_02.asp，登入時間：2009／4／25。

協會名稱的問題，於此臺灣代表則爲此要求發言道：

> 中華民國山岳協會早於 1984 年以 Republic of China alpine
> Association 中華民國山岳協會名稱加入國際山岳聯盟，當時並沒有
> 遭到任何旗歌的問題，同時山岳活動和奧運競賽項目毫無關係，因
> 此中華民國山岳協會絕不改名，國際山岳聯盟也不應該接受這種無
> 理的要求。〔註 114〕

這次發言雖說獲得各國多數代表認同，不過中共在 UIAA 還是具有一定得影
響力，1986 年中華民國山岳協會爲愼重起見，於 1 月去函 UIAA 表示不能接
受「奧會模式」，2 月 7 日 UIAA 主席 Carlo Sganzini 回覆表示，如果不遵照「奧
會模式」處理中華民國山岳協會的名稱，改名稱、會徽、旗、歌等問題，UIAA
將在 3 月 22 日在維也納（VIENNA）決定中華民國山岳協會能否以觀察員的
身分繼續留在 UIAA。〔註 115〕「奧會模式」的採用與否關係著中華民國山岳
協會能否加入 UIAA 的重要抉擇。

　　由於中華民國山岳協會不同意以「奧會模式」加入 UIAA，致使觀察員兩
年期滿後，被停止入會資格，鑒於時局變化，爲免登山資訊斷絕，並能繼續
參與國際山岳活動，並設想山協山運之發展，中華民國山岳協會認爲實有加
入 UIAA 的必要。1989 年 4 月，中華民國山岳協會奉報教育部比照「奧會模
式」以「中華臺北山岳協會」加入 UIAA，由於文件往返遲延，使得教育部核
准公文於 7 月才轉送至中華民國山岳協會；在核准後，除將公文送至 UIAA
外，並派幹事部陳守珪利用返大陸探親的機會造訪「中國登山協會」，表明中
華民國山岳協會擬以「奧會模式」加入 UIAA，請「中國登山協會」支持中華
民國山岳協會加入 UIAA。1989 年 7 月，UIAA 以「無投票權會員國」的方式

---

〔註 114〕　〈國際山岳聯盟 47 屆大會中華山岳拒採奧會模式〉，《中華山岳》，第 15 卷第
2 期，1986 年，頁 4。

〔註 115〕　Carlo Sganzini 回函原文如下："Thank you for your last letter of January 10th，
1986 informing us that you cannot accept the changement of the name of your
association in：CHINESE TAIPEI ALPINE ASSOCIATION in accordance with
the resolution of the Olympic Committee. However we should point out what has
been said in Venice，that your association has to change the name，the emblem the
flag and the Hymn. If you cannot do it，we are obliged to submit your position to
theCouncil at the meeting in Vienna，on March 22th，1986 which has to decide if
your association canremain in the UIAA as observer or not. We would regret it
very much." 見國際聯絡組，〈言猶在耳──純以登山運動爲交流，事過境遷
──需以奧會模式做條件〉，《中華山岳》，第 15 卷第 2 期，1986 年，頁 4。

通過中華民國山岳協會以奧會模式「中華臺北」的名稱加入，日後中華民國山岳協會與中國登山協會關係逐漸良好，中國登山協會同意中華民國山岳協會成爲擁有投票權的會員國；1993 年中華民國山岳協會成爲 UIAA 擁有投票權的正式會員〔註116〕，使得臺灣可獲得國際登山相關資訊，臺灣欲攀登海外高山或外國團體與個人欲攀爬臺灣高山者，皆將更加便利，而臺灣登山活動與國際的接觸，由早期與日本、韓國登山社團接觸外，更增加美歐地區登山社團組織交流的機會，是以臺灣登山活動也進入到新的里程。〔註117〕

## 第三節　救國團系統山岳組織之轉變

戰後除「臺灣體育會山岳協會」到「中華民國山岳協會」此一山岳組織系統對戰後早期登山活動推廣扮演重要的角色外，在戒嚴時期，政府成立了對青年教育訓練的組織——「中國青年反共救國團」，之後也衍生出「中國青年登山協會」，之後，該協會又重組爲「中華民國健行登山會」，下文所論述者即是該機構的演變以及對戰後登山活動的貢獻。

### 一、中國青年反共救國團

中國青年反共救國團的成立是從中國國民黨的改造發展而來，其建團依據是從國民黨中央改造委員會依蔣中正在 1952 年通過「反共抗俄總動員運動綱領」中所提之「籌組青年救國團，擔負反共抗俄復國建國任務」而來〔註118〕同年 3 月 29 日，總統蔣中正在臺北市三軍球場所舉行的「青年節大會」會中明確號召成立中國青年反共救國團，會中蔣中正說道：「爲了有效號召，並正確領導我全國青年，使能普遍地展開第三次的青年大集合〔註119〕，我現已決

〔註116〕陳守珪，〈我山協加入了國際山岳聯盟紀實〉，《中華山岳》，第 18 卷第 6 期，1989 年，頁 21；中華民國山岳協會，〈82 年度 10 月慶典增添喜訊「中華山協成爲國際山岳聯盟有全權之正式會員國」〉，《中華山岳》，第 22 卷第 5 期，1993 年，頁 9。
〔註117〕臺灣在 1980 年代「喜馬拉雅山脈勘察」開始，陸續有海外登山活動的事蹟，不過本文登山活動以臺灣本島登山活動發展爲主，故海外登山不在本文所論重心，且海外登山的資料可另成專著，日後望此專著得以完成。
〔註118〕李偉松，〈蔣經國與救國團之研究（1969～1988）〉，桃園：國立中央大學歷史研究所碩士論文，2005 年 12 月，頁 39。
〔註119〕會中演講說道第一次大集合爲黃花岡七十二烈士建立的中華民國開國革命，第二次大集合爲抗日戰爭的救國運動。見教育部，《蔣總統歷年告全國青年書》（臺北：教育部，1975 年），頁 27。

定成立『中國青年反共救國團』的正式組織」〔註120〕。10 月 31 日，救國團
於臺北市中山堂由陳誠主持正式成立大會，1953 年 1 月 5 日，全省高中以上
學生代表於三軍球場宣示入團，〔註121〕蔣經國為第一任主任。

　　救國團之建立乃因總統蔣中正深信國民政府在大陸失敗的主因，乃是教
育對青年領導的教育不足，救國團的成立就是要避免失敗的重演，其成立的
宗旨明確地指出救國團乃教育性、群眾性與戰鬥性的組織。〔註122〕的確，救
國團的成立具有相當大的政治教育意味，不過其「戰鬥性」〔註123〕之目的也
輔助了登山活動的發展，從 1953 年到 1961 年救國團所舉辦統稱「青年戰鬥
訓練」的各類營隊，其活動內容涵括戰鬥訓練、學術活動、體育活動、文藝
康樂活動、山野活動、軍中服務、農村服務等活動。〔註124〕在臺灣早期國民
所得不高且國內旅遊不發達的時代，救國團利用寒暑假期間，舉辦專屬青年
們的假期活動，自然能夠吸引大批青年參加。〔註125〕1953 年救國團舉辦第一
次主辦「暑期青年戰鬥訓練總隊」，〔註126〕其中包括「玉山登峰大隊」和「中
央山脈探險大隊」，這就是救國團所辦理的首次登山活動。

　　為策劃此次登山活動，救國團在兩個月前即委託山岳協會勘查登山路
線。由於學員們全無登山經驗，因此徵調 16 位登山技術指導員，60 名工作人
員（含教官），十數名中央社記者，同時還有七名軍人持械護駕和燒飯煮菜，
俾便活動順利達成。「玉山登峰大隊」於 7 月 20 日在嘉義農校（今嘉義大學）
集合，成員先接受三天講習，之後一百多人由阿里山進入玉山，行程中，救
國團小心翼翼保護學員們，而隨行的中央社記者以傳信鴿回報每日消息，十
四天後活動順利完成。接著中央山脈探險大隊則從南投和花蓮東西向分別進
行，中央山脈探險隊的路程因臺電和山岳協會 2 個月前已勘查路線，且軍方

〔註120〕教育部，《蔣總統歷年告全國青年書》，頁 28。
〔註121〕中國青年反共救國團編輯小組，《飛躍青春 40 年》（臺北：中國青年反共救國
　　　　總團部，1992 年），頁 20。
〔註122〕李偉松，〈蔣經國與救國團之研究（1969～1988）〉，頁 44。
〔註123〕「戰鬥性」為提高戰鬥情緒，學習戰鬥技能，例行勞動生活，加強服務熱誠，
　　　　以青年為文化、社會改造的運動核心，發揮勇於負責、勇於服務的戰鬥精神，
　　　　以適應暫時需要。
〔註124〕中國青年反共救國團編輯小組，《飛躍青春 40 年》，頁 30。
〔註125〕李偉松，〈蔣經國與救國團之研究（1969～1988）〉，頁 54。
〔註126〕李希聖，《臺灣登山史》，頁 92。

也大規模整修道路，使得這次活動能平穩前進。〔註127〕此次兩大隊活動，則成為「中國青年登山協會」成立的契機。

## 二、中國青年登山協會的成立

前文所提救國團所舉辦第一次的「暑期青年戰鬥訓練總隊」的部份隊長、隊員和被選出來的優秀青年，他們認同這個活動，並希望繼續連繫和發展，事後在檢討會上就提出和通過了「分別組成永久性的青年活動社團，以領導今後青年活動」的提案。〔註128〕1953年年底救國團為擴大訓練的成果和活動範圍，決定籌組航空、航海、登山、騎射四個協會，〔註129〕其中「登山協會」即由「玉山登峰大隊」和「中央山脈探險大隊」的成員共同組成，也就是中國青年登山協會。

此登山團體有其重要特色，首先是官方色彩濃厚，其第一屆「名譽會長」就是當時救國團主任蔣經國，蔣經國擔任救國團主任一直到1962年才由劉安祺擔任，不過官方色彩仍未改變，劉安祺為當時陸軍總司令，而會中的輔導員也大多是政黨企業要人。其次，此會的成員大部分為二十歲以下的青年，二十歲以上的人則為少數，不過中國青年山協為一「門戶開放」的團體，對中老年人或友會人士想要入會者也都同樣歡迎，如邢天正等人也加入此會。第三是常舉辦大規模的登山活動，像是青年節、暑假、寒假、祝壽等活動，動輒成千上萬，聲勢浩大。除上述特點之外，中國青年登山協會更舉辦登山技能的訓練，如登山特技訓練、滑雪訓練、生存訓練等，大都受青年學生所特別歡迎，也造就了不少人才，也因青年山協是以社會青年，尤以大專青年為主體，是以到1964年仍與許多學校登山社團有所聯繫。〔註130〕

不過中國青年登山協會存在的時間並不長，會齡只有15年，其主要原因與該社團實際領導人有關。青年登山協會的幹部在第一到第四屆時，營運還算正常，但是從第五到第七屆，由於接任總幹事本身為救國團專員，除辦了一次會員大會外，大多以救國團的工作為重，會務因此停頓；其他成員雖有整頓之心，但之後又因與理監事意見不合，於1960年5月後會務已完全癱瘓，

〔註127〕林玫君，《臺灣登山一百年》，頁94。
〔註128〕李希聖，《臺灣登山史》，頁92。
〔註129〕林玫君，《臺灣登山一百年》，頁98。
〔註130〕李希聖，《臺灣登山史》，頁92～93。

幸好有韓漪出來接任第八屆總幹事，並重新整頓會務，又有副總幹事劉增善實際駐會主持，強大幹部群和嚮導群，使會務再度運作，韓漪也連任數屆總幹事，〔註131〕不過到1966年，韓漪因為工作南調臺南，無法兼顧此一純義務的總幹事執掌，而辭職又未獲理監事會通過，中國青年登山會因而成「無領導者」的型態，後來，韓漪於1968年重返臺北，原本有意重整會務，但因其工作更換，不似過去空閒，於是這個一度十分活躍的青年登山社團，終在1968年秋季停止活動。〔註132〕

　　中國青年登山協會停止活動後，一部份熱心登山人士，頓感有失重心，亟思重新組織起來，〔註133〕當時即有邢天正、姚燦清、莊茂生（均曾為青年山協的監事、嚮委）等人籌辦此事。邢天正認為復會無法成功，不過邢私下向部份岳友提出建議：

> 要使中國青年登山協會復會是不可能的事，各位如果不願參加其他登山團體，最好是向內政部申請成立一個新的登山社團。但當中國青年登山協會剛剛停止活動，主管機關尚無任何表示的時候，要申請成立一個新的登山社團不是一件容易的事，也不是我們的力量能夠作得到。比較簡單的方法是請中華全國體育協進會，在會裡增設一個登山組織，就是在現有社團裡，設立一個新的單項運動單位，這樣總比成立一個新社團容易。〔註134〕

於是中國青年登山協會舊會員邀請與中華全國體育協進會〔註135〕楊森（1884～1977）〔註136〕理事長相識的徐鄂雲，共同出面策動。在獲得體協支持後，再約倪旭超、郭文良、潘疑非（均曾為青年山協嚮導人員）為共同發起人，於1968年12月27日正式成立「中華全國體育協進會登山會籌備會」，開始

---

〔註131〕李希聖，《臺灣登山史》，頁92。
〔註132〕邢天正，〈閒談中華登山史話〉，《中華登山》，第83期，1993年，頁5。
〔註133〕李希聖，《臺灣登山史》，頁94。
〔註134〕邢天正，〈閒談中華登山史話〉，《中華登山》，第83期，1993年，頁5～6。
〔註135〕即中華全國體育協進會，於1924年8月24日在南京成立，於1949年隨中華民國政府來臺，見臺灣省政府新聞處編，《臺灣光復45年專輯——教育發展與文化建設》（臺中：臺灣省政府新聞處，1990年），頁176；http://www.rocsf.org.tw/about_us/about_us_1_1.asp 中華民國體育運動總會網站，登入時間2009／4／30。
〔註136〕軍界重要人士，1961年出任全國體育協進會理事長，後也積極參、推動登山活動。

徵集會員，1969 年 1 月 2 日首登七星山，參加者已 70 人。到 5 月止，累計登山活動已 30 次，人數已逾 2,000 人，聲勢甚盛。〔註 137〕1969 年 6 月 10 日，「中華全國體育協進會」正式成立「中華全國體育協進會登山會」，由徐鄂雲擔任主任；與 6 月 22 日所成立的「中華全國山岳委員會」共同成為「中華全國體育協進會」底下的體育組織。

　　至 1973 年「中華全國體育協進會」將原有個人會員與團體會員一律改為團體會員，以會員大會為最高權力機構，而總幹事的名稱也改為祕書長，並將全銜由「中華全國體育協進會」更名為「中華民國體育協進會」，〔註 138〕而旗下各單項運動委員會，亦經奉命，另行籌組中華民國各單項運動協會，〔註 139〕此時遇到了一個問題，按舊體協各項運動單位只有一個委員會，唯有登山組織有登山會和山岳委員會兩個單位，〔註 140〕而依據《非常時期人民團體組織法》〔註 141〕第八條規定：「人民團體在同一區域內，除法令另有規定外，其同性質同級者以一個為限。」因山岳委員會此時實際已質變為會員制，兩者就非合併或解散一個不可。〔註 142〕解散當然不可能，於是「中華全國體育協進會登山會」改組成「中華民國健行登山會」，而「中華全國山岳委員會」則改組成「中華民國山岳協會」。此二會在成立時又經過一些曲折。〔註 143〕

## 三、中華民國健行登山會的轉型與貢獻

　　中華民國健行登山會的成立實經過許多波折，前文提到，因體協改名以及體協底下各組織必須另行重組，又因《非常時期人民團體組織法》第八條

---

〔註 137〕李希聖，《臺灣登山史》，頁 94。

〔註 138〕臺灣省政府新聞處編，《臺灣光復 45 年專輯──教育發展與文化建設》，頁 176～177。

〔註 139〕中華民國體育協進會，《中華民國體育協進會年刊》，1977 年，頁 387。

〔註 140〕邢天正，〈閒談中華登山史話〉，《中華登山》，第 83 期，1993 年，頁 7。

〔註 141〕即現今人民團體法最前身，1942 年 1 月 24 日制定，2 月 10 日公佈，1989 年修正為《動員戡亂時期人民團體法》，1993 年修正為《人民團體法》，2002 年再經修正公佈後，為現行之法規。

〔註 142〕李希聖，《臺灣登山史》，頁 95，又據《中華登山》第 10 期的特別報導指出，委員會係委員制，顧名思義只有委員不應有會員，委員會之任務在策劃輔導而非執行，不過中華全國山岳委員會後又經由臺灣省體育會山岳協會會員全體加入中國全國山岳委員會，使得中華全國山岳委員會與中華全國體育協進會登山會成為在體育協進會下兩個性質相同的組織。

〔註 143〕此事與中華民國健行登山會成立有關，因此併入下段中華民國登山健行會。

之規定，使得原本體協下的兩個登山社團組織「中華全國體育協進會登山會」以及「中華全國山岳委員會」必須面臨合併或解散其中一個組織。

解散當然不可能，至於合併，中華民國健行登山會首任理事長吳貞在〈中華民國健行登山會成前後〉一文中論到：

> 假如大家商量一下本來就是簡單的小事，因為我們的興趣只在登山，沒有一位喜歡沾惹麻煩去搞組織上的雜務，因此收到合併公文後隨即召集主要幹部交換意見，一至同意合併為原則，而且一至相信集中力量發展登山運動，前程一定更光明遠大，可是一等再等始終未見協調跡象，派人打聽也不得要領，直接向有關人士查詢更是碰了一鼻子灰，於是才體會到事實的真相乃是無形被解散而徒具合併之名了。〔註144〕

而據邢天正說法是：

> 這兩個單位也曾談過合組新會的事，不知道為什麼只以山岳委員會的委員及其工作人員為發起人，而單獨組織「中華民國山岳協會」了。新的山岳協會裡沒有一個原體協登山會的工作人員，形成在體協裡後成立的單位，取得繼承系統組織新會的權利，先成立的單位反被摒棄於新體協之外。〔註145〕

於是「中華全國體育協進會登山會」的成員經慎重考慮與研商的結果，乃決定成立「中華民國健行登山會」且依照一般社團辦理登記，唯一與之前不同的地方就是不再隸屬體協會，這也表示「中華民國健行登山會」不得參加國際活動。此外在籌備期間也發生了一些波折與煩擾。對此吳貞談到：「因有人將登山組織視同專利權一樣，一而再向主管當局提出異議。」〔註146〕而邢天正則回憶道：「在『中華全國體育協進會登山會』即將要改組成為『中華民國健行登山會』時，已成立的『中華民國山岳協會』就有人反對這個新會名稱有『登山』兩字，以《非常時期人民團體組織法》第八條的規定為詞，四次打電話並函請各有關機關解釋，而健行登山會則以『山岳』二字太籠統，可以包括有關山林、狩獵、地質、礦冶、動植物各部門，健行登山只是單純徒

---

〔註144〕吳貞，〈中華民國健行登山會成立前後〉，《中華登山》，第 10 期，1973 年，頁 5。

〔註145〕吳貞，〈中華民國健行登山會成立前後〉，《中華登山》，頁 7。

〔註146〕吳貞，〈中華民國健行登山會成立前後〉，《中華登山》，頁 5～6。

步登山運動，其『健行登山』名稱可以單獨成立。」〔註147〕幾經波折後，「中華民國健行登山會」最後遵照政府規定於 1973 年 6 月 2 日下午 3 時假體協會會議室舉行成立大會，法定手續遂告完成。〔註148〕

「中華民國健行登山會」成立後，由吳貞為首任理事長，劉長泗任副理事長，黃浴沂任副理事長兼總幹事，楊森為名譽理事長，〔註149〕至於為何要在登山前加上健行二字，據吳貞說明有以下四點：首先，健就是健康，行就是動也就是運動，合併起來便是健康必須運動，最好的運動便是登山。其次「健行」在體育的領域來講，一般指距離較長，險阻較少的徒步旅行。登山會加上健行無異擴大業務範圍，加重任務，在推展全民體育運動立場，這是義不容辭該擔負的。其三，健行就是力行的意思，也就是登山活動自應具備自強不息的例行精神，最後則是健行符合創會的奮鬥精神。〔註150〕而健行登山會日後會務的推動，吳貞也提出以下七個重點：

1. 辦好假日健行或登山活動，已奠定體能基礎及提高大眾興趣。
2. 遠程登山活動必須嚴格審核與切實輔導以防止意外事件之發生。
3. 重視大活動之舉辦以提高社會人事之重視與興趣。
4. 輔導及協助各學校、機關、社團之登山活動。
5. 舉辦或協辦各項有關登山之講習與訓練以普遍提高登山知識。
6. 協助政府建立山難救助組織並積極推進實際活動。
7. 健全出版書刊加強宣導功能。〔註151〕

早在「中華全國體育協進會登山會」時期，就已編輯《中華登山》這份會刊，到改組轉型後，此會刊繼續以相同刊名出刊。《中華登山》所刊載內容多與「臺灣體育會山岳協會」出版之會刊《臺灣山岳》相似，包括了「活動報導」、「會務記載」、「登山常識以及專論」以及「山野文藝」等，其中最特別的應是林淳義對三角點的研究文章，如〈漫談三角點〉、〈一等三角點專欄〉、〈具有歷史意義的一等三角點〉。〈漫談三角點〉一文展現出林淳義對於臺灣三角點研究之展現，而〈漫談三角點〉這份長篇專欄更是對臺灣登山知識認知的重要文獻。

〔註147〕邢天正，〈閒談中華登山史話〉，《中華登山》，第 83 期，1993 年，頁 7。
〔註148〕吳貞，〈中華民國健行登山會成立前後〉，《中華登山》，頁 3。
〔註149〕李希聖，《臺灣登山史》，頁 95。
〔註150〕吳貞，〈中華民國健行登山會成立前後〉，《中華登山》，頁 8。
〔註151〕吳貞，〈中華民國健行登山會成立前後〉，《中華登山》，頁 7～8。

　　林淳義對三角點的研究最重要的是在〈漫談三角點〉一文中，發現了辨認一、二、三等三角點的方法，文中寫道：「其號碼編寫原則，據筆者統計所得知者，一等三角點不編號，二等三角點以阿拉伯數字橫寫，三等三角點 4,000 號以下者用國字直寫，4,000 號以上者以阿拉伯數字橫寫，圖根點與圖根補點均不編號，但署以所立機關之名稱。」〔註152〕至於為何有以上原則，林淳義則認為：「一等三角點全省只有 90 餘顆故不須編號，且大部份周圍均以水泥固植以防移動，二等三角點編號未超過 2,000 號，三等三角點編寫方式分為兩種原因，大概是 4,000 號以上的是較晚期才立，分布於深山區域。」〔註153〕而依據此原則，則可分辨三角點的等級，來確認是否正確登上目標山頂。

　　當然林淳義最具經典意義的專欄文章，當屬在《中華登山》長期刊載的〈一等三角點專欄〉，這份連載長達 20 期，歷時 5 年的時間，而這份計畫並未將全臺共 90 餘點的一等三角點皆納入這份連載之中，而是挑選 1,000 公尺以上 3,000 公尺以下的山為主題，其原因則為：「3,000 公尺以上者為熱門的高山，去過的人多，報導的文章也層出不窮，1,000 公尺以下者，情形亦與上同，且報導價值低。」〔註154〕此外由於當時的交通因素，林淳義也未把花蓮、臺東地區且符合標準的一等三角點山頂寫入，最後還有大漢山（大樹林山）因改為禁區，而新望嶺則因交通不便，所以位收入，當然這一份專欄最重要的是是經過實地走訪而來，因此更增加這份報導的珍貴性，至於其所刊載介紹之一等三角點山，筆者將其整理於下表中。

表 3－2　1971 年至 1975 年一等三角點山峰

| 山　名 | 標　高 | 位　置 | 備　註 | 刊載期數／時間／頁次 |
|---|---|---|---|---|
| 橫屏山 | 1,507 公尺 | 南投縣縣仁愛鄉東埔村 | | 第 2 期／1971／54～55。 |
| 鳳凰山 | 1,696 公尺 | 南投縣鹿谷鄉 | 屬阿里山山脈北端，北隔濁水溪與集集大山相隔，東隔陳友蘭溪與玉山山脈相隔。 | 第 3 期／1971／52～53。 |

〔註152〕林淳義，〈漫談三角點〉，《中華登山》，第 3 期，1971 年，頁 50。
〔註153〕林淳義，〈漫談三角點〉，《中華登山》，第 3 期，1971 年，頁 50。
〔註154〕林淳義，〈一等三角點專欄（完結篇）〉，《中華登山》，第 22 期，1976 年，頁 56。

| 山　名 | 標　高 | 位　　置 | 備　　註 | 刊載期數／時間／頁次 |
|---|---|---|---|---|
| 加里山 | 2,220 公尺 | 苗栗縣南庄鄉 | 加里山山脈第二高峰。 | 第 4 期／1971／40～41。 |
| 馬那邦山 | 1,406 公尺 | 苗栗縣泰安鄉、大湖鄉、卓蘭鎮三地交界 | 屬加里山山脈。 | 第 5 期／1972／54～56。 |
| 九份二山 | 1,172 公尺 | 南投縣中寮鄉與國姓鄉交界 | 屬集集大山山脈。 | 第 6 期／1972／56～57。 |
| 大尖山 | 1,304 公尺 | 嘉義縣梅山鄉龍眼村 | 阿里安支稜萬歲山向西北延伸稜線末端。 | 第 7 期／1972／68～70。 |
| 李棟山 | 1,913 公尺 | 新竹縣尖石鄉與桃園縣復興鄉交界 | 屬加里山山脈、油羅溪發源地，曾是李棟山方面、馬利哥灣方面、奇那之方面隘勇線前進戰場。 | 第 8 期／1972／53～55。 |
| 頭拒山 | 1,126 公尺 | 臺中線新社鄉 | 又名頭櫃山，屬加里山山脈。 | 第 9 期／1973／57～59。 |
| 守城大山 | 2,420 公尺 | 南投縣仁愛鄉 | 屬白姑大山支脈 | 第 10 期／1973／59～60 |
| 凍頭山 | 1,234 公尺 | 臺南縣白河鎮與嘉義縣大埔鄉交界處 | 又名大凍山，爲臺南縣最高峰。 | 第 11 期／1973／55、75～77。 |
| 廍亭山 | 1,043 公尺 | 高雄縣甲仙鄉與六龜鄉交界處 | 屬阿里山山脈之內鶯山山脈。 | 第 12 期／1973／97～98。 |
| 里龍山 | 1,062 公尺 | 屏東縣獅子鄉與牡丹鄉交界處 | 南迴公路以南之最高峰，中央山脈最南端千公尺級一等三角點峰。到 1972 年才有登山團體開路首登。 | 第 13 期／1974／58～59。 |
| 七星山 | 1,120 公尺 | 臺北市 | 臺灣最北端一等三角點峰。 | 第 14 期／1974／46～51。 |
| 烘爐地山 | 1,166 公尺 | 臺北縣烏來鄉與宜蘭縣礁溪鄉界稜上 | 雪山山脈最北端一等三角點 | 第 15 期／1974／62～65。 |

| 山　名 | 標　高 | 位　置 | 備　註 | 刊載期數／時間／頁次 |
|---|---|---|---|---|
| 三星山 | 2,351 公尺 | 宜蘭縣大同鄉與南澳鄉交界處 | 位於中央山脈正脊北端，太平山林區最高峰。 | 第 16 期／1974／31～34。 |
| 蘭崁山 | 1,476 公尺 | 宜蘭縣南澳鄉碧候村 | 位於中央山脈主脊上，武荖坑溪與南澳北西分水嶺。 | 第 17 期／1975／52～56。 |
| 巴博庫魯山 | 2,101 公尺 | 臺北、宜蘭、桃園三線交界 | 屬雪山山脈北段阿玉階段山地。 | 第 18 期／1975／44～47。 |
| 飯包山 | 1,857 公尺 | 宜蘭縣南澳鄉 | 屬東臺片岩山地，為中級山橋翹楚比登玉山還難。 | 第 19 期／1975／57～61。 |

資料來源：參考中華民國健行登山會會刊，《中華登山》1 至 19 期整理製成。

說明：此為林淳義所親自踏查整理之紀錄。

從上表可知林淳義（此篇研究部分為李友謙發表）的這份研究是遍布臺灣西部，東部除上述交通因素力有未逮外，宜蘭方面符合這份研究的一等三角點山峰也將其納入研究之中，而此份長篇報導並非光只有介紹一等三角點，更介紹其附近之景觀以及特色，並規劃旅遊相關路程，如介紹加里山回程時，可一併攀爬八卦力山、虎頭山、東洗水山，〔註 155〕而這也符合了中華健行登山會：「辦好假日健行或登山活動，已奠定體能基礎及提高大眾興趣」的要點。此外，這份連載第 19 篇則因「埔里的一等三角點群高度雖在 1,000公尺以下，但有其特殊意義，特予列入」〔註 156〕。至於特殊意義為何，可從〈一等三角點專欄〉的第 19 篇〈埔里的一等三角點群〉中得到三項重要訊息：其一，全臺灣大地測量以南投埔里虎子山的一等三角點為原點，故原點附近的一等三角點網〔註 157〕必須非常精確；其二，一等三角點密度為全臺之最，

---

〔註155〕 李友謙，〈一等三角點專欄（三）——加裡山〉，《中華登山》，第 4 期，1971年，頁 41。

〔註156〕 林淳義，〈一等三角點專欄（完結篇）〉，《中華登山》，第 22 期，1976年，頁56。

〔註157〕 一等三角點網平均邊長 45 公里，其中間平均 20 公里之間有一補點，以一等三角點與補點為基線，平均距離 8 公里間設有二等三角點網，以一、二等三角點平均四公里組成三等三角點網，另外還有圖根點，平均距離 2 公里。見林淳義，〈漫談三角點〉，《中華登山》：第 3 期，1971 年，頁 50。

共 6 顆〔註 158〕，平均約 5 公里就有一顆（通常一等三角點平均距離遠差 45 公里）；其三，埔里的一等三點峰正是研究切割盆地地形的大好良機。〔註 159〕林淳義的一等三角點研究並未因〈一等三角點專欄〉刊載結束而完結，其又分別在 1982 年、1991 年在《中華登山》發表〈漫談三角點（二）〉〔註 160〕和〈具有歷史意義的一等三角點——北頭洋山〉〔註 161〕兩篇文章，不過類似這類水準的文章在之後也不多了，《中華登山》之後常態會務報導逐漸增加到全刊之半，可見，要維持一本夠水準的刊物實在不容易。〔註 162〕

在「中華全國體育協進會登山會」時期，就已有登山活動訓練，如 1969、1970 年與野外雜誌社舉辦攀岩訓練班，1972 年又以前述攀岩訓練班為班底，開辦「登山研習營」。1974 年受中國青年救國團之委託，以大專登山社隊為對象，策劃開辦「登山安全研習營」；1975 年到 1980 年陸續開辦「冬訓營」，其場地由合歡山至玉山，到 1980 年代以後以中華健行登山會技術組，或以黃一元這些從事登山教育「百年大計」的菁英為主導的訓練工作，一直分兩條路線在持續進行。一是對外公開招收社會登山人士的「登山安全講習會」；一是以學校登山社隊幹部為對象的寒暑假「中級登山安全研習班」，前者為自費，後者以教育部和救國團經費補助支持，雖說已無之前冬訓的技術和觀念的突破，但是對於臺灣登山活動的安全性，仍有一定程度的知識與技能傳達。〔註 163〕

上述山岳組織，為規模較大的組織，且對臺灣登山活動有一定的影響力，當然除以上登山社團外，還有一些對登山活動有幫助之社團，如臺北市登山會、臺南市登山會、高雄市登山會和各機關公司行號及大專學院團體所設立的登山社團，都對臺灣登山活動有所貢獻；然本文主旨並非介紹全臺所有登山組織的發展與事蹟，而是用宏觀的角度去探討戰後臺灣登山活動的發展，故不在此逐一論述。

---

〔註 158〕此六顆分別為：基線南端、基線北端、小埔山、白葉山、牛相山。

〔註 159〕林淳義，〈一等三角點專欄（19）——埔里一等三角點群〉，《中華登山》，第 20 期，1975 年，頁 48、50。

〔註 160〕林淳義，〈漫談三角點（二）〉，《中華登山》，第 46 期，1982 年，頁 42～45。

〔註 161〕林淳義，〈具有歷史意義的一等三角點——北頭洋山〉，《中華登山》，第 81 期，1991 年，頁 13～16。

〔註 162〕李希聖，《臺灣登山史》，頁 95。

〔註 163〕李希聖，《臺灣登山史》，頁 105～106。

# 第四章　岳界主要人物之貢獻

　　歷史之構成，人乃最重之因，不論記載的事件與時間點，都與人脫離不了關係，因此臺灣戰後登山史的建構，對臺灣登山活動有重要貢獻之人物自當需進行探討。雖說每一位登山者對於臺灣登山活動的發展都有助益，然而，本章所述及之人物，則是對臺灣登山界有一定貢獻者，且需以留存之文字資料為主要論證基礎。

## 第一節　初期的傳承與帶動者

### 一、具政治聲望人士的推廣與號召

　　於日治時期成立的「臺灣山岳會」在戰後將社務事項轉移給臺籍會員，使「臺灣山岳會」得以傳承，而臺籍幹部們也選出周延壽（1900～？）做為戰後處裡「臺灣山岳會」內部事務以及活動的主要負責人。周延壽與這些重要人士為日治末期至戰後初期影響登山活動傳承與推廣的重要人物，這些人物如周延壽與周百鍊（1909～1991）本身即有相當程度的政治聲望。而日後成立的山岳組織——「中華民國健行登山會」——的名譽理事長楊森，也擁有相當程度的政治聲望，且同為號召推廣戰後登山活動的重要人士，故於本部份共同來探討。

　　周延壽，1900 年 11 月 25 日出生，1920 年在臺灣商工學校第 1 期商科畢業後於 1923 年任臺灣銀行書記，之後負笈日本，1929 年於佐賀高等學校文科甲類畢業，後於京都帝國大學法學部肄業，在學中通過高等文官司法科試驗，

並於是年 3 月畢業返臺，執行律師職務。此後商、教、政界經歷豐富，1935年擔任青年團長。1937 年被推舉為艋舺信用組合監事，並自任萬華國語講習所主事、臺北市開南商業職業學校兼任教員。1939 年，當選為臺北市協議會議員。戰後初期，從事接收整頓的工作，亦任成淵中學校長、臺灣省教育會常務理事、臺北市兵役協會主任委員、臺北市警民協會理事長、臺北市教育會常務理事等職，協助政府從事復興建設，貢獻頗多。〔註1〕閒暇時喜好爬山，為戰後首登玉山團體之成員，並擔任臺灣省體育會山岳協會首任會長。

　　臺灣省體育會山岳協會第二任會長周百鍊（見圖4-1），臺北萬華人，1937年日本長崎醫科大學畢業，返臺後於萬華設立周內科醫院。1946 年加入中國國民黨，同年當選臺北市參議會參議員。1950 年當選臺北市第一屆議會議員；1951 年任臺灣省醫師公會理事長；1954 年當選臺灣省第二屆臨時省議會議員；1957 年出任臺灣省政府委員；1961 年兼任臺北市代市長；1970 年 2 月，當選監察委員；1973 年 3 月，任監察院副院長。〔註2〕在兼任臺北市代市長的前一年，接任周延壽，成為臺灣省體育會山岳協會第二任會長，而其對登山運動的認識有以下三點：「第一、可培養不畏艱難及勇往直前進取心；第二、可養成團結合作、互愛互助的精神；第三、多接近大自然可培養高尚的品格。」〔註3〕

圖 4-1　周百鍊

資料來源：章子惠編，《臺灣時人誌第一冊》（臺北：國光出版社，1947），頁45。

---

〔註 1〕　章子惠編，《臺灣時人誌第一冊》（臺北：國光出版社，1947 年），頁 202；許雪姬，《臺灣歷史辭典》，（臺北：遠流，2003 年），頁 433。
〔註 2〕　章子惠編，《臺灣時人誌第一冊》，頁 45；許雪姬，《臺灣歷史辭典》，頁 432。
〔註 3〕　〈周百鍊先生傳略〉，《中華山岳》，第 20 卷第 6 期，1991 年，頁 6。

　　周延壽與周百鍊兩位雖然在戰後登山活的動實際參予雖說爲數不多，但是這兩位當時臺灣省體育會山岳協會的領導人物，可透過其有效的政治背景，爭取到較多的政治資源。〔註4〕至於中華民國健行登山會則有該會榮譽理事長楊森（1884～1977），字子惠，四川廣安人，順慶府中學畢業後入四川陸軍速成學堂。1911 年加入同盟會，並參與辛亥革命。1915 年擔任蔡鍔（1882～1916）護國第一軍總部參謀，其後率部投靠川軍，再爲北京政府收編。楊森在軍政界經歷豐富，1926 年受吳佩孚委任爲四川省長，北伐軍興，率部加入國民革命軍，編爲第二十軍。1937 年抗戰爆發後，率所部至淞滬地區作戰。1939 年任第九戰區副司令官兼第二十七集團軍總司令，曾參與長沙 3 次會戰及湘鄂贛諸省多場戰役，1944 年底調任滇黔綏靖公署副主任兼貴州省主席。1948 年 10 月擔任重慶市市長，率部和中共軍隊作戰，最後奉命以西南軍政長官公署副長官的身分來臺。

　　來臺後曾擔任總統府戰略顧問及國策顧問，主要活動舞臺則轉進全民體育，1961 年出任中華全國體育協進會理事長，〔註5〕後因協助前中國青年登山會之舊成員，在「中華全國體育協進會」底下設立了「登山會」，在「中華全國體育協進會登山會」改組爲「中華民國建登山會」後，即成爲該會名譽理事長。

　　楊森不光只是名義上的「名譽理事長」，本身更親自參加中華民國健行登山會所舉辦的活動，像是萬人登山大會以及多次於週日所舉行的登山活動；〔註6〕更在 1971 年以 87 歲的高齡登上大霸尖山，〔註7〕可說是號召眾人參予登山活動的最佳宣傳。楊森不但認爲登山活動是「老幼咸宜、男女皆便、個人與團體都可參加的最好的健身活動」〔註8〕，更認爲是延年益壽的良藥，〔註9〕還可促進國人身心健康以及增強國力，因此對於登山活動，楊森的態度是：

〔註4〕　譚靜梅，〈光復後臺灣地區登山活動發展過程之研究——以中華民國山岳協會爲中心〉，頁68。
〔註5〕　詳見徐雪姬，《臺灣歷史辭典》，頁963。
〔註6〕　楊森講、孔慶森記，〈談登山活動——楊理事長在本會會員交誼會重致詞〉，《中華登山》，第 2 期，1973 年，頁 4。
〔註7〕　楊森講、孔慶森記，〈談仁者樂山，智者樂水〉，《中華登山》，第 2 期，1973 年，頁 2～3。
〔註8〕　楊森講、孔慶森記，〈談登山活動——楊理事長在本會會員交誼會重致詞〉，《中華登山》，頁 4。
〔註9〕　楊森講、孔慶森記，〈談仁者樂山，智者樂水〉，《中華登山》，頁 2。

要積極的加以提倡，要想辦法把它推廣到社會每一階層和每一角落裏面去，使之蔚成習尚，成為全體國民普遍愛好的休閒活動。〔註10〕

雖然擁有政治聲望之人物推廣登山活動會讓人對其動機產生疑問，不過在戒嚴時期臺灣省體育會山岳協會及中華民國登山健行會此二社團組織，在「山地管制」嚴格的登山環境下，能有效推廣登山運動，應有一定程度的輔助效果。上述 3 位可說是借由政治影響力的幫助，推進臺灣戒嚴時期登山活動之發展。此外從日治末期至戰後初期的登山界人物尚有蔡禮樂與謝永河，此二者也發揮了相當大的貢獻，是以本節第二部份論述此二位重要人士。

## 二、戰後初期岳界人士的帶動推廣

蔡禮樂，1922 年出生於臺北林口，初中畢業後即赴日本關西讀商科學校，1936 年返臺後在「南邦林業株式會社」擔任業務。一則因為工作上經常有機會到各個山地林班，對於山岳有比較多的接觸，一則由於自己的興趣，1937 年蔡禮樂加入了臺灣山岳會，開始接觸臺灣的山界。〔註11〕戰後蔡禮樂經由「臺灣山岳會」日籍幹部將會務轉移給臺籍會員的過程後，成為「臺灣山岳會」的重要幹部。1939 年曾任臺北市長的「風景協會會長」的游彌堅認為登山活動值得推廣，在他的支持下，臺灣山岳會改組併入臺灣省體育會，成為「臺灣省體育會山岳協會」，第一任會長即前文所述的周延壽，而蔡禮樂則擔任總幹事一職，〔註12〕到了中華民國山岳協會時期，蔡禮樂還是持續擔任總幹事，直到 1975 年才藉由中華民國山岳協會會員大會的改選，出任中華民國山岳協會副理事長。〔註13〕

有關戰後初期臺灣登山活動的發展，蔡禮樂說：「二二八事件那幾年，臺灣山岳會的活動都停下來了，一直到 1948 年左右，才從爬爬臺北附近的小山開始，從新出發。」〔註14〕不過如同本文第二章所述，此時臺灣的經濟狀態

---

〔註10〕 楊森講、孔慶森記，〈談登山活動——楊理事長在本會會員交誼會重致詞〉，《中華登山》，第 2 期，1973 年，頁 5。

〔註11〕 馬騰嶽，〈蔡禮樂為「山協」培養登山後軍〉，《中華山岳》，第 145 期，1996年，頁 26。

〔註12〕 馬騰嶽，〈蔡禮樂為「山協」培養登山後軍〉，《中華山岳》，頁 26。

〔註13〕 〈在承先啟後的年代延續登山運動香火的繼承者——蔡禮樂〉，《臺灣山岳》，春季號（第 5 期），1995 年，頁 44～45。

〔註14〕 陳佩周，《臺灣山岳傳奇》（臺北：聯經，1997 年），頁 37。

非常差，民生凋敝，要從事登山活動似乎並非易事，對此蔡禮樂也回憶道：「因為一般人沒錢也沒閒去爬山，山岳會的會員大多是生意人，比較有自由和財力從事登山活動。」〔註15〕面對此，蔡禮樂常是自己花錢請人登山，出車錢、買便當、招待飲料，引人入門，希望新山友接觸大山之美後，能夠繼續登山的興趣。蔡禮樂說：「只要看到別人背著登山背包準備登山，再忙也覺得值得。」所以在長期擔任 27 年總幹事的期間常自掏腰包，支持登山活動。〔註16〕

　　除早期金援登山活動外，蔡禮樂對海外登山積極投入，如 1980 年以領隊資格，帶領中華民國山岳協會進行「喜馬拉雅山脈勘查」計劃，雖說此次活動只登上海拔 5,550 公尺的卡拉伯塔峰（Kalapartar）〔註17〕，這也是戰後臺灣登山史上高度的突破。〔註18〕1993 年則被選為理事長後，實際負擔起登山活動的任務，並在中華民國山岳協會中帶動喜馬拉雅山海外登山運動、以及積極參加 UIAA 舉辦的活動並建設臺灣山區野外訓練基地。〔註19〕

　　蔡禮樂在日治時期登山時有一位同好，那就是謝永河，對於這位老山友，蔡禮樂說：「謝永河是很用功努力的人。」〔註20〕他在戰後繼續參加臺灣山岳會，雖說並未居於要職，但是這位「用功努力」的登山老前輩，對於臺灣登山運動的發展有重要的貢獻。

　　謝永河生於 1910 年，從小家境貧窮，因此完成公學校學業後，就考進臺灣總督府當「給仕」，負責開門、倒茶水、抄公文等雜事。謝永河 15 歲就登過烏來地區的山嶺，此外也加入了當時臺北的「萬華登山會」，後「萬華登山會」與「趣味登山會」、「臺灣山岳會」在二次大戰前強制合而為一，統稱「臺灣山岳會」，〔註21〕因此謝永河也成為戰後承接「臺灣山岳會」主要會務的臺籍會員之一。

〔註15〕陳佩周，《臺灣山岳傳奇》，頁 37。

〔註16〕〈在承先啓後的年代延續登山運動香火的繼承者──蔡禮樂〉，《臺灣山岳》，春季號（第 5 期），1995 年，頁 44〜45。

〔註17〕尼泊蹐卡拉帕塔峰（Kalapartar5，550M）是 Pumo Ri 的東南小山峰，位於前往聖母峰基地營（EBC5，364M）途中，高樂雪（Gorrak Shep5，140m）旁邊，位於昆布冰河區，是 EBC 健行途中超過 5500 公尺，較容易抵達的山頭。

〔註18〕李希聖，《臺灣登山史》，頁 126〜128。

〔註19〕〈在承先啓後的年代延續登山運動香火的繼承者──蔡禮樂〉，《臺灣山岳》，春季號（第 5 期），1995 年，頁 44〜45。

〔註20〕陳佩周，《臺灣山岳傳奇》，頁 136。

〔註21〕管志明，〈樂山的長者──謝永河先生〉，收入於謝永河，《北部郊山踏查型（第一集）》（臺北：野外雜誌社，1982 年），頁 3〜5；陳佩周，《臺灣山岳傳奇》，頁 136；馬騰嶽，〈蔡禮樂為「山協」培養登山後輩〉，《中華山岳》，頁 26。

　　戰後謝永河因為工作上的緣故，爬過玉山、雪山、大武山、大霸尖山、南湖大山，此外尚有 3,000 公尺以上高山 30 餘座，此外其還常帶頭探勘一等三角點的高山。〔註 22〕而臺灣省體育會山岳協會會刊《臺灣山岳》剛發行之時，各方面有許多困難，這時謝永河幫助甚多，又編又寫，分別以本名和筆名「山豬哥」發表了不少文章，〔註 23〕至於「山豬哥」此一筆名，乃因其登山方式好似山豬在山中步步為營，一切以安全為重，故名。中華民國山岳協會正式成立後，謝永河更拿到了編號為「001」的會員證，一直到 1980 年代還常出現於山界的活動之中，但之後由於中風過，便已不再爬山了，轉而專心唸書。〔註 24〕

　　謝永河除高山攀登文章外，對於郊山登山活動也有其貢獻。野外雜誌社分別在 1982 年與 1990 年出版了謝永河的著作《北部郊山踏查集》一、二集，此二書除用文字描述北部地區郊山的路線、風景、史蹟、鄉土風情外，還附有簡潔地圖作為參考。《北部郊山踏查集》第一集為謝永河從 1973 年起到 1982 年十年間與簡聰明、吳繼昌、高珍樹組隊或獨自踏察的郊山，其區域分布是在三峽、雙溪、宜蘭、坪林、楣子寮、新店、烏來、平溪、瑞芳等地（見下表 4－1）；第二集除了第一集就有的烏來外，還增加了基隆、汐止、北市文山區、桃園、新竹苗栗等山區（見下表 4－2），〔註 25〕除文字之外，還有手繪地圖，可提供欲參予登山活動卻無較長休息時間及體力的人一個入門的途徑。

---

〔註 22〕 管志明，〈樂山的長者──謝永河先生〉，頁 4；陳佩周，《臺灣山岳傳奇》，頁 135。

〔註 23〕 管志明，〈樂山的長者──謝永河先生〉，頁 4。謝永河在《臺灣山岳》發表之文章有〈次高見聞〉、〈登合歡山與奇萊山〉、〈青草湖〉、〈大雪山攀登〉、〈古戰場──馬那邦山〉、〈拳頭母山‧棲蘭山〉、〈大劍山‧佳陽山〉、〈山地習俗〉、〈畢祿山〉、〈三方向山〉、、〈從「關門山」縱走「大石公山」〉、〈從日月潭登水社大山〉、〈南插天山上到了〉、〈南湖大山縱行中央尖山〉、〈干卓萬山‧萬大山〉〈日月潭‧合歡山〉以及與林文安合筆之〈巒大山紀行〉、〈能高南峰、白石山、安東郡山〉等數篇。

〔註 24〕 陳佩周，《臺灣山岳傳奇》，頁 134；管志明，〈樂山的長者──謝永河先生〉，頁 4。

〔註 25〕 謝永河，《北部郊山踏查行（第一集）》，序言，未編碼；謝永河，《北部郊山踏查行（第二集）》（臺北：野外雜誌社，1990 年），序言，未編碼。

表 4－1　《北部郊山踏查集第一集》收入山群表

| 山　區 | 山　群 |
|---|---|
| 三峽、雙溪山區 | 鳳髻尖‧龍山巖‧鳥嘴尖（三峽）、內詩朗山與外詩朗山（三峽）、鹿寮尖（三峽）、塞口山（三峽）、白雞山（三峽）、紅龜面山（又分內紅龜面跟外紅龜面，又名鼠殼崙位於三峽）、熊空山（近雙溪）、東眼山群峰（三峽、雙溪）：內東眼山、外東眼山（志繼山）、金平山、拉卡山。 |
| 宜蘭山區 | 七兄弟山、窖寮山、灣坑頭山南稜與虎字碑、金字碑與憲示禁碑、三瓜子尖山、三貂嶺大崙三方向山、蕃薯寮山、鹿窟尾尖、鶯仔嶺（又名鷹子嶺）、豎旗山、烏山尖、網形山、叢雲山、烘爐地山。 |
| 坪林、楣子寮山區 | 源茂山、建碑崙、梳妝樓連峰：梳粧頭、梳粧臺、梳粧頂、四堵山東西峰、三腳木崙、倒吊蓮山、萬勝寮、目五寮山、.三角崙山大眾路線：前山——牽牛山——三角崙、小粗坑山、乾溪山、大舌湖、鳶山、楣子寮尖山、枋山、坑山、北、南豹子廚山、柑腳山、東柑腳山、鷺鷥岫的小坑山。 |
| 新店、烏來山區 | 大桶山、烏來山、落鳳山（羅宏山）、拔刀蹟山——高要山——加久寮、鳥嘴尖山、塗潭山、五尖峰、粽串尖、獅子頭山、竹坑山、鹿鵠崙、牛百葉山、猴洞尖、柴刀崙、向天湖山、竹坑山、熊空山。 |
| 平溪、瑞芳山區 | 白鷺石山、畝畝山、孝子山、臭頭山、上、下內平林山、金瓜石——半石山——茶壺山、平溪三尖、燦光寮山、大粗坑、五分山。 |

資料來源：參考謝永河，《北部郊山踏查集　第一集》整理而成。

表 4－2　《北部郊山踏查集第二集》收入山群表

| 山　區 | 山　群 |
|---|---|
| 基隆地區 | 十四坑山、友山、五指山、下坡山、獅頭山、馬稜尖、新山水庫、石厝坑、司公髻山、滴子大崙、砲台山、紅淡山、月眉山、獅球嶺、月眉洞、仙洞湖山、龍船朵、中寮尖、東勢大崙、觀音湖山、石獅山、石象山 |

| 山　區 | 山　群 |
|---|---|
| 汐止地區 | 土庫岳、南港山群：山豬窟尖、南港山、拇指山、新山、汐止大尖山、四份子尾山、石底觀音山、耳空龜、和尚髻、槓尾山、北港大尖、鵠子尖、狗山、圍貓尖、十三分山、石門山、羌子寮、羌子頭山（又稱股尾山） |
| 文山地區 | 直潭山、二龍山、青潭尖、大崎頭山、雙坑山赤腳蘭山、石碇後山、雷公埤、中嶺山、雞心尖、二格山、筆架山、西帽子岩、炙子頭山、猴山岳、四十份山、六份山、四面頭山、烏月髻尾山、四面峰 |
| 烏來地區 | 哈囉山、阿玉山、大安山、大寶克山、卡保山、逐鹿山、北插天山、南插天山、夫婦山、林望眼山（福山）、中嶺山、拳頭母山、樓蘭山、窟廬山（馬望來山）、紅柴山、梵梵山 |
| 桃園地區 | 復興枕頭山、高山、大窩山、阿厝坑山 5.丸山（圓山）、牌子山、溪州山、石門山（小竹坑山）、石牛山。 |
| 新竹地區 | 馬武督山、帽盒山、壽桃山、彩和山、飛鳳山、中坑山、油羅山、鳥嘴山、五指山、鵝公髻山、李棟山、東洗水山、鳳凰山。 |
| 苗栗地區 | 馬納邦山、火炎山、青翠谷、大克山、關刀山（草排山）、祭山凸山（拐仔湖山）、八卦力山、耀婆山、大湖觀音山群峰：觀音山、金童山玉女山、大湖尖山、化人公山；十一分山（旱湖頂山）11.八角林山、八角崠山、南勢山、隆船山、雞隆山、新百二分山、雞冠山、仙山（紅毛館山）、象山、獅頭山、猿山（猴山）、墨硯山、雙峰山、小東河山、橫屏背山。 |

資料來源：參考謝永河，《北部郊山踏查集 第二集》整理而成。

# 第二節　岳界四大天王

　　除上述對戰後臺灣登山活動有深遠影響貢獻之人物外，號稱臺灣岳界四

大天王者，其影響力不容小覷。所謂岳界四大天王〔註26〕（見圖4-2）即「校長」〔註27〕蔡景璋（1914～2001）、「孤鷹」〔註28〕邢天正（1910～1994）、「登山字典」〔註29〕林文安（1916～1970）及「老山羊」〔註30〕丁同三（1926～2005），由本章第一節對於戰後臺灣三大高山山脈首登的論述可見這四個名字經常出現在首登紀錄之中，這四位對於臺灣戰後登山活動的貢獻，是「以探查的方式，建立起戰後臺灣登山的知識」。由於這四位當中，有留下豐富文獻者以邢天正和林文安為主，蔡景璋與丁同三所留下之文獻有限，

故文章大部份會以邢天正、林文安兩位為主軸，蔡景璋與丁同三雖說資料不多，但同列為岳界貢獻者，故下文仍儘量論及。

### 圖4-2　岳界四大天王

圖片來源：林文安，〈西合歡山踏查行〉，《中華山岳》：（中華民國山岳協會會刊），1、2月號，1968，頁7。

說明：由左而右分別為蔡景璋、邢天正、丁同三、林文安。

〔註26〕有關四大天王的稱號，《野外》雜誌首先在1972年形容這四人登山的豐功偉績而稱「四老」，接著是四大金剛，最後是1975年《聯合報》喻之為「四大天王」，見林玫君，《臺灣登山100年》，頁101。

〔註27〕因蔡景璋具有豐富的閱歷與領導能力，所以山友給他封一個「校長」的尊稱。又因為他對臺北附近的郊山無不熟悉，所以也有人稱他為「臺北郊山電腦」。見陳佩周，《臺灣山岳傳奇》，頁121。

〔註28〕邢天正喜歡獨自一人獨行爬山，故登山界稱其為「孤鷹」。見陳佩周，《臺灣山岳傳奇》，頁123。

〔註29〕國外登山隊來臺登山，常找林文安帶隊，因為只有他能回答別人指出的山的名字，以及每一條路的通向，故稱其為「登山字典」。見陳佩周，《臺灣山岳傳奇》，頁126。

〔註30〕有關老山羊的綽號，丁同三認為是因其體力好、膽子大，懸崖峭壁都不當一回事，就跟山羊一樣，見陳佩周，《臺灣山岳傳奇》，頁129。

　　林文安與蔡禮樂、謝永河在日治時期就開始爬山，從文獻記載中得知蔡禮樂與謝永河在日治時期就有所接觸，但此兩人與林文安在日治時期是否有接觸過還需有文獻記載才可論斷。在日治時期，邢天正與丁同三都在大陸尚未來臺。邢天正曾在〈八荒百岳足下看，五越三尖盡低頭──我的第一步〉這篇文章提及自身在大陸時對於山之看法：

　　在我沒登過山，沒見過山以前，早就對山養成濃厚的興趣了……我之愛山雖是由繪畫養成的，但是終於滿足不了我的愛山情趣，渴望一識山的真面目，登臨山頂，就成了我所夢寐以求的事。〔註31〕

　　邢天正曾在 1944 年登過驪山，1949 年國共內亂時，流亡到四川時曾翻越祁連山脈，雖說這次目的並非登山，且也未登頂，但是山給予邢天正更加深刻的印象。〔註32〕至於四大天王中，年紀最輕的丁同三則在 13、14 歲就開始爬山，17 歲就上了黃山，〔註33〕此外 19 歲時還因廟宇朝聖的緣由，在千島湖一帶登過山。〔註34〕而丁同三也說自己在國共內戰時期，為了躲日本兵、土八路，培養出良好的登山體力。〔註35〕之後邢天正與丁同三隨國軍來臺。邢天正來臺後，先參加那時的「土地改革」，後再苦讀，以高分進入糧食局工作，65 歲從糧食局退休，〔註36〕丁同三來臺後，先在高雄市三民示範國校教書，後調任海軍子弟學校（後來的海青工商），1952 年又調到高雄高工，直到退休。〔註37〕來臺後邢天正要到 1957 年（已 47 歲）才開始攀登臺北近郊的郊山，1958 年參加玉山登頂的活動，〔註38〕而丁同三則在教書期間，協助救國團帶

〔註31〕　邢天正，〈八荒百岳足下看，五越三尖盡低頭──我的第一步〉，《邢天正登山講座》，頁 18。

〔註32〕　邢天正，〈八荒百岳足下看，五越三尖盡低頭──我的第一步〉，《邢天正登山講座》，頁 19～20。

〔註33〕　陳佩周，《臺灣山岳傳奇》，頁 129。

〔註34〕　陳永龍，〈四大天王丁同三〉《臺灣山岳》：（臺灣山岳文化事業有限公司），冬季號（第 37 期），2001 年，頁 48。

〔註35〕　陳佩周，《臺灣山岳傳奇》，頁 129。

〔註36〕　李希聖，〈探望亦師亦友的老登山家──邢天正〉，《中華山岳》：（中華民國山岳協會會刊），11、12 月號，1993 年，頁 9；李希聖，〈白髮綠酒且強歌──老登山家邢天正病榻記事〉，《刑天正登山講座》，頁 13。

〔註37〕　〈用生命寫山岳史〉，《臺灣山岳》：（臺灣山岳文化事業有限公司），冬季號（第 61 期），2005 年，頁 62。

〔註38〕　邢天正，〈八荒百岳足下看，五越三尖盡低頭──我的第一步〉，《邢天正登山講座》，頁 20。

領過無數次的「南橫健行隊」。在一次偶然的機會裡，與邢天正等岳友攀登南一段，開始其攀登高山的生涯。由於彼此投緣，往後便與邢天正、林文安、蔡景璋（1950年代開始爬山）等三人相邀攀爬高山。〔註39〕

四大天王對於臺灣高山的實際登頂有一定之貢獻，其中以林文安與邢天正還留下許多有關登山之文章，林文安爲臺灣省體育會山岳協會之會刊《臺灣山岳》之主編，並在《臺灣山岳》尚未更名爲《中華山岳》時，就已發表過不少有關登山的文章，下表4-3爲林文安在《臺灣山岳》所發表之文章：

表4-3 林文安於《臺灣山岳》發表之文章

| 刊登時間 | 篇 名 | 共行人員 | 備 註 |
|---|---|---|---|
| 1954年10、11月號，頁6 | 〈峰頭尖——白石腳山縱走記〉 | 蔡景璋、李明輝、李榮顯。 | 郊山縱走 |
| 1954年10、11月號，頁7 | 〈司公鬃尾山——伏獅山縱走記〉 | 蔡景璋、李明輝、李榮顯。 | 郊山縱走 |
| 1954年10、11月號，頁7 | 〈粗坑崙——獵狸尖縱走記〉 | 蔡景璋、蔡國基（景璋長男）、蔡淑玲（景璋次女）、蔡國建（景璋公子）、李明輝、李榮顯、曾天才。 | 郊山縱走 |
| 1955年1、2月號，頁4 | 〈三角崙的風雨與烘爐地山的雲霧〉 | 黃金木、蔡景璋、李明輝 | 郊山 |
| 1955年1、2月號，頁5 | 〈直潭山——鳥嘴尖〉 | 蔡景璋 | 郊山 |
| 1955年3、4月號，頁1、6；5、6月號，頁4；7、8月號，頁2 | 〈巍峨崢嶸的大武山〉（分三次刊登） | 謝永河、王燈火、蔡景璋、李明輝、李榮顯、黃共芳、劉彩勤、簡進添。 | 3,000m以上高山 |
| 1956年3、4月號，頁1～2；5、6月號頁1～2；7、8月號，頁3～4 | 〈關山——卑南主山縱走記〉（分三次刊登） | 李明輝、蔡景璋 | 3,000m以上高山縱走 |

〔註39〕〈用生命寫山岳史〉，《臺灣山岳》：(臺灣山岳文化事業有限公司)，冬季號（第61期），2005年，頁62。

| 刊登時間 | 篇　名 | 共行人員 | 備　註 |
|---|---|---|---|
| 1957年3、4月號，頁1 | 〈白姑大山登行〉 | 李明輝、李榮顯、王燈火、揚月娥、劉慶雲 | 3,000m以上高山 |
| 1957年5、6月號，頁1～2 | 〈郡大山——望鄉山縱走記〉 | 李明輝、蔡景璋、黃新丁、李純純 | 3,000m以上高山縱走 |
| 1957年7、8月號頁1～2；1958年3、4月號，頁1～2 | 〈「雪山」冬季行〉(分兩次刊登) | 李明輝 | 3,000m以上高山，此行有僱用擔負行李之人。 |
| 1958年5、6月號，頁2～3；7、8月號，頁1～2 | 〈中央尖山——南湖大山〉(分兩次刊登) | 蔡景璋、李明輝、李榮顯。擔負行李原住民：林世義、江原德、林賴樹、余江德旺、林石男。 | 3,000m以上高山縱走。 |
| 1958年9、10月號，頁2 | 〈能高行〉 | 李明輝、蔡景璋、孫祖派、陳永年。 | 3,000m以上高山 |
| 1958年11、12月號，頁5 | 〈合歡山〉 | 李明輝、林樹封、李樹、賴成基、王添木、陳成修、莊國璋、鄭丁塗。 | 3,000m以上高山 |
| 1958年11、12月號，頁6 | 〈龜崙山〉 | 李明輝 | 郊山 |
| 1960年5、6月號，頁1～4 | 〈金起煥先生墜崖獲救經過報告〉 | | 救難報告文章 |
| 1960年7、8月號，頁1～4。 | 〈秀姑巒山縱走記〉 | 蔡景璋、擔負行李之原住民：簡貴元、潘文良、江貴達。 | 3,000m以上高山縱走。中日青年登峰隊第五批 |
| 1961年1、2月號，頁6～11 | 〈能高山南峰——白石山——安東郡山〉 | 謝永河、蔡景璋、賴長壽、呂水定 | 3,000m以上高山縱走。與謝永河合筆。 |
| 1962年5、6月號，頁1～3 | 〈「巒大山」紀行〉 | 蔡景璋、陳銅、沈送來、李德芳、謝永河。 | 3,000m以上高山與謝永河合筆 |

| 刊登時間 | 篇　名 | 共行人員 | 備　註 |
|---|---|---|---|
| 1964 年 4 月號，頁 3 ～5 | 〈關於遭難問題的探討〉 | | 登山安全文章 |
| 1964 年 4 月號，頁 7 ～9 | 〈卓社大山干卓萬山縱走〉 | 謝永河、蔡景璋、何張明儀、李明輝、李敏雄、李正雄、黃澄波。 | 3,000m 以上高山 |
| 1964 年 8 月號，頁 2 | 〈登山前應有的準備〉 | | 登山安全文章 |
| 1965 年 11、12 月號，頁 48 | 〈新關山——向陽山縱走〉 | 蔡景璋、簡進添、李敏雄、李敏政。 | 3,000m 以上高山縱走。 |
| 1966 年 1、2 月號，頁 5 | 〈紅柴山〉 | 謝永河、蔡景璋、林樹封、陳榮鈞、林天祥、簡進添、林英任。 | 郊山 |
| 1966 年 5、6 月號，頁 6～9 | 〈玉山山脈縱走記〉 | 蔡景璋、林天祥、林英任擔負行李之原住民：伍萬生、全日南、王必成、司肇 | 3,000m 以上高山縱走。 |
| 1968 年 1、2 月號，頁 4～6 | 〈淡水河上游流域將設自動雨量站——兼記巴博庫魯山、羅羅山登山報告〉 | 荒居寶、辛成讚、羅宇振、胡兆康 | 調查報告：此次行程分兩隊、林文安在第一隊、蔡景璋在第二隊。 |
| 1968 年 1、2 月號，頁 7 | 〈西合歡山探查行〉 | 邢天正、丁同三、蔡景璋 | 3,000m 以上高山四大天王同登。 |
| 1968 年 11、12 月號，頁 6～8 | 〈奇萊——能高縱走〉 | 蔡信行 | 3,000m 以上高山縱走。能高主山新途徑介紹。 |
| 1969 年 7、8 月號，頁 2～6 | 〈尖山——雲峰縱走〉 | 蔡信行、蔡景璋、林天祥 | 3,000m 以上高山縱走。 |
| 1971 年 7、8 月號，頁 4～8 | 〈醉人的關山大斷崖〉 | 丁同三、張任生、邢天正擔負行李之原住民：伍萬生、伍保城、伍金樹。 | 3,000m 以上高山縱走。中央山脈大縱走之一段。 |

| 刊登時間 | 篇　名 | 共行人員 | 備　註 |
|---|---|---|---|
| 1971 年 7、8 月號，頁 9～8 | 〈白姑大山縱走〉 | 邢天正、丁同三 | 3,000m 以上高山縱走。 |
| 1971 年 11、12 月號，頁 9～8 | 〈落魄失魂翠池行——大劍山大雪山 V 形縱走記實〉 | 蔡景璋 | 3,000m 以上高山縱走。 |

資料來源：據臺灣省體育會山岳協會會刊，《臺灣山岳》各期內容整理而成。

　　從上表可知，至少從 1954 年開始，幾乎每年便都有林文安登山活動的文字紀錄留下，其次李明輝、李顯榮父子或一同或個別與林文安一起從事登山活動；此外四大天王之一的蔡景璋雖說較少有登山活動的文獻發表，[註 40] 但是其登山活動事蹟林文安都有將其記錄下來，作為蔡景璋登山活動的見證。相較於文字記錄，蔡景璋則是用相機作為紀錄的素材，如〈中央尖山——南湖大山〉、〈秀姑巒山縱走記〉、〈能高南峰——白石山——安東郡山〉、〈卓社大山、干卓萬山縱走〉、〈新關山——向陽山縱走〉等文章皆有蔡景璋的精采攝影照片。林文安在〈峰頭尖——白石腳山縱走記〉中寫到「以攝影家聞名的蔡景璋岳兄」[註 41]，而陳佩周也在《臺灣山岳傳奇》一書中記載：「在蔡景璋臺北的老家，掛滿了他早年登高山的攝影作品，替臺灣高山早期的形貌留下了最真實的證據。」[註 42] 這些記載皆可表明蔡景璋是早期的山岳攝影家，以照片紀錄臺灣登山活動的歷史。

[註 40] 長篇文章有〈太魯閣大山縱走記〉，《臺灣山岳》，（臺灣省體育會山岳協會會刊），11、12 月號，1962 年，頁 6～9；其次是〈淡水河上游流域將設自動雨量站——兼記巴博庫魯山、羅羅山登山報告〉第二隊羅羅山的報導文獻，收錄於《臺灣山岳》，1、2 月號，1968 年，頁 6～7。

[註 41] 林文安，〈峰頭尖——白石腳山縱走記〉，《臺灣山岳》，10、11 月號，1954 年，頁 6。

[註 42] 陳佩周，《臺灣山岳傳奇》，頁 121。

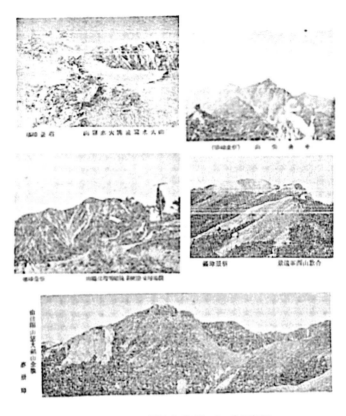

### 圖4-3　蔡景璋的山岳攝影

資料來源：林文安，〈秀姑巒山縱走〉《中華山岳》，7、8月號，1960，頁3；〈中央尖
山——南湖大山〉，《中華山岳》：，5、6月號，1958，頁3；〈西合歡山踏
查行〉，《中華山岳》，1、2月號，1968，頁7；〈落魄失魂翠池行——大劍
山大雪山Ｖ形縱走記實〉，《中華山岳》，11、12月號，1971，頁6。

說明：圖中第一排左邊為大水窟山、右邊為中央尖山，第二排左邊為馬母拉斯山，右
邊為合歡山西峰，最下方為大劍山。

　　在林文安的〈西合歡山探查行〉一文中有以下論述：「中國青年登山協會
為慶賀邢天正岳兄完成攀登臺灣3,000公尺以上高山的計畫。」〔註43〕而文章
紀錄這次活動的時間是在1967年8月11日至8月13日，由此可見邢天正在
1967年當年或之前就已完成3,000公尺以上山岳之攀登，距邢天正自1958年
攀爬高山以來不到10年的時間就已完成臺灣3,000公尺以上山岳之攀登不過
邢天正並未就此結束其登山活動，在1969年7月10日至26日以17天的時
間再次前往中央山脈踏查，並將這次踏查之行的成果——〈盤旋西越問東巒

---

〔註43〕林文安，〈西合歡山踏查行〉，《臺灣山岳》，1、2月號，1954年，頁7。

──從玉里登喀西帕南山盤旋中央山脈經東巒大山到水里〉──一文分成 10
回分別刊載在 1969 年到 1971 的《臺灣山岳》上。〔註44〕

　　〈盤旋西越問東巒──從玉里登喀西帕南山盤旋中央山脈經東巒大山到
水里〉可算是邢天正的力作，因為在進行這篇文章所述之歷程前，邢天正才
剛完成臺灣 3,000 公尺以上的高山計畫，登山經驗和記憶處在巔峰時期；其次
這篇文章也難得描繪出邢天正自身對於從事登山活動的心理層次。第三，這
篇文章也寫出了登山時需注意的事項，以及登臨地圖未命名之山峰，最後這
篇文章還道出日治時期登山者之錯誤，故頗值得探討。

　　文章所描述的區域其一為「東郡大山到中央山脈一段 3,000 公尺以上的高
稜」〔註45〕這一段高稜雖有許多無名山峰，但邢天正又寫道「它們越是無名，
越是無資料可查，就越引起我的好奇心理，激發我的探查動機。」〔註46〕此
外，這段高稜高聳的山勢也符合邢天正征服的欲望。〔註47〕其二是中央山脈
以東的倫大文山列中高 3,009 公尺，邢天正原以為是無名山峰，後查閱王雲卿
的「臺灣山岳一覽表」〔註48〕，才得知該山名為「阿屺那來山」，由於當時尚
未有戰後登臨該山之資料，因此更加深邢天正探查的決心。而此次行程更是
將當時一般需要三至四次，每次要費一週以上時間才能攀登完的路程一氣呵
成。〔註49〕此次邢天正想約另外三位天王一同完成這次登山之旅，但蔡景璋

〔註44〕　〈盤旋西越問東巒──從玉里登喀西帕南山盤旋中央山脈經東巒大山到水
　　　　里〉分別刊載在臺灣省體育會山岳協會會刊《臺灣山岳》的時間為：1969 年
　　　　9、10 月號，頁 2～8；11、12 月號，頁 6～12。1970 年 1、2 月號，頁 17～
　　　　22；3、4 月號，頁 27～28；7、8 月號，頁 12～14；9、10 月號，頁 8～10。
　　　　1971 年 1、2 月號頁 17～18；3、4 月號，頁 19～21；5、6 月號，頁 16～17。
〔註45〕　邢天正，〈盤旋西越問東巒──從玉里登喀西帕南山盤旋中央山脈經東巒大山
　　　　到水里（一）〉，《臺灣山岳》，9、10 月號，1969 年，頁 2。
〔註46〕　邢天正，〈盤旋西越問東巒──從玉里登喀西帕南山盤旋中央山脈經東巒大山
　　　　到水里（一）〉，《臺灣山岳》，9、10 月號，1969 年，頁 2。
〔註47〕　文章開頭，邢天正將高山譬喻成尊貴的王者、仁慈的長者、英武的豪傑、峻
　　　　刻的酷吏，王者令其瞻仰、長者令其親近、豪傑令其欽敬，而峻刻酷吏之暴
　　　　力更會激起邢天正一股征服的欲望，見邢天正，〈盤旋西越問東巒──從玉里
　　　　登喀西帕南山盤旋中央山脈經東巒大山到水里（一）〉，《臺灣山岳》：9、10
　　　　月號，1969 年，頁 2。
〔註48〕　此表由王雲卿參照聯勤總部發表之 25000 分之一與 50000 分之一的地圖以及
　　　　臺總督府臨時臺灣土地調查局發行得 100000 分之一地圖還有三角點一覽表繪
　　　　製而成，並非實際探察而製。
〔註49〕　邢天正，〈盤旋西越問東巒──從玉里登喀西帕南山盤旋中央山脈經東巒大山
　　　　到水里（一）〉，《臺灣山岳》，9、10 月號，1969 年，頁 3。

空不出半個月的時間，對此路線有興趣的林文安也因工作年度開始，必須留守，七月不能請太多假而未果，原本邢天正想要改期，但是因計劃準備完成，又怕八月颱風，所以只好如期舉行，而能跟邢天正一起登山者，維服務教育界的丁同三在暑假期間，和雇用原住民田金石、張登德二人。〔註50〕

　　這次行程所完成之登頂山岳共計33座，其中有「名」之山岳23座〔註51〕，此23座裡除食祿間山、巒丹山、沙武巒山、阿巴拉山、伊巴厚山外，其餘皆為3,000公尺以上之高山。此外，尚有當時無名之山10座〔註52〕，其中3,219公尺山峰被邢天正姑且命名為斷稜東山〔註53〕，而標高3,262公尺山峰對應「臺灣山岳一覽表」為裏門山，有關這一座山來龍去脈，邢天正這樣描述道：

> 提起裏門山來，這又是部分日本人的錯誤，把烏拉孟山誤為馬博拉斯山的後果。依東埔山胞（原住民）說，他們稱秀姑巒為馬博拉斯山（按秀姑巒為平地人所命的名稱）日本人所說的馬博拉斯山他們稱為烏拉孟山。日據（治）時代的地圖也承認這種錯誤。在日據（治）時代早期的登山資料中，把烏拉孟寫作烏拉蒙，我因聽山胞（原住民）唸做「孟」，就用國語發音寫成烏拉孟了。日據（治）時代的五萬分之一地形圖張冠李戴，記錯了山名，又把烏拉孟一名用日語諧音變成裏門，向北搬家，越過哈依拉露溪谷，把這座3,262公尺的山叫做裏門山了。因為日語發音「裏門」讀做「ウラモン」與烏拉孟（Wulameng）音同，但布農族山胞（原住民）話對烏拉孟之音另有意義，不和「裏門」二字的意義相符。音譯語文，只可譯音，字面上不應有任何意義。〔註54〕

〔註50〕邢天正，〈盤旋西越問東巒——從玉里登喀西帕南山盤旋中央山脈經東巒大山到水里（一）〉，《臺灣山岳》，頁3。

〔註51〕如喀西帕南山、馬西山、布干山、馬利加南山東峰、馬利加南山、僕落西擴山、鄒妹浪胖山、內嶺爾山、食祿間山、巒丹山、沙武巒山、阿屘那來山、阿巴拉山、丹大山、盧利拉駱山東峰、盧利拉駱山、馬路巴拉讓山東峰、馬路巴拉讓山、義西請馬至山、東郡大山、烏達佩山、東巒大山、伊巴後山。

〔註52〕此十座分別為：獨立標高峰3,136公尺山峰、3,005公尺山峰、3,074公尺山峰、3,219公尺山峰、3,220公尺山峰、3,262公尺山峰、3,228公尺山峰、3,310公尺山峰、3,397公尺山峰、3,380公尺山峰。

〔註53〕據邢天正描述，此山在義西請馬至山東北通往東郡大山的斷稜之東南方，故邢天正稱其為斷稜東山，見邢天正，〈盤旋西越問東巒——從玉里登喀西帕南山盤旋中央山脈經東巒大山到水里（一）〉，《臺灣山岳》，頁4。

〔註54〕邢天正，〈盤旋西越問東巒——從玉里登喀西帕南山盤旋中央山脈經東巒大山到水里（七）〉，《臺灣山岳》，11、12月號，1970年，頁13。

此外，邢天正又將 3,328 公尺小峰因登臨可見東郡大山斷崖，而命名為「望崖山」，〔註55〕而 3,310 公尺峰被命名為「橫郡山」，並將其列入東郡大山群裡。這次活動也反映出地圖判別加上指南針定位對於登山的重要性：「一路上我不曾取出地圖和指南針測定方向位置」〔註56〕，邢天正在文章這樣寫道，結果之後丁同三發現他們認錯山峰，〔註57〕把馬利加南山當做馬利加南山東峰的三叉點；認錯山峰可能只是小問題，之後一行人南北方向弄錯，行徑迂迴一大圈，再加上山區起霧，其實十分危險，文章記錄到：「如果不是指南針為我們解惑，真是墜在五里霧中了。」〔註58〕

　　林文安與邢天正於 1971 年之前，幾乎爬完臺灣 3,000 公尺以上之高山，到了 1971 年，此二人分別在《臺灣山岳》1971 年 1、2 月號上發表了「臺灣省高山明細表」以及「臺灣百岳一覽表」。「臺灣省高山明細表」由邢天正編製，而林文安則是制定了「臺灣百岳一覽表」，這二份表格可說是戰後至 1971 年登山成果的總結，也記錄了這段期間臺灣登山活動發展之歷史，而林文安的「臺灣百岳一覽表」更是創造之後的百岳熱潮。

　　林文安「臺灣百岳一覽表」的形成與「百岳俱樂部」之成立有相當大的關連，有關「百岳俱樂部」於本章第二節業已提及，故於此則專就「百岳」及之後所引發的風潮做探討。在百岳尚未訂定之前，臺灣登山者以攀登臺灣五岳或五岳三尖為主，邢天正也曾在文章中寫道：「除蔡景璋、林文安、丁同三和我四個高山同好以外，一般登山的人多只攀登五岳三尖，躋身五岳俱樂部就心滿意足了。」〔註59〕當然一些荒遠高山在時間、金錢和體力的消耗上都較多，有興趣的人自然不多，不過當林文安與邢天正逐步親臨臺灣高山並留下文字紀錄後，再加上臺灣省體育會山岳協會為推廣登山活動的影響，以及沈送來的提議（見第二章第二節百岳俱樂部），「臺灣百岳」遂慢慢形成。

---

〔註55〕邢天正，〈盤旋西越間東巒——從玉里登喀西帕南山盤旋中央山脈經東巒大山到水里（七）〉，《臺灣山岳》，頁 14。

〔註56〕邢天正，〈盤旋西越間東巒——從玉里登喀西帕南山盤旋中央山脈經東巒大山到水里（二）〉，《臺灣山岳》，11、12 月號，1969 年，頁 8。

〔註57〕邢天正，〈盤旋西越間東巒——從玉里登喀西帕南山盤旋中央山脈經東巒大山到水里（二）〉，《臺灣山岳》，頁 9。

〔註58〕邢天正，〈盤旋西越間東巒——從玉里登喀西帕南山盤旋中央山脈經東巒大山到水里（二）〉，《臺灣山岳》，11、12 月號，1969 年，頁 11。

〔註59〕邢天正，〈環登烏拉孟周圍山岳記（一）〉，《中華登山》，第 2 期，1972 年，頁 14。

　　有關臺灣百岳的選定，林宗盛〔註60〕認爲林文安的臺灣百岳的概念可能取自於「日本百名山」的概念〔註61〕，而在當時臺灣 1,000、2,000 公尺的山峰乏人問津，因此無法訪「日本百名山」輯錄名山高度之原則（且日本 3,000 公尺以上高峰僅 21 座），於是林文安只能選 3,000 公尺以上山峰作爲百岳考量，而其何以未用「臺灣百名山」可能考慮到臺灣百岳均在中央山脈、雪山山脈和玉山山脈，並未均衡配置全省各地，況且一些名郊山和中級山亦有一方之霸的氣勢，遺漏這些頗失「臺灣百名山」的品格，於是林文安諸多衡量下還是使用「臺灣百岳」。〔註62〕林宗盛這項推論是否成立在於「林文安是否眞有閱讀過《日本百名山》這本書」，林文安雖生於日治時期，但是在戰前就已出版的《日本百名山》是否有傳入臺灣，並未有確切證據，若有，應該收藏於臺灣山岳會中，但由於山岳會資料已付之一炬，若有傳入，也無法證實，若以戰後 1964 年的版本來論，當時中日登山者有一定的交流無誤，這本書也許因互贈物品而進入臺灣，但並未有文字記錄指出中日交流互贈物品有包括《臺灣百名山》，故這項推論疑慮之處甚多。

　　而林玫君在其著作《臺灣登山一百年》中，對於百岳的形成則有以下之論述：

> 臺灣崇山峻嶺，3,000 公尺以上的高山多達 200 多座，如何選出 100
> 座呢？號稱登山奇才的林文安，親自攀登 200 多座高山，勘查登山
> 路線、行程、沿線路況，整理資料地圖，以便全程規劃。適逢慶祝
> 中華民國建國 60 年，林文安規劃中央山脈大縱走之餘，開始對百岳
> 之事加以思考。大縱走結束後，心中已有百岳藍圖的林文安，隨即
> 與蔡景璋、邢天正、丁同三討論，經過數度磋商，終於定案。〔註63〕

雖然林玫君並未清楚標明整段文字的依據來源，不過這段文字的合理性較高，首先在百岳制定之前，對於五岳三尖以外 3,000 公尺以上之高山有親臨者

---

〔註60〕登山界後起之秀，以登山博物學爲登山活動開起登山知識的認識。

〔註61〕二次大戰前，日本山岳文學家深田久彌在山岳雜誌發表〈日本百名山〉一文，至戰後 1964 年經歷 20 年努力參考文獻與資料撰成膾炙人口的《日本百名山》，至深田久彌去世後，此書的再版量還是極高，更引發日本「百名山」浪潮。

〔註62〕林宗盛，〈從「日本百名山」談「臺灣百名山」的構思〉，《臺灣山岳》，夏季號（第 6 期），1995 年，頁 79～86。

〔註63〕林玫君，《臺灣登山一百年》，頁 100。

的確是蔡景璋、邢天正、林文安與丁同三四人，由林文安在《臺灣山岳》發表的多篇文章以及邢天正的經典之文〈盤旋西越問東巒——從玉里登喀西帕南山盤旋中央山脈經東巒大山到水里〉可爲證；其次「中央山脈大縱走」確有舉行且《臺灣山岳》也有刊載，又蔡景璋、邢天正、林文安、丁同三四人也都有參加；最後，能參與林文安的討論並給予意見者，蔡景璋、邢天正、丁同三在上述二證之下，也是最有資格者。不過此證還是有些疑問，那就是常和蔡景璋、林文安一同登山之李明輝、李榮顯父子以及謝永河爲何未在討論名單之內，這也是上段文字沒有說明之處。四大天王已相繼離世，也未有留下較完整的訪問紀錄，因此百岳的選定目前較完整且較正確的論述只有「選定的標準」，那就是標高一萬英尺（3,033 公尺）以上；地圖註有山名；山頂有三角點爲優先。〔註 64〕

　　百岳選定以及百岳俱樂部成立後，戰後登山活動興起了大眾百岳攀登的風潮，至 1973 年爲止，完成百岳者只有登山界四大天王邢天正、林文安、丁同三與蔡景璋四人而已，而據李希聖《臺灣登山史》的記載，從 1975 年至 1995 年爲止，已累計有 209 人，其中 1981 年這一年度更有高達 39 人完成百岳，〔註65〕而在百岳形成後，各種以「百」爲名的登山目標陸續出現，臺北市登山會於 1974 年 11 月 12 日選在白姑大山上正式成立以「120 岳」爲目標的「高山俱樂部」，俱樂部成員更於 1975 年在沒有三角點的 37 座「120 岳」高山上，全部豎立了不繡鋼基點；此外，臺灣戰後登山活動除郊山外，高山登山活動則以玉山山脈、雪山山脈、中央山脈爲主，阿里山山脈則被闢建爲森林遊樂區，至於東部海岸山脈的登山活動亦欠發達，不過以「百」爲名風潮也傳到了東部海岸山脈。沈世哲〔註66〕於 1974 年開始有了東臺「百峰」的構想，至1978 年「臺灣東部海岸山脈百峰俱樂部」宣告正式成立，並發表了「百峰」一覽表；1979 年臺南市登山會選定「150 岳」並成立「百五十岳俱樂部」；1980年中華民國健行登山會也加入「百」風潮，選定「145 岳」和攀登這「145 岳」高山的獎勵辦法。〔註67〕

　　除東臺百峰之外，百岳的選定到之後的 120 岳、150 岳、145 岳所選之 3,000

〔註64〕李希聖，《臺灣登山史》，頁 102；林玫君，《臺灣登山一百年》，頁 100。
〔註65〕李希聖，《臺灣登山史》，頁 102；林玫君，《臺灣登山一百年》，頁 101～102。
〔註66〕受到邢天正、林文安的鼓勵以及地圖、地質資料的協助，開始對山的研究。
〔註67〕李希聖，《臺灣登山史》，頁 107、112～113、117。

公尺以上的高峰，應可在以下兩份資料中找到，其一就是之前提過王雲卿的「臺灣山岳一覽表」以及邢天正的「臺灣高山明細表」。「臺灣山岳一覽表」以書面資料整理爲主，而邢天正的「臺灣高山明細表」則是包含邢天正的親自登臨，也可說是邢天正臺灣高山攀爬的成果展現，也是戰後臺灣登山活動至 1972 年的成果發表。這一份表格從《中華山岳》1972 年 1、2 月號刊登，總計 27 頁，到 1974 年 3、4 月號刊登完結，〔註68〕表列出山名者，合計 238座，有編號者計 204 座，此外依當時舊記錄標高超過 3,000 公尺者但航空測量圖等高線未到 3,000 公尺也收入其中，共四座，分別爲小雪山、關門山、大石公山及玉穗山。〔註69〕

〈臺灣高山明細表〉一開始附有一張「臺灣高山脈系略圖」，雖然邢天正的說明上寫道：「本圖只表示各山脈稜脊相連的脈系，不問距離，位置方向更大有出入。」〔註70〕但是此圖卻精簡明瞭的把 238 座山峰稜脈之間的連結表達出來，讓登山者可以知道山脈間的連繫，提供閱讀者規劃縱走路線良好之輔助。而此表格的記載更是詳細，包括了山脈別稱、新舊高度、有無三角點、經緯度、所在區域、簡介、編者攀登日期、路徑以及報告資料所載的報刊，爲臺灣戰後登山活動發展做了詳盡的整理。此外，該表還用特殊符號標出五岳俱樂部所選之五岳、五岳三尖以及邢天正自行命名的10 峻〔註71〕、10 崇〔註72〕、9 嶂〔註73〕以及 84 峰〔註74〕，這些命名或許

<hr />

〔註68〕　詳細刊載年月及頁碼如下：1972 年，1、2 月號，頁 35～37；3、4 月號，頁 21～22；5、6 月號，頁 26～27；9、10 月號，頁 29；11、12 月號，頁 32～34。1973 年，1、2 月號，頁 27；3、4 月號，頁 28～29；5、6 月號，頁 31 ～32；7、8 月號，頁 17～18；9、10 月號，頁 16～17；11、12 月號，頁 25 ～26。1974 年，1、2 月號，頁 30～31；3、4 月號，頁 27～29。

〔註69〕　邢天正，〈臺灣高山明細表（編後）〉，《中華山岳》，3、4 月號，1974 年，頁 29。

〔註70〕　邢天正，〈臺灣高山明細表（一）〉，《中華山岳》，1、2 月號，1974 年，頁 35。

〔註71〕　10 峻由高至低爲：玉山東峰、玉山南峰、烏拉孟山、關山、奇萊主山北峰、大劍山、品田山、無明山、能高山南峰、新康山。

〔註72〕　10 崇由高至低爲：東郡大山、南湖北山、大雪山、三叉山、馬西山、北合歡山、奇萊主山南峰、卑南主山、太魯閣大山、內嶺蹄山。

〔註73〕　9 嶂由高至低爲：穆特勒布山、東霸尖山、丹大山、鋸山、屏風山、劍山、無雙山、布拉克桑山、阿屺納來山。

〔註74〕　84 峰由高至低爲：玉山北峰、大水窟山、東小南山、雪山北峰、向陽山、南湖大山東峰、翠池三叉山、馬利加南山、雲峰、奇萊主山、玉山西峰、南湖大山東南峰、南湖大山南峰、頭鷹山、馬里文路山、小霸尖山、巴紗拉雲山、合歡山、合歡山東峰、烏達佩山、八通關山、南大水窟山、可樂可樂安山、

並非每個登山愛好者都認同，但是可看出邢天正對臺灣高山之用心。

「臺灣百岳一覽表」與「臺灣省高山明細表」可說是林文安與邢天正對戰後登山活動重要的成果展現，「臺灣百岳一覽表」造成之後的百岳風潮以及以「百」為名的登山目標的出現，帶領臺灣戰後登山活動走向新的階段；而「臺灣省高山明細表」則是邢天正以親身經驗爬遍臺灣 3,000 公尺以上之高山，配合文獻資料整理出來的經典之作，對於日後登山活動的發展有相當大的幫助。至於年紀最小的天王——丁同三——則提攜了登山後輩，像具有軍人身分的戴曼程，就是受到丁同三特別提攜的後進，傳承「四大天王」之「開闢山林」精神，探尋出由郡大林道「快攻」馬博拉斯山頂、由研海林道進出立霧主山、由丹大林道進出干卓萬的捷徑等新路線，以及白姑、卑南、無明三橫斷的長程探勘；〔註75〕此外，丁同三更是三度登完百岳的紀錄保持者。〔註76〕

臺灣戰後登山活動原本應有更蓬勃之發展，然而不幸之事於 1975 年發生。1975 年 5 月 18 日林文安於中雪山山難中身亡，身亡後岳界好友無不傷心，最常與其的登山同好蔡景璋更是日夜歔欷啜泣〔註77〕，林文安之死讓岳界痛失一位為戰後登山活動付出心力的人才。1978 年 5 月，邢天正創辦了一生最想創辦的《大自然》雜誌，邢天正為此份雜誌投入大半財力，租房子、請人、買打字機、裝電話，並常親自校稿、校對到廢寢忘食，只可惜無廣告，難發行，只印行兩期後即告休刊。〔註78〕林文安之逝世與《大自然》的停刊雖說讓戰後臺

---

南玉山、弓水山、畢祿山、東巒大山、檔山、卓社大山、白狗（姑）大山、本鄉山、南雙頭山、志佳陽大山、桃山、布干山、佳陽山、天南可蘭山、火石山、池有山、伊澤山、郡大山、由保蘭山、干卓萬山、轆轆山、博可踺山、黃當擴山、能高山、萬東山西峰、小關山、牧山、溪頭山、玉山前峰、鈴鳴山、托拔諾府山、塔關山馬比杉山、馬路巴拉讓山、南華山、義西請馬至山、雪山東峰、海諾南山、關山鎮山、中雪山、閂山、駒盆山、喀西帕南山、西合歡山、喀拉業山、甘薯峰山、盧利拉駱山、庫哈諾辛山、白石山、六順山、帕托魯山、立霧主山、安東軍山、知亞干山、西巒大山、達芬山、羊頭山、巴紗灣山、關門山、雲水山、僕落西擴山。

〔註75〕狄昂，〈老驥伏櫪戴曼程〉，《臺灣山岳》，冬季號（第 37 期），2001 年，頁 59；李希聖，《臺灣登山史》，頁 165～168；174～175。
〔註76〕〈用生命寫山岳史〉，《臺灣山岳》，冬季號（第 61 期），2005 年，頁 63。
〔註77〕邢天正，〈敬悼林文安先生〉，《中華山岳》：第 4 卷第 4 期，1975 年，頁 4；李希聖，《臺灣登山史》，頁 136。
〔註78〕李希聖，〈白髮綠酒且強歌——老登山家邢天正先生病踏記事〉收入於邢天正，《邢天正登山講座》，頁 13；陳淵燦，〈敬悼邢老〉，《中華山岳》，第 23 卷第 6 期，1994 年，頁 33。

灣登山活動的發展遭到不小損失，不過戰後臺灣岳界還是人才輩出，李希聖和楊南郡可說是眾多人才中，具有書寫能力以及創新登山紀錄之特長的人物。

## 第三節　登山書寫的留存與創新

　　上述蔡禮樂、謝永河以及岳界四大天王可說是戰後臺灣第一世代登山好手，也是臺灣戰後登山活動開啓者，然而日後登山好手輩出，而本文要探討者爲楊南郡以及李希聖。楊南郡將登山與古道結合，並推動結合登山的古道學這門學問；而李希聖則著有《臺灣山水散記》上下兩冊、《臺灣高山之旅》四冊的文學著作以及與本文最相關的登山活動的歷史著作《臺灣登山史》，可說是繼林文安和邢天正之後，以文字記錄戰後臺灣登山活動之佼佼者，此外其更以訂立「新百岳」造成岳界的震撼。

### 一、李希聖與登山史

　　李希聖，1926 年出生，湖北安陸人，臺北工專（今臺北科技大學）畢業，曾任曾任臺灣電信局設計處副工程師，業餘兼任《野外》雜誌編輯、《山水》雜誌顧問編輯、電信登山社社長，其所學雖爲空調工程，不過由於李從小接受私塾教育，在大量的中國文學薰陶下，培養出極深厚的文學底子，〔註79〕其筆名爲李剛、楚人，且有一定數量之著作，其中與戰後登山活動有關之作品有《臺灣山水散記》兩冊、《臺灣高山之旅》四冊，以及經典之作《臺灣登山史》，對臺灣登山活動文獻之記載有相當貢獻。

　　李希聖由登臺北郊山開始，再轉進、接觸臺灣高山，雖然一開始並不順利，國內登山才剛起步，資訊不充足，又因體質特殊，容易患高山症，故行程通常只能排四到五天的行程，無法作長程縱走。〔註80〕不過此人卻又喜歡獨自登山，至於爲何喜歡獨自登山，在費敏訪談李希聖一文中提到李希聖的想法：「獨行有許多好處，可以盡情欣賞風景，保持思緒自由、不受他人干擾。」〔註81〕不過對於獨行登山，李希聖提醒一些重要觀念還是要注意到：「一個人登山有許多問題要注意，尤其所有行程都要自己控制安排、控制，因此在自

---

〔註79〕費敏，〈攀越生命極限──山界鐵漢李希聖〉，《臺灣山岳》，冬季號（第16期），1997年，頁32。
〔註80〕費敏，〈攀越生命極限──山界鐵漢李希聖〉，《臺灣山岳》，頁32。
〔註81〕費敏，〈攀越生命極限──山界鐵漢李希聖〉，《臺灣山岳》，頁32。

由之中必須懂得自制，絕不可大意而爲。」1974 年獨自登山十年後，開始與
公司同仁組織電信登山社，之後便有計畫地攀登費時較長、難度較高的高山。
〔註82〕到了 1982 年，李希聖也完成了攀登完百岳的壯舉。

　　李希聖在岳界曾引發過轟動一時的「新百岳之爭」。1983 年 3 月，李希聖
在《野外》雜誌的「野外論壇」上發表了〈請山岳界共同修訂「百岳」〉的文
章，之後《民生報》與《中華山岳》也連續大篇幅報導，民生報更選爲年度
大事。〔註83〕李希聖認爲原林文安擬定的百岳 2 項標準「標高」與「三角點」
有未盡一致之處，應改以「岳」的形象——「它必須是『至高至中』，爲一座
『山塊』的『峰』、『丘』、『最高隆起處』，具有充分代表性，崇高、尊嚴、雄
偉，爲人所尊從、懾服和景仰，並且兩『岳』相距在一公里以上。」〔註84〕
至於岳界反應不一，有贊同、有否定、有認爲百岳只是鼓勵登山活動之方式，
而當時百岳俱樂部部長丁同三認爲可研究研究，並不是壞事，不過「百岳俱
樂部」是偏向不贊同的態度。一場「新、舊百岳之爭」，難有一定的結論。〔註
85〕1987 年，李希聖在民生報發表了〈三大山脈上的新百岳大山〉作爲對此次
爭論的最後看法，文中先從 228 座高山中擬出「新百岳」並分成三個等級，
再列出新、舊百岳的增減。

　　山岳界許多重要人士除非是有官職，不然很少有人會記錄他們的生平，
而四大天王中的邢天正生平事蹟能夠被知悉，除中華民國山岳協會與中華民
國健行登山會二所登山社團的會刊以及《野外》雜誌中所存留下的文章外，
最重要的就是李希聖對於邢天正的幫助以及記載。此二人的初識非常奇特，
李希聖曾寫道：

　　　　我認識邢老大概是在 54 年（1965），那是我剛參加中國青年登山協會
　　　　不久，初登了玉山、雪山；那已是在他初登玉山的七年以後，他已快
　　　　走完臺灣高山的四分之三，正在縱走雪山連峰的前後。我們的認識—
　　　　—由我單方面的傾慕道多年的道義之交，完全是一種文字緣。〔註86〕

〔註82〕費敏，〈攀越生命極限——山界鐵漢李希聖〉，《臺灣山岳》，頁 32。
〔註83〕李希聖，《臺灣登山史》，頁 247。
〔註84〕李希聖，《臺灣登山史》，頁 247。
〔註85〕李希聖，《臺灣登山史》，頁 248～249。
〔註86〕李希聖，〈白髮綠酒且強歌——老登山家邢天正先生病踏記事〉收入於邢天
　　　　正，《邢天正登山講座》，頁 12。有關於文字緣，李希聖則提及其對邢天正報
　　　　導登山活動文章的欽佩，並認爲邢天正是：「神隆見首不見尾、經年出入高山
　　　　的英雄人物。」

此二人初試雖說是一種單方面的「文字緣」，但之後李希聖因「登山已很狂熱」，且正主編《野外》雜誌的山岳部分，因此與邢天正來往漸多；〔註87〕後李希聖因要跟邢天正借地圖，而第一次進入邢天正的住所，由以下之描述，可看出邢天正的生活與登山時的姿態：

> 第一次走進杭州南路口那一間他住了多少年的日式舊木樓，眞叫人吃了一驚；三坪大小的房間，四壁發黑，一床一桌依排木櫃，由上到下，由牆壁、板床一直堆到地上都是書、資料、報紙、雜誌，夾著睡袋、帳篷和登山服裝，滿室擠得像一個黑洞，一間倉庫，祇有小小的木板窗，由天井內透進一團灰光，就是在白天裡，也要開著燈。〔註88〕

之後李希聖就常照顧邢天正，首先與戶外雜誌社的陳遠建收集邢天正歷年作品編輯成冊出版，1983 年邢天正因腦出血住院昏迷七天，李希聖得知後，每天清晨去探望；邢天正 1974 年從糧食局退休後，原有退休金 4、50 萬，但因辦《大自然》雜誌兩期賠了 20 多萬，這次住院需請看護，經濟上更是困難，且之後出院左眼又失明，幸好岳界有經濟上的救助，中華民國山岳協會、中華民國健行登山會、臺北市登山會、電信登山社、戶外生活出版社等社團捐獻救助，使其度過難關，而李希聖則與嚴恆惠等人共同保管運用，之後邢天正於 1988 年返大陸時，此捐獻基金全數交付給刑天正做為返鄉基金，〔註89〕可見邢天正對於李希聖的信任。之後李希聖還去天津探望垂垂老矣的邢天正，而臺灣岳界得知邢天正過世的消息，也是從邢天正的兒子邢最齊寄給李希聖的一封信得知，〔註90〕邢天正與李希聖的情誼由此可看出。

　　李希聖爲戰後臺灣登山活動文獻紀錄貢獻最大者，其巨著《臺灣登山史》，這一本書可說是臺灣戰後 60 年來登山活動的結晶。其實李希聖要爲臺

〔註87〕 李希聖，〈探望亦師亦友的老登山家──邢天正〉，《中華山岳》：第 22 卷第 6 期，1993 年，頁 9。

〔註88〕 李希聖，〈白髮綠酒且強歌──老登山家邢天正先生病踏記事〉，收錄於邢天正，《邢天正登山講座》，頁 13。

〔註89〕 李希聖，〈白髮綠酒且強歌──老登山家邢天正先生病踏記事〉，收錄於邢天正，《邢天正登山講座》，頁 13；〈邢老著作出版基金處理意見書〉，《中華山岳》，第 17 卷第 2 期，1988 年，頁 3；邢天正，〈銘謝啟事〉，《中華山岳》，第 17 卷第 2 期，1988 年，頁 4；李希聖，〈探望亦師亦友的老登山家──邢天正〉，《中華山岳》，第 22 卷第 6 期，1993 年，頁 9。

〔註90〕 〈邢老去世了〉，《中華山岳》，第 23 卷第 6 期，1994 年，頁 42。

灣戰後登山活動作歷史記錄，早在 1990 年就已開始著手進行。1990 年，李希聖以筆名李剛在《中華山岳》發表〈臺灣 40 年來登山的成就與功能〉，這一篇文章可說是之後《臺灣登山史》一書的雛形，整篇文章共七頁，提綱挈領地把臺灣的山貌地形、各類特殊稱呼（五岳三尖、百岳、百二十岳、十峻、十崇、九嶂、八十四峰）、戰後首登者、重要社團組織、與登山相關之期刊（《野外》、《戶外生活》、《山水》）、重要登山活動、登山安全（山難預防、救助）、海外登山給描繪出來，﹝註 91﹞不過當時李希聖的態度是：「要為臺灣 40 年的登山活動作『總評』幾乎是不可能；在有限的篇幅下，就想作一『總結』或是留下一篇『史略』，也是不容易。所以最好的一個辦法是公開，由大家來完成，先發表出來，聽憑大家的公評，接受專家先進的補充和指正。」﹝註 92﹞不過這篇文章發表後，幾乎未得到任何回應。

　　1995 年李希聖又在《中華山岳》發表了〈「臺灣登山要史」寫給登山社團和登山朋友的一封信〉，這篇文章提到臺灣山岳雜誌社在座談會中邀請李希聖為臺灣登山活動寫史，李希聖原以為這項工作會「依照『議而不決，決而不行』的通常辦事規律」，﹝註 93﹞結果雜誌社開始催稿，使得李希聖不得不考慮為臺灣登山活動作史的問題。在經過考量，李希聖雖說已知許多登山社團和朋友早已在做這項工作，但是李希聖認為「一本登山史原則上必須是『史學的』（詳實、公正）、『積極的』（正確、進取）、『可讀的』（暢達、近人），不是一本『流水帳』也不能『掛一漏萬』。固然時間跨越 50 年、我們已無法寫一本『全史』，但也不該是幾個人的經驗。」﹝註 94﹞從這一段話可看出李希聖有基本的史學素養，不過由於要達到上述標準十分不易，於是也請求各登山社團以及個人提供資料寄給他，並認為寫作「臺灣登山史」是真正的「名山事業」。﹝註 95﹞

　　這篇〈「臺灣登山要史」寫給登山社團和登山朋友的一封信〉文章的回應，

﹝註 91﹞ 李剛，〈臺灣 40 年來登山的成就與功能〉，《中華山岳》，第 19 卷第 2 期，1990年，頁 8～14。

﹝註 92﹞ 李剛，〈臺灣 40 年來登山的成就與功能〉，《中華山岳》，頁 14。

﹝註 93﹞ 李希聖，〈「臺灣登山要史」寫給登山社團和登山朋友的一封信〉，《中華山岳》，第 25 卷第 3 期，1995 年，頁 30。

﹝註 94﹞ 李希聖，〈「臺灣登山要史」寫給登山社團和登山朋友的一封信〉，《中華山岳》，頁 30。

﹝註 95﹞ 李希聖，〈「臺灣登山要史」寫給登山社團和登山朋友的一封信〉，《中華山岳》，頁 30。

則是在 10 年後，年近 80 歲的李希聖完成了《臺灣登山史》，並且打破之前自認「不可能」的說法，獨自完成了這本共 281 頁的著作。此書資料相當豐富，囊括了許多登山社團的會刊資料以及報章雜誌的報導，此書更將戰後臺灣登山史分成三個時期，即「開創時期」（1946～1971）、「發展時期」（1972～1981）、「海內外多元活動時期」（1982～1995）此外，這本書對於所有有關登山的活動，包括溯溪、攀岩全都包含在內，另對於海外登山以及山難救助等也都有論及。以非學術性作品來說，這本書算是相當嚴謹的歷史著作，只是由於此書非學術作品，所以一些文章的引用出處標示不全，有時引文過長也未標明出處，此外還有一個比較明顯的錯誤：周延壽、周百鍊等人是日治時期臺灣山岳會的臺籍會員，戰後會務交接成爲臺灣山岳會的主要幹部，後來改組才成爲臺灣省體育會山岳協會，並非由周延壽、周百鍊等人成立「臺灣省山岳會」。雖有上述缺失，但大致上，這本書的描述頗爲嚴謹正確的，可說是要研究戰後臺灣登山史不可或缺的一本書。

## 二、楊南郡與古道學

　　楊南郡，1931 年生於臺南縣龍崎鄉，於孩提時代在坐牛車時對關山上的白雪有所震撼，是以在一篇有關登山的文章中寫到：「我這一輩子所以會那樣毫不遲疑地奔向山野，是不是只爲實現兒時的憧憬呢？」〔註96〕，或許「關山之雪」是楊南郡日後進入登山界的原因之一。不過楊南郡並未從小就開始登山活動。二戰末期，才 14 歲從國民學校畢業的楊南郡，遠赴日本海軍兵工廠，擔任零式飛機製造學徒，歷經盟軍空襲的死裡逃生，兩年後日本投降返臺，並進入淡江中學就讀，勤練中文，1955 年畢業於臺大外文系。畢業後，約在 1959 年，楊南郡返回老家臺南空軍基地服務時，受到駐地美軍喜歡野外休閒活動的啓發，找回對山的熱情，於是從爬郊山登上玉山，進入了高山攀爬的生涯。〔註97〕

　　楊南郡登山生涯以踏查開拓高山新路線爲主，下表 4－4 爲其踏查之新路線：

---

〔註96〕楊南郡，〈南臺霸主屬關山〉，收錄於楊南郡、徐如林，《與子偕行》（臺北：晨星出版社，1993 年），頁，96。

〔註97〕劉克襄，〈高海拔人──側記古道專家楊南郡先生〉，收錄於楊南郡、徐如林《與子偕行》，頁 1～5。

### 表 4-4　楊南郡開拓高山新路線事蹟表

| 年　代 | 事　蹟 |
|---|---|
| 1971 | 第一次完全縱走奇萊連峰的卡羅樓稜線、由奇萊北峰直下塔次基里溪。 |
| 1977 | 開拓陶塞湖登南湖大山路線。 |
| 1982 | 開拓由馬博拉斯山北壁處女稜直攀，發現高山水晶池與冰斗遺跡。 |
| 1984 | 與高雄登山會林古松合力開拓自卑南主山至大武山處女稜。 |
| 1986 | 開拓由小瓦蹺溪直登中央尖山東南稜的新路線。 |

資料來源：楊南郡、徐如林，《與子偕行》，頁 5～6；李希聖，《臺灣登山史》，頁 164 ～165；171～172。

　　有關踏查新途徑，楊南郡有以下看法：「由各個角度來瞭解我們的高山地理環境，不僅止於傳統的多數人熟知的點或線上。更希望能藉著不同的路線，讓我們把對高山地形地物的認識擴充爲面。」〔註 98〕而劉克襄認爲此種態度結合楊南郡對於原住民抗日事件的查訪，對於楊走向另一個踏察高峰——「古道」，有著直接的關係。〔註 99〕

　　1976 年楊南郡爬完百岳之後，其「古道」的探勘就此展開。〔註 100〕在此先論述一下「古道」的概念：臺灣古道一般的概念是「使用年代悠久，距離很長的舊道。」不過楊南郡認爲「臺灣的古道」是臺灣開拓史重要的縮影，並將「臺灣古道」分成以下兩種類型：其一是某個族群爲某種目的自然形成銜接自己的文化區域道路，如社路和隘路（隘勇線、隘勇路），其二是統治者爲了政治或經濟上的目的而開鑿的官道，如清代的開山撫番道路以及日治時期的理番道路（警備道路）。〔註 101〕

　　對於接觸古道的情形，楊南郡曾於〈合歡古道探勘行〉中論述到：「我在臺南市立圖書館看到一些有關合歡越嶺道的日文書，其中一本是《太魯閣蕃討伐記》，書中詳述爲了平定當時頑抗不休的太魯閣泰雅族的山胞，民國 3 年（1914）起日軍及日警如何大費周章，從霧社整修此一條工程艱鉅的越嶺

〔註 98〕 劉克襄，〈高海拔人——側記古道專家楊南郡先生〉，收錄於楊南郡、徐如林《與子偕行》，頁 6。
〔註 99〕 劉克襄，〈高海拔人——側記古道專家楊南郡先生〉，《與子偕行》，頁 7。
〔註 100〕孫家琦，〈臺灣古道先驅楊南郡〉，《臺灣山岳》，冬季號（37 期），2001 年，頁 57。
〔註 101〕楊南郡，〈臺灣古道的性質和近況〉，《臺灣百年的足跡》（臺北：玉山社，1996 年），頁 140。

道……當時我多麼想踏著歷史的足跡，一一去尋訪這些文獻中的軼事。」〔註102〕楊南郡原本以爲古道已蕩然無存，但是翻閱資料後發現，合歡越嶺道路其實都還保存著，只是要重新探查而已。〔註103〕

　　之後楊南郡發揮其日文專長，開始收集研讀有關合歡越嶺古道的文獻，在日治時期眾多書報中以及公路局測量調查紀錄中，把所有蛛絲馬跡拼湊成一個完整的架構，並在 1978 年開始踏查合歡越嶺古道最驚險的一段——錐麓斷崖步道。〔註104〕可惜初次錐麓探勘之行遭到虎頭峰的攻擊，楊南郡昏迷 4 個小時，錐麓步道探勘宣告失敗，不過楊南郡還是陸續試行過幾次小規模的探勘，並於 1980 年 10 月於《中國時報》發表〈中橫舊道〉一文，曾激起不少人的好奇前往探勘，不過由於路況並不好，所以前往的隊伍也不多，成行隊伍也未見公開之報導。到了 1985 年 5 月太魯閣國家公園成立在即，並有建設國家公園步道系統之需要，營建署國家公園組爲太魯閣國家公園正式委請楊南郡持續進行古道的探勘，〔註105〕即「合歡越嶺古

　道」的探勘調查，此次調查完成後，楊南郡又受玉山國家公園的委託，進行「八通關古道」之探勘調查。

　　關於「合歡越嶺古道」與「八通關古道」的探查，楊南郡都有將其撰寫成調查報告書，分別爲《太魯閣國家公園合歡越嶺古道調查與整修研究報告》以及《玉山國家公園八通關越嶺古道西段調查研究報告》和《玉山國家公園八通關越嶺古道東段調查研究報告》。從這兩份報告可以看出「古道探查」爲結合登山以及學術知識的整合型登山活動。未確保登山活動可以安全進行，登山前必須對所登山區有所瞭解，所以地圖是必備之器具，此外爲確保不迷路遇上山難，指南針爲必備物品，且如有熟悉該山之路況之嚮導更好，當然最重要的是充足的體力；而「古道探查」除須具備上述條件外，還需要充分的古道史料搜集研讀，「合歡越嶺古道」的探查，就須先參考日治時期的《太魯閣蕃征伐誌》、《警察時報》、《蕃社概況》、《臺灣蕃地地形圖》、《合歡越嶺》

〔註102〕楊南郡，〈合歡古道探勘行〉，《中華山岳》，第 14 卷第 6 期，1985 年，頁 8。

〔註103〕楊南郡，〈合歡古道探勘行〉，《中華山岳》，頁 8。

〔註104〕徐如林，〈錐麓斷崖步道勘查行〉，《中華山岳》，第 14 卷第 6 期，1985 年，頁 17。

〔註105〕楊南郡，〈合歡古道探勘行〉，《中華山岳》，頁 8；徐如林，〈錐麓斷崖步道勘查行〉，《中華山岳》，頁 17；李希聖，《臺灣登山史》，頁 169。

等文獻以及戰後的《花蓮縣誌》、《臺灣省公路局東西橫貫公路踏察與測量報告》等文獻。〔註106〕

　　至於「八通關越嶺古道」所需史料更是眾多，且分成東、西二段；西段所需史料文獻包括了清代的《臺灣輿圖》、《臺灣番地圖》，沈葆楨的三份奏摺〈北路中路開山情形摺〉、〈番社就撫布置情形摺〉、〈請獎勤翻開山出人力摺〉、《雲林采訪冊》、《臺灣通誌》以及日治時期的《雲林沿革史》、《生番探險談》、《新高山に關する研究報告》、《新高山》、《東臺灣》、20000分之一臺灣堡圖、50000分之一番地地形圖等史料；〔註107〕東段史料除清朝奏摺外，還有《臺灣輿圖並說》、《臺灣通志稿》，日治時期史料〈生蕃地探險談〉、〈臺灣踏查實記〉、〈東台殖民地豫察報文〉等文獻史料。〔註108〕

　　當然除文獻之外，還進行了人物訪談，以及比對訪談與文獻之差異，此外更數次分段踏查古道確切路線，而經過了踏察，除找尋出古道確切位置外，楊南郡在「合歡越嶺古道」的踏查中，發現了登頂中央尖山的新路線；「八通關越嶺古道」則證實西段「清代八通關古道」與日治時期「八通關越橫斷道路」，為兩條互不相干的獨立路線，確認東段失去之部分古道以及所存之古道路線。

　　除「合歡越嶺道」、「八通關越嶺道」之外，楊南郡於1992年10月與1993年7月完成了「浸水營古道」的全程踏察以及臺灣第一條開山撫番之道路南路「崑崙坳古道」之踏察。〔註109〕結合自身的登山經驗與古道踏察的結果，楊南郡對於臺灣登山活動的未來提出了自己的看法：

　　　　對山岳界而言，國內登山運動已經出現瓶頸；各地的山頭都有登山
　　　　客的足跡；溯溪、橫斷、縱走或是雪登岩攀也都逐漸被開拓出來，
　　　　海外登山近十年來未有更大的突破，因此整體來看，雖不斷有路線
　　　　變化和技術引進，使活動仍有蓬勃的樣貌，但在大方向上卻有隱憂，
　　　　登山運動已到了發展上的轉戾點。如果參考國外的狀況，其實不難

---

〔註106〕楊南郡、王素娥，《太魯閣國家公園合歡越嶺古道調查與整修研究報告》（花蓮：太魯閣國家管理處，1988年），頁11。

〔註107〕楊南郡、王素娥，《玉山國家公園八通關越嶺古道西段調查研究報告》（嘉義：玉山國家公園管理處，1987年），頁14～38。

〔註108〕楊南郡、王素娥，《玉山國家公園八通關越嶺古道東段調查研究報告》（嘉義：玉山國家公園管理處，1987年），頁23～30。

〔註109〕楊南郡，《臺灣百年的足跡》，頁102～118、126～138。

發現我們已經背離了國外登山運動的走向，國外登山運動的走向簡
單的說就是登山學術化。藉著登山，從橫面空間性的認識到縱向時
間性的瞭解，也就是深入地區內的地形水文、風土人情和歷史文化，
從實實在的田野見聞中建立知識的基礎。〔註110〕

此看法對於登山活動來說，對錯難以論斷，但是不失為推進登山活動的一種
新方向，且也是對歷史學界提出的一種新的學習方式。

　　除了上述幾位人士外，還有一群為登山默默付出的一群原住民，原住民
從日治時期開始，就是得力的嚮導兼伙夫，只可惜這些原住民只出現在紀錄
的人員當中，他們本身並未有對自身的登山活動留下文字記錄，故實為一大
缺憾。

---

〔註110〕劉克襄，〈高海拔人——側記古道專家楊南郡先生〉，收入於楊南郡、徐如林
　　　　《與子偕行》，頁8。

# 結　論

　　本文戰主旨是對戰後臺灣登山活動發展的情況做一探討，而戰前之情況也需了解：

　　荷西時期強調重商主義，對臺灣以商業利益榨取爲主，對於臺灣山區不甚重視。鄭氏在臺主要仍以反清爲目的，雖有與山區原住民接觸之記載，然也只有些微接觸而已，文獻中對於山之位置以及名稱所述幾微；到了清領時期，文獻中開始出現許多有關「山」的描述，如對山的位置、以及山與山之間的方位，記錄了以官方角度認識臺灣群山之印象，然而這些方志的作者是否眞有親臨各山，並未有確切筆墨遺留，故只可說是統整前人文獻所得之一種對「山」的群像記憶。

　　清末道光時期吳子光的《一肚皮集》中有親臨遊山之記錄出現，雖說並非高聳山峰之登頂，但卻是在清朝文獻中，屬於登山記遊非常珍貴的資料，非人云亦云之說。咸豐至光緒年間，因「天津條約」之簽訂迫使臺灣開港通商，旅行家、傳教士、自然科學者等身份來臺的西方人士留下了有關進入山區攀登的文獻，Pickering（必麒麟）曾想上玉山，George Leslie Mackey（馬偕）與 GeorgeEde（余饒理）爲了在臺宣教而進入了山區，Mackey 曾與臺灣原住民攀登雪山，只可惜未登頂。除開港外，牡丹社事件（日人稱臺灣事件）後，清朝了解到臺灣的重要性，對臺灣的治理轉爲主動積極，其中沈葆楨、劉銘傳分別開通北、中、南的理番道路，這爲清代人與山接觸最「深」之呈現。

　　琉球船民遭難事件發生的次年即 1872 年，熊本鎭臺鹿兒島陸軍少佐樺山資紀（1837～1922）向陸軍省提出〈探檢臺灣生蕃意見書〉，積極爲臺灣問題奔走，1874 年水野遵（1850～1900）也因外務大臣之令來臺調查，至 1874 年

牡丹社事件（日人稱臺灣事件）末，樺山資紀與水野遵又共同與各自在臺進行踏查，到了 1891 年上野專一也來做原住民的調查，不過上述調查都未深入到山區之內。1896 年，長野義虎中尉進入山地踏察，確認 Morrison 山（玉山）為臺灣最高的山峰，以及辨認出在玉山主峰四周之各山峰與玉山之相對方位；到了日本正式殖民臺灣後，官方以及半官方機關開始與臺灣高山地區有所接觸，官方機構的陸地測量臨時測圖部，完成臺灣五萬分之一臺灣地形圖；野呂寧任「臨時土地調查局」、「民政局警察本署」、「蕃務本署」的測量技師，編繪了《臺灣堡圖》以及《蕃地地形圖》，此為近代三角測量技術運用在臺之始，而三角測量時，在山頂所架設的三角點，則成為戰後登山者所追尋之目標；而受僱於半官方的學術調查者，如森丑之助、鳥居龍藏等人展開對原住民的調查，森丑之助以 16 次橫越中央山脈描繪出了中央山脈之形貌，此外，森氏與野呂寧一起進行的地形圖調查，更重新認識中央山脈與玉山山脈，將中央山脈和玉山山脈視為兩個不同主脊之山脈的正確概念。

　　1926 年，仿照「日本山岳會」模式的「臺灣山岳會」正式成立，將近代登山活動帶入臺灣，並出版《臺灣山岳》和《臺灣山岳彙報》兩份刊物，為日治時期登山活動留下珍貴的文獻資料，此外，也帶入了攀岩、溯溪、雪攀、滑雪、滑草、滑砂等多樣式的活動，而阿爾卑斯式的登山也傳入了臺灣。在登山建設方面，日人開闢登山道路與建設登山小屋，戰後尚未破壞者，部分也改建成為登山愛好者的棲息之地；此外山岳國立公園的設立更成為戰後國家公園設立的參考指標。

　　戰後因行政長官公署頒布「平地人民進入山地管制辦法」以及第二次世界大戰影響，許多生產事業停頓，失業人口遽增、通貨膨脹、物資缺乏以及 228 事件，使得登山活動無法順利進行。至 1949 年臺灣進入戒嚴時期，政府又陸續頒布「國軍部隊進入山地辦法」、「臺灣省戒嚴期間外人進入山地管制辦法」、「臺灣省戒嚴期間平地人民進出山地管制暫行辦法」以及最後的「戒嚴期間臺灣省地區山地管制辦法」，凡此，都可以看出此段期間進入山區受到許多限制。不過微妙的是，戰後的「山地管制」對登山活動形成重重限制，阻礙戰後登山活動的發展近 10 年之久；然而戰後臺灣登山活動在政府各種政策的無意間接輔助下，如林業之開發、觀光產業的推動、國家公園的成立，逐漸活絡。

　　首先林業的開發使政府重新建設連接山區的道路，森林鐵道、運送木材的索道也成為登山者入山行走的硬體設施，政府對高山林區的開發間接輔助

登山活動的發展。之後由於政府推動觀光業的影響，使得森林資源的運用轉換，由經濟開發轉為增進國民遊樂。其次 1956 年臺灣第一個全面性的觀光組織「觀光協會」成立，為配合觀光發展，一些進入山地相關限制也開始放寬；此外為發展觀光而帶動的產業道路建設計劃，也成為登山活動的輔助要項，其中以北、中、南三條橫貫公路的開發有最深遠的影響。北、中、南三條橫貫公路以及新中橫之完成，間接帶給登山者省時的入山方式，且縮短了登山行程，也加速推展登山活動。

　　而政府間接輔助登山活動的第三則是由推動觀光事業帶動的森林遊樂區的發展，之後更進一步來進行國家公園建設，先是玉山國家公園，其範圍包含了玉山諸峰群、秀姑巒山、達分尖山、馬博拉斯山、新康山等高山；接著陽明山國家公園，此公園雖沒有高聳的山峰，但其登山步道的規劃，可讓臺北市居民體驗登山健走之趣，且常為北市大專院校登山社團舉辦初級登山訓練之優良場。太魯閣國家公園則包含了合歡群峰、畢祿山、鈴鳴山、中央尖山、南湖大山、奇萊連峰等高山群；雪霸國家公園包括了雪山諸峰，其以安全登山為主要目的的設計，有利於初次踏入登山領域的登山同好。

　　上述登山外在環境的改變可說是戰後登山活動發展的輔助要件，而戰後登山活動的再度復甦，登山界自身的推動可說是最重要的因素，各登山隊伍於戰後首登玉山山脈、雪山山脈以及中央山脈等為戰後登山活動重啟之先河，而山岳組織的大力推動以及重要登山人物對登山的介紹與推廣的貢獻等，也都是戰後登山活動逐漸活絡的重要元素。

　　首登紀錄得以流傳，乃因相關期刊刊載，而期刊刊載又與山岳組織有密切相關，戰後登山社團的成立對登山活動的推行也有相當大的幫助。日治時期所成立的「臺灣山岳會」戰後將會務轉交給臺籍幹部，並管理所留下之山岳資料、圖冊、財產；不過此時，社會、經濟態勢不穩定，因此無法進行高山登山活動。「臺灣山岳會」在改組後，只維持三年，發揮的功效有限，到 1950年，在「臺灣省體育會」理事長王成章與「臺灣省教育會」理事長游彌堅的指導下，於 5 月 10 日改組為隸屬於「臺灣省體育會」底下的「臺灣省體育會山岳協會」，對於戰後登山活動的發展方有逐漸復甦的推力，此外，該會也極重視登山安全設施，並且與日、韓等國登山社團有所聯繫。至 1966 年「臺灣省體育會山岳協會」成立的「五岳俱樂部」，更使攀登五岳成為登山愛好者完成之目標，也形成一股風潮。

除「臺灣體育會山岳協會」對戰後早期登山活動推廣扮演重要的角色外，在戒嚴時期，政府成立了對青年教育訓練的組織，也是推動登山活動演的要角，此組織即為「中國青年反共救國團」。雖說救國團的成立有一定的政治性意義，不過在臺灣早期國民所得不高且國內旅遊不發達的時代，救國團利用寒暑假期間，舉辦專屬青年們的假期活動，自然能夠吸引大批青年參加。1953年救國團舉辦第一次主辦「暑期青年戰鬥訓練總隊」，其中包括「玉山登峰大隊」和「中央山脈探險大隊」，這就是救國團所辦理的首次登山活動。此次兩大項活動也成為「中國青年登山協會」成立的契機。

在救國團所舉辦第一次的「暑期青年戰鬥訓練總隊」中的部份隊長、隊員和被選出來的優秀青年，他們認同這個活動，並希望繼續連繫和發展，於是在檢討會上就提出和通過了「分別組成永久性的青年活動社團，以領導今後青年活動」的提案，1953年底，救國團為擴大訓練的成果和活動範圍，決定籌組航空、航海、登山、騎射等四個協會，而登山協會即是「中國青年登山協會」。雖說中國青年登山協會存在的時間並不長，會齡只有15年，但是此社團所舉辦的登山技能的訓練，如登山特技訓練、滑雪訓練、生存訓練，大都為青年學生所特別歡迎，也造就了不少人才，也因「中國青年登山協會」是以社會青年為招募對象，尤以大專青年為主體，是以到1964年，仍與許多學校登山社團有所聯繫。

「中國青年登山協會」停止活動後，一部份熱心登山人士，頓感有失重心，亟思重新組織起來，於是「中國青年登山協會」的舊會員邀請與體協楊森理事長相識的徐鄂雲，共同出面策動。在獲得體協支持後於1968年12月27日正式成立「中華全國體育協進會登山會籌備會」，並於1969年6月10日正式成立，12天後，「中華全國體育協進會」聘周百鍊主持的「中華全國體育會山岳委員會」也正式召開籌備，10月4日正式成立，之後由於「中華全國體育會山岳委員會」與「臺灣省體育會山岳協會」主要幹部成員高達百分之六十相同，於是「臺灣省體育會山岳協會」幹部會議，決定勸導全體會員加入「中華全國體育協進會山岳委員會」，於是臺灣省體育會山岳協會與中華全國體育協進會山岳委員會變成一體兩面之組織。

1973年「中華全國體育協進會」更名為「中華民國體育協進會」，旗下各單項運動委員會，亦經奉命另行籌組中華民國各單項運動協會，此時遇到一個問題，按舊體協各項運動單位只有一個委員會，唯有登山組織有登山會和

山岳委員會兩個單位，而依據「非常時期人民團體組織法」第八條規定，一個區域內只能有同質同級社團限成立一個，於是此二組織經過一些曲折後，分別成立了「中華民國健行登山會」以及「中華民國山岳協會」。此二會對於登山安全都極爲重視；中華民國健行登山會舉辦的「登山安全講習會」以及「中級登山安全研習班」，中華民國山岳協會則特重登山安全設施的建設與登山安全教育。除相同面外，各自也對戰後登山運動有所貢獻，如中華民國健行登山會會刊中的三角點專欄長篇對於登山界認識三角點提供相當完整的認識方法；中華民國山岳協會的中央山脈大縱走，形成日後北三段、南三段的概念，以及百岳俱樂部成立所造成的百岳風潮更對越界造成相當重大的影響。此外，經多年努力加入國際山岳組織（UIAA）更讓戰後臺灣登山界與國際接軌，這又是一大貢獻。

　　高山首登以及山岳組織都是人爲產物，且歷史無法脫離人而生，因此登山人物相對地有其重要性。周延壽、周百鍊以其在政治上的名號，爲戒嚴時期「臺灣省體育會山岳協會」到「中華民國山岳協會」登山活動可順利推行的主要人物；而楊森將軍除政治地位外，其高齡登山更爲中華民國健行登山會推廣登山活動有極大的幫助。蔡禮樂與謝永河不但於日治時期就加入臺灣山岳會，更是由日治到戰後初期登山活動銜接的重要成員。蔡禮樂在戰後登山活動不興盛的期間，主動掏腰包，出車錢、買便當、飲料，招睞更多人員參與登山活動，之後更積極推動還外登山活動。至於謝永河的著作，將北部郊山鉅細靡遺的介紹，除路程、途徑外，也有景觀、文化上之介紹，對於入門登山有相當大的貢獻。

　　岳界四大天王蔡景璋、邢天正、林文安、丁同三則是身體力行，探索臺灣3,000公尺以上之高山，其中林文安選訂的百岳，造成百岳風潮，以及日後設置以「百」爲名的山岳爲追尋目標，更反映出百岳制定的影響力；而邢天正所編著之「臺灣高山明細表」更是這些前輩實際登山之結果呈現，以「百」爲名的設置追尋目標更是以這明細表爲依據。而蔡景璋的山岳攝影更記錄了早期高山之面貌，而丁同三除三次完成百岳外，更積極培育後輩，要之，四大天王對於戰後臺灣登山活動有不小的貢獻。此外，楊南郡將登山結合史料與田野調查形成的「古道學」，爲登山界開啓新的登山方式，而李希聖與邢天正相交，整理出版邢之登山文章與資料，更處處關心獨身在臺的邢天正，之後邢老回大陸老家後也去探訪，直至邢老去世都是由李希聖告知，李希聖讓

不是達官顯貴的邢天正的事蹟得以流傳，對於登山界也有不小之貢獻，之後更用 10 年的時間完成了紀錄戰後臺灣的登山活動發展的《臺灣登山史》，讓整個臺灣登山活動首度以有系統的方式呈現，雖說並非為學術著作，但其內容豐富嚴謹，研究戰後登山史，該書是最須細讀的書籍之一。

由以上內容的呈現，可以發現戰後臺灣登山活動的特點：

首先在近代登山傳入臺灣以前，清朝政府與日本政府接觸臺灣山區大多是以政治、經濟目的為考量，由官方來主導整個山區的開拓，「人」與「山」的互動是表現在政治、經濟利益的展現，並非純粹從事登山活動或想要認識山區。之後日本仿照英國山岳組織成立的「日本山岳會」之模式在臺灣以「臺灣山岳會」的形式呈現，近代登山方式雖說被帶入臺灣，但是有關登山活動的「參與權」與「解釋權」極大部分還是操之在日本人手上，尤其是在「解釋權」的表述。臺灣人雖說有「參與」的機會，不過大多需透過由臺灣總督府底下的各個組織如「學校」、「臺灣山岳會」等進行；此外，在「解釋權」的表述上由現在日治時期所留下的期刊、檔案、紀錄來看，臺灣人似乎是完全沒有機會使用，不過在「臺灣山岳會」成立後，該組織成員對臺灣山岳的路徑開闢以及地圖繪製，還有設置的三角點，對戰後臺灣登山活動有仍相當程度的影響。

其次，戰後登山與日治時期近代登山有相當程度的連接性，除「臺灣山岳會」的改組與轉型外，早期登山者運用的地圖與文獻資料都是早期日本登山家所留下的資料，戰後初期在聯勤總部尚未製作航空測量下，可使用的文獻自然只有日治時期所留下的文獻與地圖，這應是歷史的必然。不過日本人將近代登山帶入臺灣此點應是給予肯定。

再則，「政府政策」與「登山活動」之間存在的微妙關係：由行政長官公署時期的「平地人民進入山地管制辦法」到戒嚴時期最終完成的「戒嚴期間臺灣省地區山地管制辦法」，雖對登山活動有所阻礙，但是之後由「臺灣山岳會」轉變的「臺灣省體育會山岳協會」的成立，以及官方政治上有名望的周延壽和周百鍊相繼擔任該會會長，似乎與「山地管制」形成微妙的矛盾關係：「中央政府進行山地管制，但省政府卻又成立須在山地內活動的登山活動的組織」，而這一矛盾的關係更因其領導者具有官方聲望而更加強烈，而這種矛盾的關係又因為之後「觀光政策」的推動，使得前期阻礙登山活動的「山地管制」的反向衝擊減弱，讓登山活動更有空間繼續發展，再加上「林區開發」

與「經濟計劃建設」的間接輔助，加上救國團的成立，推動體能訓練教育，使得登山活動正向的推進增強。

最後是戰後臺灣登山知識學逐漸形成自己的系統。戰後登山活動開始發展初期是靠著日治時期所留下的登山資料進行登山活動，而從 1950 年代到 1970 年代高山攀登的活動逐漸由早期登山者實地親臨登頂完畢外，臺灣省體育會山岳協會對於郊山新途徑的開拓，使得戰後的登山活動呈現戰後探勘後所呈現不同於日治時期的樣貌，而林文安的「百岳選定」以及百岳俱樂部的成立所造成的百岳風潮以及各登山組織以「百」為名的登山目標追逐，刑天正的「臺灣高山明細表」更是臺灣早期高山攀登的成果展現；而謝永河所記錄的北部郊山也讓想接觸登山活動的人士有初階入門的指引，楊南郡結合登山、史料、田野調查的古道學將登山活動推向學術之門，而李希聖的《臺灣登山史》讓登山活動的文獻整理更為清晰，這些都顯示戰後臺灣登山活動除了實際的行程外，更呈現其具有知識性、標的性、特殊性的整體脈絡，形成屬於臺灣人自身「人」與「山」互動的過程與結果。

除以上發現外，礙於書寫時間的限制，個人無法畢盡全功，但對於戰後登山史的研究，仍可在本文基礎上做學術的延伸：

首先是可將時代繼續往日治時期做前溯性探討，雖說日治時期登山史已有林玫君的經典優秀之作——《從探險到休閒——日治時期臺灣登山活動的歷史圖像》，不過有關於日治時期「臺灣山岳會」所發行的兩份期刊《臺灣山岳》以及《臺灣山岳彙報》的專述性論文似乎還需要學術界去發掘探討，若有此學術性的探究，將可對日治時期近代登山活動的開創有更深入的了解。

其次，在戰後登山史可以有更多方向的延伸，首先的方向可以注重在登山活動報導的會刊雜誌，並以這些雜誌專論性的學術探究，如《臺灣山岳》、《中華山岳》、《中華登山》、《野外》、《戶外生活》、《民生報》戶外版等眾多登山報刊雜誌的研究，增加戰後登山活動蓬勃的學術性認證。而大專院校所設立登山社團與戰後臺灣登山史的互動為何，也是一資料豐富的研究主題。此外，國外團體來臺登山以及之後臺灣加入 UIAA 後的海外登山活動也是可以研究的主題，並且可與世界登山史做結合，將戰後臺灣登山史擴展至國際視野。

再則由傳統登山衍伸出的溯溪、攀岩活動在臺灣引入、發展與推廣的狀況，也是值得探討的主題之一。此外，登山安全與山難更可以做一深入的探

討，由史料文獻分析山難發生之原因，除學術性的貢獻外，更可對登山界做歷史之借鏡。而楊南郡的古道學則更是可以從清代的建造古道，日治時期的運用與戰後的新闢做歷史探討，依此建構臺灣古道學史。

此外，登山史還可向外往體育史、休閒史、觀光史、國家公園史延展，如戰後推動的體育活動政策的眞正主因，以及政府體育組織的發展，對於臺灣體育教育的影響等；而休閒、觀光史也是目前史學界較少觸碰到的部份，其中本研究中提到的「臺灣風景協會」對於臺灣的觀光與國家公園的興起有很大的影響，但是目前史學界幾乎無人研究戰後「臺灣風景協會」，《臺灣歷史辭典》也未有這項詞條收錄，因此是可以開闢探討的處女地；接者是從山岳觀光往外延伸的觀光史，除了其本身的研究價值外，更可和臺灣經濟發展史做結合分析，最後國家公園史則可探討臺灣保育觀念的興起，以及臺灣環境史之演變。

總結上述各點，本研究發現了戰前臺灣登山活動是從政治、經濟上的間接接觸，到日治末期轉變爲「近代休閒登山」，從間接目的性的「登山活動」轉變爲直接純爲登山的「登山或動」，但在臺非日人之民眾雖也有參與機會，但較少有「解釋權」；到了戰後雖說延續了日治時期的資料，但卻行實地攀登行動，並逐漸建構「戰後登山活動」的知識與認識，形成居住在臺灣的人民除自身「參與」更擁有自身「解釋權」的呈現。

# 參考書目

## 一、文獻檔案

1. 《大清文宗顯皇帝實錄》，收入於《臺灣文獻叢刊》第 189 種（南投市：臺灣省文獻委員會，1995 年）。

2. 王禮、陳文達，《臺灣縣志》，收入於《臺灣文獻叢刊》第 103 種（南投市：臺灣省文獻委員會，1993 年）。

3. 立法院秘書處，《法律專輯第十一輯交通（四）》（臺北：立法院秘書處，1980 年）。

4. 江日昇，《臺灣外記》，收入於《臺灣文獻叢刊》第 60 種（南投市：臺灣省文獻委員會，1995 年）。

5. 吳子光，《一肚皮集（二）》，收入於黃永哲、吳福助主編《全臺文》第 11 冊（臺中：文听閣圖書，2007 年）。

6. 吳子光，《一肚皮集（四）》，收入於黃永哲、吳福助主編《全臺文》第 13 冊（臺中：文听閣圖書，2007 年）。

7. 沈雲，《臺灣鄭氏始末》，收入於《臺灣文獻叢刊》第 15 種（南投市：臺灣省文獻委員會，1995 年）。

8. 沈葆楨，《福建臺灣奏摺》，收入於黃永哲、吳福助主編《全臺文》第 48 冊（臺中：文听閣圖書，2007 年）。

9. 周鍾瑄，《諸羅縣志》，收入於張其昀監修、方豪主編《臺灣叢書》第一輯，第二冊（臺北：國防研究院、中華學術院合作出版，1968 年）。

10. 教育部，《蔣總統歷年告全國青年書》（臺北：教育部，1975 年）。

11. 秦孝儀主編、張端成編輯，《中國現代史史料叢編——光復臺灣之籌劃與受降接收》（臺北：中國國民黨中央委員會黨史委員會，1990 年）。

12. 高拱乾，《臺灣府志》，收入於張其昀監修、方豪主編《臺灣叢書》第一輯，第一冊（臺北：國防研究院、中華學術院合作出版，1968 年）。

13. 連橫，《臺灣通史》收入於，《臺灣文獻叢刊》，第 128 種（南投市：臺灣省文獻委員會，1992 年）。

14. 臺灣總督府臨時土地調查局編，《土地調查提要》（1900 年）。

15. 臺灣總督府臨時土地調查局編，《臨時臺灣土地調查局第一回事業報告》（1902 年）。

16. 臺東縣入山聲請書：檔案管理局檔號第 0000348928 號 0035／144／23／1／007。

17. 薛月順，《臺灣省政府檔案史料彙編——臺灣省行政長官公署時期（二）》（臺北：國史館，1998 年）。

18. 謝金鑾、鄭兼才，《續修臺灣縣志》，收入於張其昀監修、方豪主編《臺灣叢書》第一輯，第四冊（臺北：國防研究院、中華學術院合作出版，1968 年）。

19. 羅大春，《臺灣海防並開山日記》，收入於《臺灣文獻叢刊》第 308 種（南投市：臺灣省文獻委員會，1997 年）。

## 二、政府公報

1. 臺灣省政府秘書處，《臺灣省政府公報》，秋字號第 45 期，1947 年 6 月。
2. 臺灣省政府秘書處，《臺灣省政府公報》，冬字號第 9 期，1947 年 10 月。
3. 臺灣省政府秘書處，《臺灣省政府公報》，夏字號第 10 期，1950 年 4 月。
4. 臺灣省政府秘書處，《臺灣省政府公報》，春字號第 28 期，1951 年 2 月。
5. 臺灣省政府秘書處，《臺灣省政府公報》，春字號第 47 期，1952 年 2 月。
6. 臺灣省政府秘書處，《臺灣省政府公報》，春字號第 10 期，1954 年 1 月。
7. 臺灣省政府秘書處，《臺灣省政府公報》，春字號第 58 期，1956 年 6 月。
8. 臺灣省政府秘書處，《臺灣省政府公報》，春字號第 7 期，1968 年 7 月。

## 三、山岳組織會刊

1. 中華民國山岳協會，《中華山岳》，第 1 卷第 1 期，1972 年。
2. 中華民國山岳協會，《中華山岳》，第 2 卷第 1 期，1973 年。
3. 中華民國山岳協會，《中華山岳》，第 2 卷第 5 期，1973 年。
4. 中華民國山岳協會，《中華山岳》，第 2 卷第 6 期，1973 年。
5. 中華民國山岳協會，《中華山岳》，第 3 卷第 1 期，1974 年。
6. 中華民國山岳協會，《中華山岳》，第 3 卷第 4 期，1974 年。
7. 中華民國山岳協會，《中華山岳》，第 4 卷第 4 期，1975 年。
8. 中華民國山岳協會，《中華山岳》，第 14 卷第 1 期，1985 年。

9. 中華民國山岳協會，《中華山岳》，第 14 卷第 2 期，1985 年。

10. 中華民國山岳協會，《中華山岳》，第 14 卷第 4 期，1985 年。

11. 中華民國山岳協會，《中華山岳》，第 14 卷第 6 期，1985 年。

12. 中華民國山岳協會，《中華山岳》，第 15 卷第 2 期，1986 年。

13. 中華民國山岳協會，《中華山岳》，第 15 卷第 4 期，1986 年。

14. 中華民國山岳協會，《中華山岳》，第 17 卷第 2 期，1988 年。

15. 中華民國山岳協會，《中華山岳》，第 18 卷第 6 期，1989 年。

16. 中華民國山岳協會，《中華山岳》，第 19 卷第 2 期，1990 年。

17. 中華民國山岳協會，《中華山岳》，第 20 卷第 6 期，1991 年。

18. 中華民國山岳協會，《中華山岳》，第 22 卷第 5 期，1993 年。

19. 中華民國山岳協會，《中華山岳》，第 22 卷第 6 期，1993 年。

20. 中華民國山岳協會，《中華山岳》，第 23 卷第 6 期，1994 年。

21. 中華民國山岳協會，《中華山岳》，第 25 卷第 3 期，1995 年。

22. 中華民國山岳協會，《中華山岳》，第 145 期，1996 年。

23. 中華民國健行登山會，《中華登山》，第 2 期，1971 年。

24. 中華民國健行登山會，《中華登山》，第 3 期，1971 年。

25. 中華民國健行登山會，《中華登山》，第 4 期，1971 年。

26. 中華民國健行登山會，《中華登山》，第 5 期，1972 年。

27. 中華民國健行登山會，《中華登山》，第 6 期，1972 年。

28. 中華民國健行登山會，《中華登山》，第 7 期，1972 年。

29. 中華民國健行登山會，《中華登山》，第 8 期，1972 年。

30. 中華民國健行登山會，《中華登山》，第 9 期，1973 年。

31. 中華民國健行登山會，《中華登山》，第 10 期，1973 年。

32. 中華民國健行登山會，《中華登山》，第 11 期，1973 年。

33. 中華民國健行登山會，《中華登山》，第 12 期，1973 年。

34. 中華民國健行登山會，《中華登山》，第 13 期，1974 年。

35. 中華民國健行登山會，《中華登山》，第 14 期，1974 年。

36. 中華民國健行登山會，《中華登山》，第 15 期，1974 年。

37. 中華民國健行登山會，《中華登山》，第 16 期，1974 年。

38. 中華民國健行登山會，《中華登山》，第 17 期，1975 年。

39. 中華民國健行登山會，《中華登山》，第 18 期，1975 年。

40. 中華民國健行登山會，《中華登山》，第 19 期，1975 年。

41. 中華民國健行登山會，《中華登山》，第 20 期，1975 年。

42. 中華民國健行登山會，《中華登山》，第 22 期，1976 年。

43. 中華民國健行登山會，《中華登山》，第 49 期，1983 年。

44. 中華民國健行登山會，《中華登山》，第 81 期，1993 年。

45. 中華民國健行登山會，《中華登山》，第 83 期，1993 年。

46. 臺灣山岳會，《臺灣山岳》，第 1 號，1927 年，卷頭，頁 2～4。

47. 臺灣省體育會山岳協會，《臺灣山岳》，4 月號，1952 年。

48. 臺灣省體育會山岳協會，《臺灣山岳》，6 月號，1952 年。

49. 臺灣省體育會山岳協會，《臺灣山岳》，7 月號，1952 年。

50. 臺灣省體育會山岳協會，《臺灣山岳》，8 月號，1952 年。

51. 臺灣省體育會山岳協會，《臺灣山岳》，9 月號，1952 年。

52. 臺灣省體育會山岳協會，《臺灣山岳》，1 月號，1953 年。

53. 臺灣省體育會山岳協會，《臺灣山岳》，3、4 月號，1955 年。

54. 臺灣省體育會山岳協會，《臺灣山岳》，1、2 月號，1957 年。

55. 臺灣省體育會山岳協會，《臺灣山岳》，3、4 月號，1957 年。

56. 臺灣省體育會山岳協會，《臺灣山岳》，5、6 月號，1957 年。

57. 臺灣省體育會山岳協會，《臺灣山岳》，1、2 月號，1958 年。

58. 臺灣省體育會山岳協會，《臺灣山岳》，11、12 月號，1959 年。

59. 臺灣省體育會山岳協會，《臺灣山岳》，3、4 月號，1960 年。

60. 臺灣省體育會山岳協會，《臺灣山岳》，7、8 月號，1960 年。

61. 臺灣省體育會山岳協會，《臺灣山岳》，11、12 月號，1962 年。

62. 臺灣省體育會山岳協會，《臺灣山岳》，11、12 月號，1963 年。

63. 臺灣省體育會山岳協會，《臺灣山岳》，4 月號，1964 年。

64. 臺灣省體育會山岳協會，《臺灣山岳》，7、8 月號，1965 年。

65. 臺灣省體育會山岳協會，《臺灣山岳》，11、12 月號，1965 年。

66. 臺灣省體育會山岳協會，《臺灣山岳》，5、6 月號，1966 年。

67. 臺灣省體育會山岳協會，《臺灣山岳》，7、8 月號，1969 年。

68. 臺灣省體育會山岳協會，《臺灣山岳》，9、10 月號，1969 年。

69. 臺灣省體育會山岳協會，《臺灣山岳》，11、12 月號，1969 年。

70. 臺灣省體育會山岳協會，《臺灣山岳》，1、2 月號，1971 年。

71. 臺灣省體育會山岳協會，《臺灣山岳》，3、4 月號，1971 年。

72. 臺灣省體育會山岳協會，《臺灣山岳》，5、6 月號，1971 年。

73. 臺灣省體育會山岳協會，《臺灣山岳》，7、8 月號，1971 年。

74. 臺灣省體育會山岳協會，《臺灣山岳》，11、12 月號，1971 年。

## 四、年鑑與研究報告

1. 內政部，《太魯閣國家公園計畫》（臺北：內政部，1988 年）。

2. 王鴻楷，《臺灣地區觀光遊憩系統開發計畫》（臺北：交通部觀光局，1992 年）。

3. 交通部交通研究所，《中華民國五十年交通年鑑》（臺北：交通部，1962 年）。

4. 交通部交通研究所，《中華民國五十四年交通年鑑》（臺北：交通部，1966 年）。

5. 行政院國際經濟合作法展委員會，《中華民國第六期臺灣經濟建設四年計畫》（臺北：行政院國際經濟合作法展委員會，1973 年）。

6. 行政院經濟建設委員會，《中華民國經濟建設十年計畫（六十九年至七十八年）》（臺北：行政院經濟建設委員會，1980 年）。

7. 行政院經濟建設委員會，《十四項重要建設計劃》（臺北：行政院經濟建設委員會，1987 年）。

8. 楊南郡、王素娥，《玉山國家公園八通關越嶺古道西段調查研究報告》（嘉義：玉山國家公園管理處，1987 年）。

9. 楊南郡、王素娥，《玉山國家公園八通關越嶺古道東段調查研究報告》（嘉義：玉山國家公園管理處，1987 年）。

10. 楊南郡、王素娥，《太魯閣國家公園合歡越嶺古道調查與整修研究報告》（花蓮：太魯閣國家管理處，1988 年）。

## 五、報刊雜誌

1. 《民報》，第 208 號，1946 年 5 月 6 日。

2. 《民報》，第 220 號，1946 年 5 月 18 日。

3. 《民報》，第 400 號，1946 年 8 月 30 日。

4. 《臺灣銀行季刊》，第 32 卷第 3 期，1981 年。

5. 臺灣山岳文化事業有限公司，《臺灣山岳》，春季號（第 5 期），1995 年。

6. 臺灣山岳文化事業有限公司，《臺灣山岳》，夏季號（第 6 期），1995 年。

7. 臺灣山岳文化事業有限公司，《臺灣山岳》，冬季號（第 16 期），1997 年。

8. 臺灣山岳文化事業有限公司，《臺灣山岳》，冬季號（第 37 期），2001 年。

9. 臺灣山岳文化事業有限公司，《臺灣山岳》，冬季號（第 61 期），2005 年。

## 六、專書與論文

1. 山崎柄根著、楊南郡譯，《鹿野忠雄——縱橫臺灣山林的博物學、地理學、昆蟲學者》（臺中：晨星出版社，1998 年）。

2. 中國青年反共救國團編輯小組，《飛躍青春 40 年》（臺北：中國青年反共救國總團部，1992 年）。

3. 中華民國行憲五十年紀念專刊編輯委員會編，《中華民國行憲五十年》（臺北市：國民大會，1997 年）。

4. 中華民國山岳協會，《中華民國山岳協會安全登山訓練中心落成紀念特刊》，1989 年。

5. 中華民國體育協進會，《中華民國體育協進會年刊》，1977 年。

6. 王如華等編撰，《臺灣國家公園史 1900～2000》（臺北：內政部營建署，2002 年）。

7. 王國端，《森林遊樂》（臺北：正中書局，1999 年 5 版）。

8. 立法院秘書處，《法律專輯第十一輯交通（四）》（臺北：立法院秘書處，1980 年）。

9. 伊能嘉矩著、楊南郡譯註，《臺灣踏查日記》（臺北：遠流出版社，1996 年）

10. 邢天正，《邢天正登山講座》（臺北：戶外生活，1988 年）。

11. 吳永華，《臺灣森林冒險》（臺中：晨星出版社，2003 年）。

12. 呂紹理，《水螺響起——日治時期臺灣的生活作息》（臺北：遠流出版社，1998 年）。

13. 呂紹理，《展示臺灣——權力、空間與殖民地的形象》（臺北：麥田出版社，2005 年）。

14. 李希聖，《臺灣登山史》（臺北：作者自印，2005 年）。

15. 李偉松，〈蔣經國與救國團之研究（1969～1988）〉（桃園：國立中央大學歷史研究所碩士論文，2005 年）。

16. 杜維運，《史學方法論》（臺北：三民書局，2003 年）。

17. 長野義虎，〈生蕃地探險談〉，《臺灣山岳》，第 8，頁 1～25。

18. 林玫君，《從探險到休閒——日治時期臺灣登山活動之歷史圖像》（臺北：博揚文化，2006 年）。

19. 林玫君，《臺灣登山一百年》（臺北：玉山社，2008 年）。

20. 沼井鐵太郎著，吳永華譯，《臺灣登山小史》（臺中：晨星出版社，1997 年）。

21. 姚鶴年，《臺灣省林務局誌》（臺北：臺灣省林務局，1997 年）。

22. 徐國士、黃文卿、游登良，《國家公園概論》（臺北：明文書局，1997 年）。

23. 涂懷瑩，〈論「國家緊急權力」與「當前戒嚴」〉，《軍法專刊》，第 72 卷第 5 期（1981 年），頁 9～12。

24. 郭廷以，《近代中國史綱》（臺北：曉園出版社，1994 年）。

25. 淡江登山社，《90 初嚮講義》（臺北：淡江登山社（未出版），2001 年）。

26. 張人傑，《臺灣社會生活史》（臺北：稻鄉出版社，2006 年）。

27. 張玉法，《中國現代史》（臺北：東華書局，2004 年增訂九版）。

28. 梅棹忠夫、山本紀夫編，賴惠鈴譯，《山的世界》（臺北：商務出版社，2007 年）。

29. 許雪姬，《臺灣歷史辭典》（臺北：遠流，2003 年）。

30. 連峰宗，《臺灣百岳全集——中央山脈北段》（臺北：上河出版社，2007 年）。

31. 連峰宗，《臺灣百岳全集——中央山脈南段》（臺北：上河出版社，2007 年）。

32. 連峰宗，《臺灣百岳全集——玉山山塊、雪山山脈》（臺北：上河出版社，2007 年）。

33. 陳水源，《我國發展觀光事業政策之研究》（臺北：交通部觀光局，1984 年）。

34. 陳佩周，《臺灣山岳傳奇》（臺北：聯經出版社，1996 年）。

35. 陳俊編著，《臺灣道路發展史》，（臺北：交通部運輸研究所，1987 年）。

36. 陳勇志，《美援與臺灣之森林保育（1950～1965）——美國與中華民國政府關係之個案研究》（臺北：稻鄉出版社，2000 年）。

37. 陳培源，《臺灣地質》（臺北：臺灣省應用地質技師公會，2006 年）。

38. 陳溪州，〈森林遊樂區發展現況〉，《全國觀光旅行行政會議報告論文集》（臺北：交通部觀光局，1992 年）。

39. 鳥居龍藏著，楊南郡譯註，《探險臺灣——鳥居龍藏的臺灣人類學之旅》（臺北：遠流出版社，1996 年）。

40. 鹿野忠雄著、楊南郡譯註，《山、雲與蕃人》（臺北：玉山社，2000 年）。

41. 森丑之助著，楊南郡譯註，《生番行腳——森丑之助的臺灣探險》（臺北：遠流出版，2004 年）。

42. 程紹剛譯註，《荷蘭人在福爾摩莎》（臺北：聯經出版社，2000 年）。

43. 費德廉（Douglas Fix）、羅效德編譯，《看見十九世紀臺灣——十四位西方旅行者的福爾摩沙故事》（臺北：如果出版社，2006 年）。

44. 黃耀雯，《築夢荒野——臺灣國家公園的建置過程》（臺北：稻鄉出版社，2000 年）。

45. 楊彥傑，《荷據時代臺灣史》（臺北：聯經出版社，2000 年）。

46. 董翔飛，〈動員戡亂時期臨時條款之制定、廢止及其評價〉，收入於中華民國行憲五十年紀念專刊編輯委員會編，《中華民國行憲五十年》（臺北市：國民大會，1997 年），頁 251～260。

47. 詹德基，〈奧會模式與單運動協會的關係〉，《國民體育季刊》，第 37 卷第 1 期，2008 年 12 月，頁 42～46。

48. 臺灣交通出版社，《臺灣區百岳位置圖》（臺北：臺灣交通出版社，2005 年）。

49. 臺灣省文獻委員會編，《臺灣史》（臺北：眾文圖書，1996 年）。

50. 臺灣省文獻委員會編譯、伊能嘉矩著，《臺灣文化志》（臺中：臺灣省文獻委員會，1995 年）。

51. 臺灣省政府新聞處編，《臺灣光復 45 年專輯——教育發展與文化建設》（臺中：臺灣省政府新聞處，1990 年）。

52. 鄭政誠，《臺灣大調查——臨時臺灣舊慣調查會之研究》（臺北：博揚文化，2005 年）。

53. 鄭樑生，《史學方法》（臺北：五南書局，2002 年）。

54. 謝文誠，《臺灣百岳全集》（臺北：戶外出版社，1978 年）。

55. 藤井志津枝，《日本軍國主義的原型——剖析 1871～1874 年臺灣事件》（臺北：三民書局，1983 年）。

56. 譚靜梅，〈光復後臺灣地區登山活動發展過程之研究——以中華民國山岳協會為中心〉（桃園：國立體育學院體育研究所碩士論文，1997 年）。

## 七、網路資料：

1. http://csm00.csu.edu.tw/0150/49002134/index-7.htm

2. 中華奧會網站：http://www.tpenoc.net/

3. 中華民國體育運動總會網站：http://www.rocsf.org.tw/

4. 國際山岳聯盟（UIAA）網站：http://www.theuiaa.org/

5. 臺灣歷史學會網站：http://www.twhistory.org.tw

# 附　圖

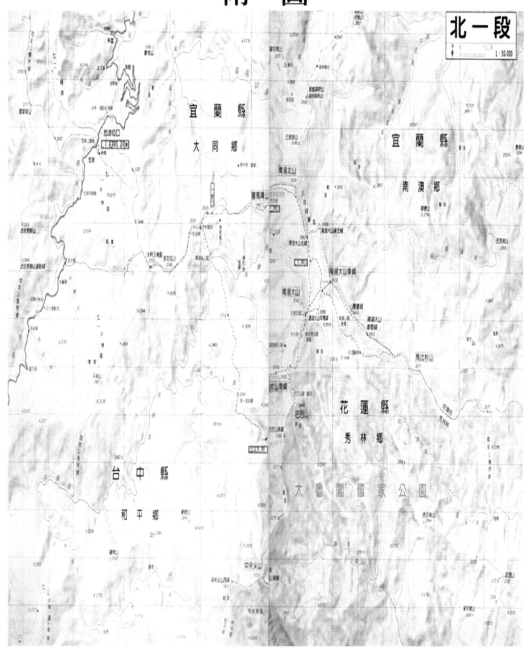

### 附圖 1　中央山脈北一段

資料來源：連鋒宗，《臺灣百岳全集——中央山脈北段》（臺北：上河文化，2007 年），
　　　　頁 27～28。

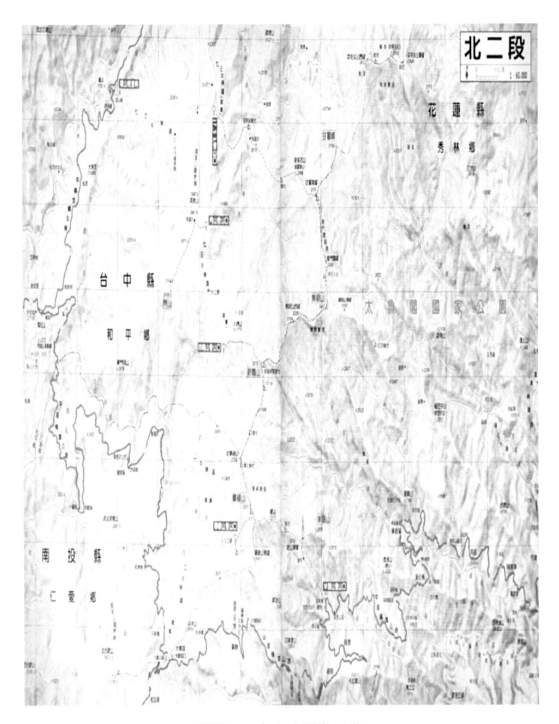

附圖 2　中央山脈北二段

資料來源：連鋒宗，《臺灣百岳全集——中央山脈北段》，頁 82～83。

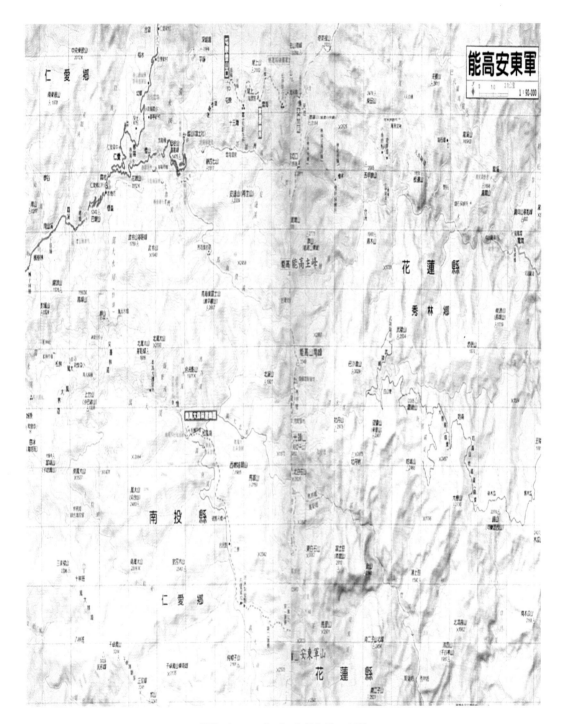

附圖 3　中央山脈北三段

資料來源：連鋒宗，《臺灣百岳全集——中央山脈北段》，頁 224～225。

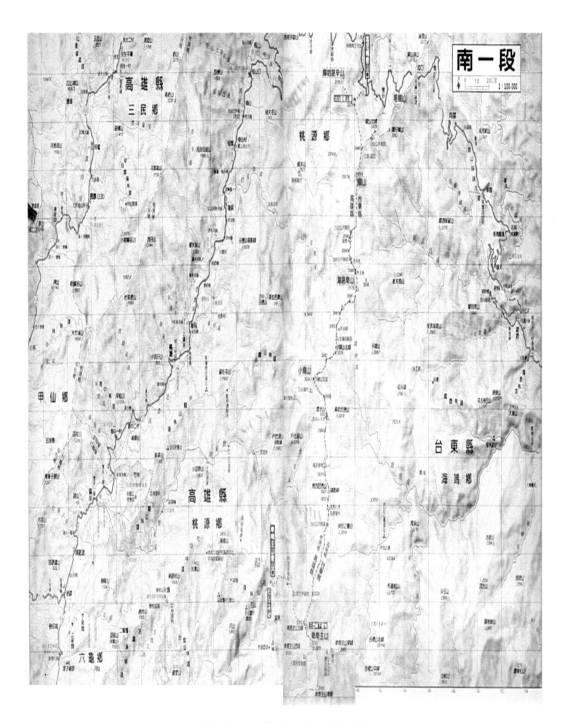

附圖 4　中央山脈南一段

資料來源：連鋒宗，《臺灣百岳全集——中央山脈南段》（臺北：上河文化，2007 年），
頁 230～231。

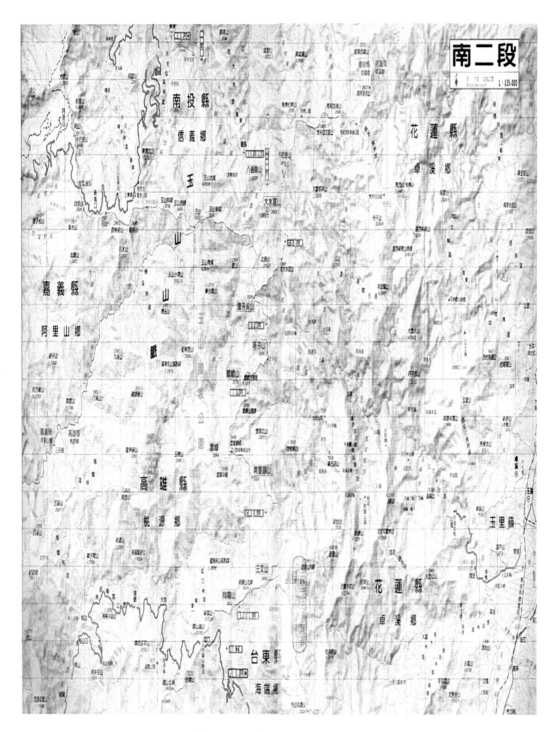

**附圖 5　中央山脈南二段**

資料來源：連鋒宗，《臺灣百岳全集——中央山脈南段》，頁 124～125。

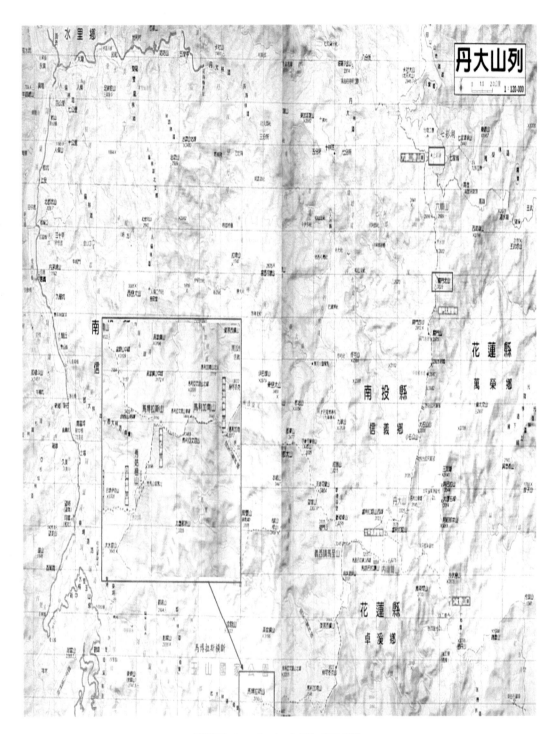

**附圖 6　中央山脈南三段**

資料來源：連鋒宗，《臺灣百岳全集——中央山脈南段》，頁 29：90～91。